民航旅客黑名单价值考量与制度优化研究

高志宏 著

Research on Value Consideration and System Optimization of

CIVIL AVIATION PASSENGER BLACKLIST

法律出版社
LAW PRESS·CHINA
北京

图书在版编目(CIP)数据

民航旅客黑名单价值考量与制度优化研究 / 高志宏著. -- 北京 : 法律出版社, 2022
ISBN 978 - 7 - 5197 - 6023 - 6

Ⅰ. ①民… Ⅱ. ①高… Ⅲ. ①民用航空 - 旅客运输 - 信用制度 - 研究 - 中国 Ⅳ. ①F560.83②D922.282.4

中国版本图书馆 CIP 数据核字(2021)第 205877 号

民航旅客黑名单价值考量与制度优化研究
MINHANG LÜKE HEIMINGDAN JIAZHI KAOLIANG YU ZHIDU YOUHUA YANJIU

高志宏 著

策划编辑 沈小英
责任编辑 程王刚
装帧设计 李 瞻

出版发行 法律出版社
编辑统筹 法治与经济出版分社
责任校对 王晓萍 王语童
责任印制 吕亚莉
经 销 新华书店

开本 710 毫米×1000 毫米 1/16
印张 17 字数 317 千
版本 2022 年 1 月第 1 版
印次 2022 年 1 月第 1 次印刷
印刷 北京虎彩文化传播有限公司

地址:北京市丰台区莲花池西里 7 号(100073)
网址:www.lawpress.com.cn
投稿邮箱:info@lawpress.com.cn
举报盗版邮箱:jbwq@lawpress.com.cn

销售电话:010 - 83938349
客服电话:010 - 83938350
咨询电话:010 - 63939796

书号:ISBN 978 - 7 - 5197 - 6023 - 6
定价:98.00 元

目　录

中编　民航旅客黑名单的价值分析

下编 民航旅客黑名单制度的多维重构

引 言

近年来,随着我国民航运输的迅速发展,大众出行方式发生了重大变化,乘坐飞机出行已普及为日常交通方式之一。与此同时,一些旅客的不文明行为也时常发生,如在飞机上乱涂乱画、醉酒闹事、恶意攻击机场工作人员、堵塞机坪通道等。这些不文明行为有的属于道德范畴,有的则属于违法犯罪范畴,严重扰乱了民航运输的正常运营秩序,对其他旅客人身财产安全造成极大威胁。因此,如何从法律角度拘束旅客的不文明行为成为民航安全管理新常态下亟须破解的一个难题。

针对旅客的不文明行为,部分航空公司通过制定"黑名单"的方式应对。从 2007 年开始,春秋航空首次将数十名"霸机"旅客纳入"暂无能力提供服务"名单中。随后,其他航空公司也纷纷效仿,民航旅客黑名单开始被各家航空公司采用。在国家层面,2015 年 5 月,中国民航局发布了《加强民航法治建设若干意见》,其中提到了旅客"黑名单"制度,这是官方首次提及民航旅客黑名单的概念。2016 年 2 月 1 日,由中国航空运输协会制定的《民航旅客不文明行为记录管理办法(试行)》开始施行,其中对旅客不文明行为提出了具体划分标准。2017 年 11 月 6 日,中国民航局下发了《关于印发〈民航行业信用管理办法(试行)〉的通知》,规定了收集和公布民航限制乘坐民用航空器严重失信人信息等内容。2018 年 3 月 2 日,最高人民法院、国家发改委、中国民航局等联合发布了《关于在一定期限内适当限制特定严重失信人乘坐民用航空器推动社会信用体系建设的意见》(发改财金〔2018〕385 号,以下简称"385 号文"),并于 2018 年 5 月 1 日起开始实施,其中规定将对 9 类人限制乘机。从 2016 年 4 月 8 日至 2018 年 5 月 31 日,中国航空运输协会公布了 16 批共 411 名民航旅客的不文明行为记录。从 2018 年 6 月 1 日至 12 月 12 日,中国民航局公布了 6 期共 4209 名民航限制乘坐民用航空器严重失信人。

然而,围绕如何拘束旅客不文明行为的争论并未停止,关于民航旅客黑名单制度合法性问题的讨论更是成为学界热点。航空公司的强制缔约义务是否能够免除?谁有权作为黑名单的制定主体?航空公司与旅客之间的权利如何平衡?制定主体不明确、进入和退出条件不一致、旅客救济途径缺失都是我国民航旅客黑名单制度存在的主要问题。

基于此,本书以民航安全管理新常态为研究视角,以不文明旅客法律拘束机制为研究对象,总结旅客不文明行为的表现类型,分析旅客不文明行为发生的原因,探讨民航旅客与承运人之间的法律关系,尤其是系统研究民航旅客黑名单的法理基础和制度设计,并在实践经验的基础上,构建符合我国国情的民航不文明旅客的法律拘束机制。

上编　民航旅客黑名单的现实证成

第一章　概　述

“人无信不立,国无信则衰。”诚信,与文明相伴,也是文明的应有之义。诚信,是个人安身立命之本,也是企业百年长青之基。文明,在中华民族有着悠久的历史;诚信,是中华民族优秀的传统美德。然而,在市场经济的今天,部分企业、个人为了追逐单纯的经济利益,置传统美德、社会公德和企业伦理于不顾,不文明甚至违法犯罪的社会现象频现。各种“造假门”、食品安全事件、产品质量事件,无不刺痛社会公众的神经。如何治理失信违法行为,倡导社会文明风尚,营造诚实守信环境,是摆在我们面前的一道难题。黑名单制度,作为解决这一市场治理难题的管理手段应运而生。

第一节　研究背景与研究意义

一、研究背景

随着我国社会经济的迅速发展,人们生活水平的大幅提高,乘机出行方式日益普及化,已“飞入寻常百姓家”。据2018年5月8日中国民用航空局(以下简称中国民航局)发布的《2018年民航行业发展统计公报》显示,2018年,我国民航旅客运输量达6.12亿人次,我国已成为名副其实的民用航空运输大国,乘坐飞机已成为我国大众重要的出行方式之一。

与此同时,一些民航旅客的不文明行为也时常见诸媒体:大妈光脚乘机,乘客抢座互殴,携带饮料等液体过安检,堵塞、强占或冲击值机柜台、安检通道、跑道及登机口(通道),飞机起飞后不关闭手机和电脑,拦截飞机,在飞机上打架滋事,擅自打开应急舱门,冲击驾驶舱,辱骂甚至殴打民航工作人员,妨碍或煽动妨碍民航工作人员履行职责,编造、故意传播虚假恐怖信息,等等。这些民航旅客的不文明行为有些属于道德冲动,有些涉嫌违反治安,有些则已经上升至犯罪范畴。

这些不文明行为不仅有悖于文明出行的道德要求,而且直接危及航空运输安全,严重影响了民航运输秩序。换言之,旅客不文明行为在外部表现上是一种违法违规行为,在内在特征上是一种危害社会公共利益、行业利益或企业利益的行为,更严重者甚至损害国家形象。因此,如何让不文明旅客付出应有的代价,制止其"任性"现象,保障安全有序的航空运输秩序,是我们民航安全管理新常态下面临的重要课题。

旅客不文明行为的发生,究其原因,既有主观因素,如旅客民航知识匮乏、良好旅行习惯尚未养成、法律素质有待提高,等等;也有客观原因,如社会诚信体系尚未完全建立、法治环境有待进一步优化、民航运输服务有待进一步提高,等等。由于恶劣天气、机械故障、空域管制等原因导致的航班延误,引发的民航旅客非法维权行为,包括侵占航空器、堵塞机坪通道、恶意攻击航空运输承运人等,不仅严重扰乱民航运输正常运营秩序,还对其他旅客的人身财产安全造成极大威胁。

民航运输业的良性发展,需要民航旅客同运输承运人之间建立良性、互惠、互利、共赢的合作关系。探索妥善解决旅客与民航运输承运人之间利益矛盾的有效途径,拘束民航旅客不文明行为,对于推进民航运输业健康发展意义重大。为规范民航旅客的不文明行为,世界各国先后出台了许多规范制度,其中,"黑名单"制度就是民航产业发达国家普遍采取的规制措施。2015 年,我国民航局出台了《加强民航法治建设若干意见》,强调要健全纠纷预防机制,依法规范航空运输安全"旅客黑名单"制度,要明确列入"旅客黑名单"的事项缘由、条件认证和办理程序。2016 年 2 月 1 日,中国航空运输协会(以下简称中航协)发布的《民航旅客不文明行为记录管理办法(试行)》开始生效,确认了民航旅客黑名单制度。同时,中国国航、东方航空、南方航空、海航集团、春秋航空共同签署《关于共同营造文明乘机大环境的联合声明》,表示将合力对不文明旅客采取限制措施。

实际上,针对民航不文明旅客的黑名单制度早在 2007 年就已出现,2008 年民航旅客黑名单第一案——“厦航范某军案”更是引发了社会各界对民航旅客黑名单的热议,2012 年“刘某案”又一次引发了社会公众对民航旅客黑名单的激烈争论。截至 2018 年 5 月 31 日,中航协已经发布了 16 批共 411 条民航旅客不文明行为记录。从 2018 年 6 月 1 日起,中国民航局也已公布了 6 期共 4209 名民航限制乘坐民用航空器严重失信人。

“不文明记录”并不是使航空公司与旅客形成对立面,而是为了建立双方共赢关系,是为了营造文明和谐的出行环境。近年来,我国很多航空公司在规定《民航旅客、行李国内运输总条件》时,都在“拒绝运输”条款中提到了黑名单制度。但不可否认的是,各航空公司比较容易任意扩大潜在危险的适用范围,航空公司拒载存在较大的随意性。现实中屡发的航空公司黑名单事件引发了诸多争论:航空公司是否有权设立黑名单?航空公司自行设立黑名单是否侵犯了旅客的合法权益?如果我国有设立黑名单的必要,应该从哪些方面对该制度进行规范?

二、研究意义

本书研究的理论意义在于,探讨了民航安全管理面临的新常态。民航安全管理新形势有哪些表现、哪些特征、哪些新问题值得深入分析?民航安全管理还涉及价值衡量和法律原则问题,如安全与自由、效益与秩序如何平衡等。不文明旅客产生的原因、类型、后果以及不文明旅客法律拘束的法律依据、法律关系、法理基础、相关对策等基本问题亦需要深入研究。黑名单制度的产生、困境、程序、救济等问题更是涉及公共运输人的强制缔约义务与旅客的消费者权利的均衡。

本书研究的实践价值在于,提出了不文明民航旅客拘束机制的对策建议。设立旅客“黑名单”是世界许多国家维护民航安全与秩序、约束不文明乘机行为的主要措施之一,但这一制度在我国却引发了诸多争议。其背后的根源就在于,相关配套法律法规尚不健全。换言之,民航旅客黑名单这一措施尽管具有情理上的正当性和现实上的必要性,但在法理上的合法性确须论证和探讨,而且现行民航旅客黑名单制度在认定主体、认定标准、认定程序以及救济方式等方面都存在不足。本书以民航安全管理新常态下不文明旅客的法律拘束机制为中心,围绕民航旅客与民航运输承运人之间的关系,重点研究旅客的不文明行为尤其是非法维权行为,探索妥善解决旅客与运输承运人之间利益矛盾的有效途径,从而实现对不文明旅客的法律约束,促进我国民航业的健康持续发展。

第二节 国内外文献综述

民航旅客黑名单作为一种新型的管制民航旅客不文明行为的手段,相关新闻报道较多,而有深度的理论文献较少,尤其是结合中航协和中国民航局公布的民航旅客的不文明行为记录和民航限制乘坐民用航空器严重失信人进行深入分析的更少。因此,需要从更广阔的视野——信用体系建设以及其他领域黑名单制度入手,才能更好地把握和解决民航旅客黑名单的相关法律问题。

一、国外研究综述

1996 年 7 月,世界银行第一次提出了"取消资格"制度的概念;2004 年 7 月,世界银行对取消资格制度作出全面修订,形成了较为完备的规则内容和操作体系。世界银行的取消资格制度主要针对欺诈和腐败等行为而制定,由处罚委员会、处罚委员会秘书、廉政署、欺诈与腐败处罚政策制定委员会 4 个部门执行,遵循"不告不理"的原则,依申请启动。其运行包括调查起诉、控辩、判决和处罚四个程序步骤。处罚的种类包括三种:一是通报批评;二是取消资格,即一段时间内或永久禁止相关当事人参与世界银行项目;三是处罚委员会认为合适的其他处罚措施。处罚的轻重程度与腐败或欺诈行为的严重性、造成的损失情况和弥补损失的措施等有关。世界银行的取消资格制度经过十多年的运行和完善,已经形成了一套成熟的体系,所有的处罚决定均公布在世界银行的网站上。世界银行取消资格制度的优势在于有专门的机构负责受理举报(廉政署)与申诉(处罚委员会秘书),表达渠道通畅,这既保证了违法违规行为得以受到惩罚,又保障了当事人的合法权益。另外,由于严厉的处罚措施及处罚结果公开,供应商不仅在短期甚至可能被永久取消资格,而且在其他市场也会丧失信用,这对企业来说具有巨大的震慑作用。

黑名单制度与征信制度的配套使用,使黑名单制度的威慑力大大提高。目前,发达国家的征信制度主要有三种模式:以美国为代表的市场化模式,以欧洲国家为代表的公共征信系统模式和以日本为代表的会员制模式。

进入 21 世纪,随着民航旅客不文明行为(不轨行为)的增多,航空安全日益受到威胁,各大航空公司也纷纷在自己的运输总条件中规定了拒载的情形,从而在民航旅客运输的实践中形成了两种不同类型的黑名单:政府制定的黑名单用于防范潜在的恐怖分子；航空公司制定的黑名单用于规制不轨旅客。① 所以，在国外，民航旅客黑名单存在于两个不同的层面上，国家主管部门可以制定黑名单用于规制潜在的恐怖分子，航空公司也可以制定黑名单用于规制不轨旅客。国外文献对于民航旅客黑名单的研究主要集中在政府制定的黑名单上，对于航空公司制定的黑名单并没有提出什么异议，航空公司可以在自己的运输总条件中载明拒载的情形。②

二、国内研究综述

就我国而言，早在2003年，中央电视台创办的《每周质量报告》栏目就成为官方发布产品质量"黑名单"的一个平台。2009年10月，国家质量监督检验检疫总局、国家标准化管理委员会联合发布《企业质量信用等级划分通则》，开始明确提出要建立企业质量信用"黑名单"制度。从此以后，"黑名单"就成为学界的一个研究热点，相关研究成果也相当丰硕。综观国内相关研究，可以概括为以下几个方面：

一是关于黑名单的基本概念。刘平和史莉莉（2006）是国内较早系统研究黑名单的两位学者，他们从行政法的角度将黑名单定义为"特定机构依据相关职权或者授权，对具有危害公共利益或者他人利益的违法、违规行为的企业、个人或者组织，通过向社会进行公示或者设立不良记录等方式，对其进行行为限制或者不良信用揭示的一种管理行为"。③

二是关于黑名单的功能作用。刘平和史莉莉（2006）认为，黑名单制度是政府社会管理过程中的良政。④ 章志远、朱秋蓉（2009）认为，"黑名单"在目前来看是一种十分有效的监管方式，能使执法威慑力得到增强。当代社会信息发达，黑名单一旦在媒体上曝光，将对主体造成不可估量的影响。相较其他行政处罚，许多违法、违规主体更加害怕被媒体曝光。⑤ 林钧跃（2003）则从社会信用体系建设的角度认为，黑名单是失信惩罚机制的一种惩罚形式，是社会信用体系中重要的组成部分；失信惩罚机制在市场经济活动中发挥作用是通过"经济手段和道德谴责手段并用，惩罚市

① Soumya Panda, *The Procedural Due Process Requirements for NO-FLY Lists*, Pierce Law Review, December 2005.

② William Mann, *All the (Air) Rage: Legal Implications Surrounding Airline and Government Bans on Unruly Passengers in the Sky*, Journal of Air Law and Commerce, fall 2000.

③ 刘平、史莉莉：《行政"黑名单"的法律问题探讨》，载《上海政法学院学报》2006年第2期。

④ 刘平、史莉莉：《行政"黑名单"的法律问题探讨》，载《上海政法学院学报》2006年第2期。

⑤ 章志远、朱秋蓉：《预防性不作为诉讼研究》，载《学习论坛》2009年第8期。

场经济活动中的失信者，将有严重经济失信行为的企业和个人从市场的主流中剔除出去。同时，使政策向诚实守信的企业和消费者倾斜，间接地降低'重守'企业(重合同守信用企业——笔者注)获取资本和技术的门槛"。[①] 林钧跃进一步指出，在该机制中，政府制定并发布的名单不仅包括黑名单，还包括红名单和灰名单，该机制通过奖励与惩罚两种手段，加大企业失信和守信的经营成本差距，从而达到促进社会普遍守信的目的。李建华(2004)等根据经济学理论提出，企业的失信行为主要是由其信息优势地位导致的，失信惩罚机制的基本原理即是通过降低市场交易中的信息不对称程度，提高失信者的经营成本，以此达到防范潜在失信者的目的；他进而将失信惩罚机制定义为"以征信数据库为纽带的市场联防"，并认为从效果上看，该机制以震慑作用为主，力求将失信的动机消灭在萌芽之中。对于形成事实的失信行为，其效果是要在相当长的受罚期间内，使失信企业不能进入市场经济的主流，加大失信企业的经营成本。[②]

而更多的学者对黑名单持谨慎态度。湛中乐(2005)认为，"一旦出现在'黑名单'上，企业则有可能因此倒闭，所以这种'黑名单'的办法应该谨慎准确，举措要有合法性。而且，公布'黑名单'的做法目前还没有相关的法律依据，有些信息披露或获得的渠道是否正当，是否侵犯了他人隐私、商业机密等等，没有相关法律予以规范。另外，'黑名单'是否公平公正的问题，没有监督，很容易被非法利用，成为侵犯当事方合法权益的工具"。汪丁丁也认为，"任何制定'黑名单'的机构，一旦获得资源控制的生杀大权，也就获得了寻租的机会，从而将难以控制地向着腐败状态接近"。[③]

也有学者持相对中立的观点。章政(2017)从制度变迁的角度认为，"'黑名单'肯定是一种暂时的制度和社会现象，这是在当前我们还没有找到一种有效的信用管理办法和建立一套公认的科学的信用体系的情况下，一种不得已而为之的选择。目前'黑名单'是作为对不诚信行为的一种惩戒机制出现，从长远来看，应该被一种通过奖励守信行为来引导社会方方面面诚实守信的做法代替"。[④]

三是关于黑名单被滥用的风险。王旭(2008)认为，行政机关为了弥补行政强制

---

① 林钧跃：《社会信用体系原理》，中国方正出版社2003年版，第49页。

② 李建华、李向罡、王颖：《失信惩罚机制的功能、设计与实施》，载《工业技术经济》2004年第4期。

③ 万兴亚：《信用体系黑名单独木难支》，载《中国青年报》2005年8月15日，第5版。

④ 章政、张丽丽：《中国公共信用体系建设：特性、问题与对策》，载《新视野》2017年第2期。

力的不足和弱化、增强执法威慑力，倾向于公开曝光违法、违规的企业和个人，甚至建立起针对企业和个人的不良记录系统，但存在被滥用的风险。① 刘平、史莉莉(2006)指出，“黑名单”的受众往往是不特定的公众，若不谨慎使用，很容易侵犯监管对象的利益。因此，应当尽快立法建立适用“黑名单”执法的规范，防止该制度的滥用。② 徐信贵(2010)概述了“黑名单”的概念和研究意义并分析了国外和国内行政部门“黑名单”制度的实施现状和中外制度的异同。

四是关于黑名单制度的完善对策。李佳(2010)认可我国建立“黑名单”制度的必要性，并在适用依据、适用范围和适用对象的基础上设计了“黑名单”管理制度，提出了总体思路、原则和目的、信息采集与报送、内部管理程序、发布方式、信息异议处理、行政处罚措施等具体实施方案。③ 章志远(2012)从行政强制的角度，把公布黑名单视为行政强制的手段之一，提出了如何规制公共警告以及如何救济相对人权利等的对策建议。④ 刁伟民(2012)认为，旅客“黑名单”的出台，应有严格的审核监督机制、公开和缜密的程序认定、完备的当事人救济制度作为保障。⑤

相对于实践中已经泛化甚至滥化的“黑名单”而言，学界关于黑名单的研究仍比较少，尤其是关于民航旅客黑名单的专门系统化理论文献更是阙如；关于黑名单的文献大多为新闻报道或专家访谈，这也是黑名单制度适用不够规范的原因之一。从内容角度来看，学界存在两种倾向：一是把政府制定的民航旅客黑名单与航空公司制定的民航旅客黑名单混为一谈，甚至将我国民航旅客黑名单与发达国家针对恐怖分子设立的“禁飞名单”相比较，其得出的研究结论当然有待商榷。二是偏重于讨论航空承运人的强制缔约义务，而忽视了民航旅客黑名单本身的制度设计，尤其是结合中航协和中国民航局发布的黑名单进行实证分析的更是少之又少。

第三节 研究范围与研究目标

实践中，黑名单制度已广泛应用于食品药品、安全生产、环境保护、金融信贷、司

① 王旭：《论旅客黑名单的法律适用》，载《中国民用航空》2008 年第 8 期。
② 刘平、史莉莉：《行政“黑名单”的法律问题探讨》，载《上海政法学院学报》2006 年第 2 期。
③ 李佳：《公共警告及其法律规制》，载《公法研究》2010 年第 00 期。
④ 章志远：《作为行政强制执行手段的违法事实公布》，载《法学家》2012 年第 1 期。
⑤ 刁伟民：《航空旅客“黑名单”的法律分析》，载《法学杂志》2012 年第 7 期。

法执行等领域。事实上,黑名单已经成为政府解决市场失灵、企业解决行业失信问题的一项有效管制工具。然而,关于黑名单制度的合理性、合法性的争议乃至非议一直都没有停止过。在民航领域,针对日益多发的旅客不文明行为(或称"不轨行为""滋扰行为"),航空公司以及民航管理部门也引入了黑名单这一管理手段,称为"民航旅客黑名单"或"暂无能力服务旅客名单"。同样,关于民航旅客黑名单的正当性基础、合理性缘由、有效性考察等问题也一直备受学界关注和社会热议。

一、研究范围及对象

本书着重解决以下问题:民航旅客黑名单产生了哪些实践争论和理论争鸣,民航旅客黑名单是否合法,民航旅客黑名单的运行程序是怎样的,被错误列入黑名单的旅客如何获得救济,民航旅客黑名单是否违反了航空承运人的强制缔约义务、是否侵犯了消费者的自主选择权、是否剥夺了旅客自由出行的权利等。

本书研究的范围主要包括以下几方面:一是民航安全管理的新常态。具体包括民航运输业的发展与大众出行方式的变化,民航安全管理的新形势、新问题、新理念,拘束旅客不文明行为对民航安全管理、构建诚信社会的意义,我国《反恐怖主义法》《治安管理处罚法》《民用航空安全保卫条例》等法律法规构成的民航安全管理规范体系。二是民航公共运输基本法律关系。具体包括梳理民航旅客不文明行为涉及的法律法规,民航运输承运人的义务以及民航旅客的权利。三是民航旅客黑名单制度,具体包括民航旅客黑名单的法律依据、法理分析、法律关系,我国民航旅客黑名单制度的不足以及完善建议。

准确地说,本书研究的对象主要不是基于反恐需要的"安保黑名单",而是基于规制旅客不文明行为的民航旅客黑名单。详言之,基于反恐需要由国家安全部门制定的民航旅客黑名单几乎不在我国学界研究范围之内。基于规制不文明旅客的民航旅客黑名单是学界研究对象,但我国的国情决定了其制定主体既可能是航空公司,也可能是航空协会,还可能是国家民航管理机关,现实亦是如此,构成了我国民航旅客黑名单的三元体系。本书是在我国民航旅客黑名单现有实践的观察和反思基础上,提出民航旅客黑名单制度尤其是主体制度构建,这是对未来我国民航旅客黑名单制度的应然设计。

二、研究目标

本书的研究目标在于,通过该研究,明晰对不文明民航旅客采取拘束机制的法理基础。在此基础上提出规章、制度建设建议,努力构建民航旅客同航空承运人之间良性、互惠、互利、共赢的合作关系。具体而言:(1)丰富我国不文明民航旅客法律拘束的理论基础;(2)回应社会各界对民航旅客黑名单制度的争论和期待;(3)提出对旅客不文明行为的法律拘束对策。最终,切实有效维护民航正常运行秩序,提高民航安全管理水平,促进民航业健康发展。

第四节 研究思路与研究方法

本书从黑名单的一般概念入手,探讨民航旅客黑名单的法理基础,梳理民航旅客黑名单的规范渊源,分析民航旅客黑名单的法律性质,考察民航旅客黑名单的作用功效,思考我国民航旅客黑名单的制度问题,提出民航旅客黑名单制度的完善建议。

一、研究思路

本书研究思路如下:首先,收集、整理、分析国内外相关理论研究资料,完成理论模型研究;其次,进行访谈交流,了解实践操作经验,完成调研;再次,结合我国民航旅客不文明行为的表现,阐明其产生的深层原因,借鉴国内外处理旅客不文明行为的方法与策略,提出初步解决对策;最后,提出解决民航旅客不文明行为的对策建议。

本书主要包括三部分十四章。第一部分,民航旅客黑名单的现实证成。首先从黑名单的历史溯源入手,探讨黑名单的由来与发展、种类与功能、依据与性质、争议与焦点,其次分析民航旅客黑名单的基本范畴,在总结民航旅客黑名单实践的基础上,分析欧美国家"禁飞名单""No Fly List"二元结构,最后对旅客黑名单的国内外法律依据进行梳理。第二部分,民航旅客黑名单的价值分析。首先,分析民航旅客黑名单的正当性。从民航安全管理新常态入手,分析旅客不文明行为,探讨民航旅客黑名单的价值基础,客观评价民航旅客黑名单制度存在的必要性及有限性。其次,分析民航旅客黑名单的合法性。从民航旅客黑名单基本法律关系入手,分析民航运输承运人的强制缔约义务及其拒载权,探讨民航旅客的权利,提出二者权利义务冲突的化解原则。最后,对我国民航旅客黑名单立法进行评析,指出我国民航旅客黑名单立法的不足,提出构建我国民航旅客黑名单制度的基本原则和建立健全我国民航旅客黑名单制度的对策建议。第三部分，民航旅客黑名单制度的多维构建。本部分从制定主体、对象范围、进入标准、制定程序、救济途径等角度探讨谁有权力制定民航旅客黑名单、哪些旅客应被列入民航旅客黑名单、哪些行为应被列入民航旅客黑名单、依据什么程序制定民航旅客黑名单、被列入民航旅客黑名单乘客如何维权等问题，最后提出了完善民航旅客黑名单制度的法治建议及规制民航旅客不文明行为的其他对策。

二、研究方法

本书采取了文本分析、走访座谈、案例分析、统计分析、定性分析、归纳分析、价值分析等研究方法，确保得出的研究结论严谨客观。主要的研究方法如下：

一是文本分析法。通过查询专业数据库、网络信息、图书资料，收集整理民航不文明旅客法律拘束机制有关的信息和数据，进一步充实调研资料。通过收集国家现有的相关法律、法规、政策以及与黑名单相关的理论研究、新闻报道与专家评论，梳理目前黑名单制度在我国发展的现状与存在的问题。另外，通过对其他相关理论文献的比较、分析、借鉴，从中吸取有益的成果与经验，并在此基础上深入展开研究，从而以不同的视角分析问题，厘清写作思路。通过文献检索工具和引文追踪等方法查阅国内外有关专著、论文，归纳综合其中的观点。

二是价值分析法。对民航安全立法和权利保护立法的法理基础进行分析，得出二者并不冲突的结论，最终都是以更好地提供旅客运输服务为皈依，应寻求两者的合理平衡。本书将分析航空安全和旅客个人利益的价值冲突，对相互冲突的不同法律价值进行比较和评价，寻找更优的法律解释方法。法律的基本理念是生命权应优先于财产权得到保护，公共安全应优先于消费者个人权益得到保护，在优先保障航空安全的同时可以适时兼顾旅客作为消费者享有的合法权益。

三是走访座谈法。本书研究采用走访和座谈会的方法，了解、听取民航局领导、地区管理局有关管理部门、民航单位、消费者协会等反映的有关民航不文明旅客法律拘束机制方面的情况、问题、意见、建议等，从而获得直接的信息和资料。本书调研单位包括消费者协会、运输协会、航空公司、民航管理部门等。本书研究已召开专题研讨会 5 场。参与的单位包括南京禄口机场、江苏监管局、东航江苏公司、江苏省消费者权益保护委员会、南京市消费者权益保护协会、南京航空航天大学等。从参与访谈座谈的单位类别来看，涵盖民航管理部门（华东局政法处、运输处、机场处、公安局)、航空公司(厦门航空、东方航空、春秋航空)、机场(南京禄口国际机场、厦门机场、上海机场集团)、机场公安、消费者协会、航空协会、科研院校等。实地调研设计的访谈大纲详见附件。

四是案例分析法。通过对民航不文明旅客案例的搜集,对其原因和结果进行分析,界定公共航空合同自由的界限,以及处理不文明旅客的权利、义务的界限。本书针对中国航空运输协会公布的16批共411名民航旅客的不文明行为记录以及中国民航局公布的6期共4209名民航限制乘坐民用航空器严重失信人进行分析,探讨我国民航旅客黑名单制度在实际运作中的困境及可能突破的路径。

第五节 创新点及不足

虽然黑名单制度目前已经成为学界研究的热点,但关于民航旅客黑名单这一行业黑名单研究成果并不多。本书将尝试多维度的视角,从基本法理、法律依据以及实践运作3个角度出发,继承和吸收前人的研究成果,系统而全面地梳理民航旅客黑名单制度,以期对丰富该制度的理论基础以及健全我国相关制度有所裨益。

一、创新点

本书在以下几方面有所创新:

第一,革新了民航旅客黑名单制度研究方法。任何成熟的法律制度都是以成熟的理论为基础进行构建的,黑名单制度的特点和现今社会的复杂背景决定了民航旅客黑名单问题在理论研究以及法治实践中的特殊地位。本书正是在这个基点上,采用文献梳理、文本分析和实证研究的论证方法对目前的民航旅客黑名单制度进行批判和反思,努力克服理论与实践的脱节问题。

第二,转换了民航旅客黑名单制度研究思路。任何法律制度的分析都应当在特定语境下进行,对于民航旅客黑名单制度的研究亦应当立足于中国传统文化和社会主义市场经济实践。本书在研究中转换思路,将民航旅客黑名单的正当性、合法性以及制度构建作为研究重点,结合民航旅客黑名单的实践做法,梳理其争议焦点,从法律依据、制定主体、进入标准、公布程序、救济途径和监督机制等多维角度,提出完善我国民航旅客黑名单制度的具体对策建议,这对于我国诚信法治建设也许更务实,更有意义。

第三，拓展了民航旅客黑名单制度研究视域。本书在研究中，以问题为导向，不仅从传统的合同自由和公共承运人的强制缔约义务角度分析民航旅客黑名单问题，揭示出在实践中存在两种不同类型的民航旅客黑名单的现实，而且从其他国家关于民航旅客黑名单的实践中总结出其存在的争议，从民航旅客黑名单的实体规则和程序规则两个方面研究其适用问题，最终立足于我国航空安全的现状提出了完善我国民航旅客黑名单制度的具体建议。

二、不足及后续研究的方向

民航旅客黑名单制度创新是一项复杂的系统工程，涉及面广、牵扯利益多。上位法的缺失、实践运用中的不统一，以及《民用航空法》修改中关于民航安全与自由立法理念的诸多争议，无不表明我国民航旅客黑名单制度的创新步履蹒跚、尚未达成共识。所以，有必要就民航旅客黑名单制度的基本理论问题进行深入而系统的研究，总结实践经验，为出台法律政策提供理论支撑。然而，由于民航旅客黑名单制度创新的高难度性，加之笔者的时间和资料有限，本书还存在以下不足和需要改进之处：

其一，在研究资料方面，本书对国内外黑名单的实践经验以及文献资料收集得还不够丰富翔实，这进而导致在对我国民航旅客黑名单制度实证研究方面需要进一步的数据支撑。其二，在基础理论方面，本书对于知情权、市场失灵、政府监管等理论研究得还不够深入。民航旅客黑名单制度创新的重点在于如何处理国家公权力与公民私权利之间的关系，既要确保民航安全和民航秩序，又要保障旅客自由选择权和人格尊严，寻求航空效益和航空安全之间的平衡。但是，如何在国家公权力与公民私权利之间保持适当张力，值得进一步研究思考。其三，在具体对策方面，本书虽然从立法层次、制定主体、进入标准、公布程序、救济途径和监督机制等角度提出我国民航旅客黑名单的对策建议，但由于我国民航旅客黑名单制度产生较晚，加之笔者水平有限，本书还存在很多论述不够充分以及逻辑不够严谨的地方。

第二章　历史溯源:从黑名单到民航旅客黑名单

民航旅客黑名单属于“黑名单”的一种,而“黑名单”并非今日之概念,渊源于中世纪的英国。在我国,黑名单制度是改革开放的产物,是政府为了克服市场失灵所采取的新型管理手段。其形式多样、内容不一,社会对其大加赞赏者有之,严厉批评者也有之。因此,研究民航旅客黑名单制度应当从一般黑名单制度入手,黑名单基本特征、法律属性、功能作用以及引发的社会争议、理论关注、制度建议通常也反映于民航旅客黑名单。基于此,本部分从民航旅客黑名单的历史渊源出发,探究黑名单的由来与发展,梳理黑名单的种类与功能,分析黑名单的依据与性质,归纳黑名单的争议与焦点,从而为后文研究民航旅客黑名单相关问题奠定基础。

第一节　黑名单的由来与发展

一般认为,“黑名单”一词是舶来品,诞生于中世纪初的英国牛津大学、剑桥大学等院校,用来记录学生的不端(不良)行为,促使学生恪守校规。后来,黑名单的用途拓展至商业领域,用来记录不守信用的合作伙伴,成为西方国家现代征信制度的雏形。1950 年美国通过并施行的《麦卡伦法案》,依据形形色色的“黑名单”逮捕许多“专制”人士,“黑名单”就此确定下来。

实际上，在发达国家，由于信用体系完备，“黑名单”的适用范围并非十分广泛。其中影响力较大的有美国“恶名市场”（notorious markets）名单、“食品药品”（food and drug administration）黑名单制度，以及世界银行供应商“取消资格”（debarment processes）制度。可以说，发达国家是从社会信用体系建设角度构建黑名单制度的。

在我国，“黑名单”作为改革开放的产物，最初是政府为了克服市场失灵所采取的一种监管手段，①如今，“黑名单”这一管制方法已成为政府管制市场的利器，被普遍广泛运用在消费信贷、安全生产、环境保护、交通旅游、食品药品等社会各个行业、各个领域。从主体角度可以将其分为以下几类：一是行政黑名单，即行政机关基于监管需要制定的“黑名单”，如污染企业黑名单。二是行业黑名单，即行业协会为了维护行业利益制定的“黑名单”，如棉花协会依据《涉棉企业不良行为警示制度实施办法》制定的“中国棉花行业黑名单”。三是司法黑名单，即人民法院、检察院制定的“黑名单”，如人民法院为了解决“执行难”问题发布的限制高消费的失信被执行人黑名单，检察院为了治理贿赂腐败犯罪多发行业建立的行贿黑名单。四是企业黑名单，即企业根据其他企业和个人的信用设立的“黑名单”，如银行不良信用记录。五是个人黑名单，即个人在生活中设置的“黑名单”，如通讯录黑名单。可见，“黑名单”只是一种俗称，并未有统一而明确的内涵和外延。有的“黑名单”是进行负面信息曝光，有的则是用于内部存档；有的“黑名单”运用于事前监管领域，有的则发生在事后执行领域。

本书研究的是具有法律强制约束力的黑名单，即法律黑名单，具体是指由专门机关根据职权或者法律授权，针对具有社会危害性的不法不文明行为群体，通过向全社会或全行业公示行为人的相关信息，以达到惩戒警示目的的法律制度。②

需要注意的是，在我国现有法律体系中，与“黑名单”类似的概念还有很多，如“严重失信人名单”“不良信用记录”“联合惩戒名单”等。质言之，“黑名单”在实践中的表述并不完全一致，甚至关于其概念属性——属于严格的法律术语，还是经济学概念？都存在一定争议。相对而言，“失信人”的概念较为广泛，“黑名单”主要是一种失信惩戒机制和政府规制信用的工具。详言之，黑名单是国家机关对公民和企业的信用信息记录进行评价分类，并据此实施信息共享、分类监管和联合奖惩的监

① 徐晓明：《行政黑名单制度：性质定位、缺陷反思与法律规制》，载《浙江学刊》2018年第6期。

② 刘平、史莉莉：《行政“黑名单”的法律问题探讨》，载《上海政法学院学报》2006年第2期。

管措施。[①] 实际上,“黑名单”一词本身涉嫌侮辱歧视,“失信惩戒”一词更规范、严谨、科学。因此,笔者建议在法律文件中以“失信惩戒名单”替代“黑名单”。

第二节　黑名单运用领域拓展之根由

“黑名单”这一管制方法已成为政府在市场管制中的利器,不仅已经普遍应用于行政管理领域,而且已经拓展到其他领域乃至社会的各个方面。其一,拓展至社会诚信建设领域,如失信企业黑名单;其二,拓展至司法领域,如法院强制执行中的失信被执行人黑名单;其三,拓展至商业领域,如金融行业普遍使用的信贷黑名单;其四,拓展至个人生活领域,如手机黑名单、QQ 黑名单、邮件黑名单、微信黑名单。也正是在这一背景下,黑名单被引入航空运输领域即产生了“民航旅客黑名单”。

一方面,现有的法律威慑力不够,违法成本和失信成本较低,行政机关不得不发布各种黑名单予以弥补法治不足问题;另一方面,市场经济的发展“造就”了一些唯利是图的企业,在社会信用体系尚未健全的背景下,极有可能走上违反商业道德和法律法规之路,为了惩治这些失信企业,大量“黑名单”应运而生。以食品行业黑名单为例,不言而喻,食品安全问题是事关生存和发展的重大问题,然而,近些年来我国食品安全问题非常突出。“三聚氰胺奶粉”“地沟油”“瘦肉精”“染色馒头”“毒豆芽”“牛肉膏”“塑化剂”……这些敏感词汇一再刺激着公众的敏感神经,也直接挑战着公众的忍耐极限和企业的道德底线。全国人大会议公报显示,自从 2008 年三鹿奶粉事件发生后,食品安全问题就成为全国人民代表大会历次会议反映最突出的问题之一,相关议案在所有代表议案中所占比例也非常高。李克强总理早在 2011 年就明确指出,“改革开放以来,我们用 30 多年时间解决了人民吃得饱的问题;进入新的发展阶段,必须下决心解决群众吃得好、吃得安全的问题”。[②] 也可以说,能否解决好食品安全问题是考验政府执政能力和水平的一面镜子,也是检验我国社会文明程度的重要标尺。在这一背景下,针对食品安全事件,国家食品监管部门打出重拳,发布食品行业黑名单,构建诚实守信的经营环境。

“黑名单”的广泛运用也与我国社会的发展密切相关。我国提出“积极转变行

---

① 王瑞雪:《政府规制中的信用工具研究》,载《中国法学》2017 年第 4 期。

② 《李克强就加强食品安全监管强调——下决心解决群众吃得安全的问题》,载《健康报》2011 年 5 月 16 日,第 1 版。

政方式、打造服务型政府"的改革要求,实现从行政管理职能向现代公共服务职能的转变。黑名单属于柔性的行政管理方式,其通过将违法违规行为曝光的方式达到行政治理的目的,缓和了行政机关与行政相对人因行政执法而产生的矛盾。但笔者认为,黑名单的泛化是不正常的社会现象,随着我国社会诚信体系的健全、司法权威的增强,以及"重事前审批、轻事中监管"的管理模式被"弱化事前审批、强化事中监管"的管理模式取代,黑名单将成为一种过渡性的管理措施。

信息化技术的发展助推了黑名单的广泛运用。随着计算机技术、网络技术、移动技术、通信技术等新技术的发展、普及,信息传播比以前任何时候都更便捷,这为"黑名单"相关信息的传播提供了条件和可能,从而使黑名单能够在极短的时间内广泛传开,并有可能引起社会的普遍关注,行为人的违法事实会引起社会公众的强烈谴责,从而给进入黑名单的企业和个人带来巨大的舆论压力,导致其名誉减损和社会评价降低。

第三节 黑名单的争议与焦点

"黑名单"自诞生之日起,便引起了广泛热议,褒贬不一。一部分人认为,黑名单这一管理工具对于提高行政效率具有积极意义,其通过警示作用具有减少行政违法行为的客观效果;另一部分人则认为,运用黑名单进行管理缺乏明确的法律依据,任意扩大了行政机关的权力范围,并且可能会侵害行政相对人的合法权益。

有学者从经济学角度论证黑名单的合理性,提出黑名单是一种有效的社会治理管制工具的观点。"管制是政府运用控制权通过行政机构和行政法规对市场进行干预,以求达到纠正市场失灵,提高经济效率的目的。"①20 世纪 70 年代后,经济性管制逐步放松,社会性管制逐步加强。"社会性管制,从规范的意义上来讲,是指行政性政府,为了保护广大的消费者、劳动者及社会公众的健康和安全及生活质量,而在一定的法律法规框架下对企业造成诸如产品质量、工作场所质量等负内部性和环境污染等负外部性的行为实施的管制。"②一般说来,政府社会性管制手段包括资格认定、禁止特定行为、限制营业活动、检查鉴定、信息公开、标准认证、收费补偿等,而黑

① 成思危主编:《政府如何管理企业》,民主与建设出版社 1998 年版,第 15 页。
② 程启智等:《政府社会性管制理论及其应用研究》,经济科学出版社 2008 年版,第 10 页。

名单制度正是包括上述禁止特定行为、信息公开等多种手段的综合性制度。[①] 不可否认,管制理论侧重于从宏观视角研究政府是否应当干预市场、如何干预市场以及干预市场的边界等问题,但其对于黑名单这一具体管制工具而言,仍具有一定的指导作用。

有学者则从我国当今社会的管理需要出发,论证黑名单制度的有效性。法律执行难是当前法治建设面临的突出难题,代表司法权威的判决和裁定在实践中执行难问题尤甚。[②] 法律执行难的原因有很多,其中一个不可忽视的客观因素是,现代社会治理事务日益纷繁复杂,传统行政治理手段在应对这些事务时显得捉襟见肘。特别是在全面推进依法治国的今天,法律对公权力的行使限制较多,社会对依法行政的期待较高,行政权力的外部监督亦日趋严格。但是,"黑名单"这一管理手段具有适用简单、成本低廉、效果突出等诸多优势。一方面,对于违法违规行为人而言,在当下信息传播便捷的环境下,黑名单能够较迅速地受到公众关注,达到较好的惩罚效果,从而增强对违法行为的威慑力,弥补行政强制力不足之缺陷;另一方面,对于其他社会主体而言,通过黑名单对他人违法违规行为的"曝光",了解了相关行为的违法违规性及其导致的法律后果和将要承担的法律责任,黑名单的宣传教育和惩罚警示价值得以彰显,从而可以预防类似违法行为的再次发生。[③] 从这个角度看,黑名单的广泛应用是黑名单制度自身优势与外界环境客观因素共同作用的结果。

当然,也有许多学者对黑名单持谨慎甚至警惕态度,其反对理由主要有以下三个方面:其一,黑名单存在泛化的趋势,导致黑名单制度的权威性下降。为了应对经济发展中食品安全、药品安全、生产安全等市场失灵问题,越来越多的行政机关开始使用名目繁多的"黑名单",大有泛化滥用之势。如果说,"以审代管"是执法惰性的体现,那么,泛化的黑名单则存在"以曝代管"的嫌疑,降低了黑名单本身应当具有的权威性。其二,公布行政黑名单属于行政执法行为,如果缺乏必要而完善的执法规范以及健全而有力的监督机制,极有可能发生公权力滥用的问题。"任何制定'黑名单'的机构,一旦获得资源控制的生杀大权,也就获得了寻租的机会,从而将难以控

---

① 范伟:《行政旅客黑名单制度的法律属性及其控制——基于行政过程论视角的分析》,载《政治与法律》2018 年第 9 期。

② 郑琦:《基层行政机关申请人民法院强制执行具体行政行为面临的问题与对策研究——以杭州市为实证分析》,载《行政法学研究》2009 年第 1 期。

③ 朱春华:《公共警告与"信息惩罚"之间的正义——"农夫山泉砒霜门事件"折射的法律命题》,载《行政法学研究》2010 年第 3 期。

制地向着腐败状态接近。"①实践中,行政机关在使用黑名单时普遍存在"范围广但应用乱、种类多但不规范"的问题。一旦黑名单存在权力寻租现象,必然会违背黑名单制度的初衷,侵害行政相对人合法权益,政府的公信力更是会遭到质疑。以"农夫山泉砒霜门"事件为例,②该事件中,由于工商部门错误地发布了农夫山泉的产品信息,不仅造成了统一企业和农夫山泉品牌无法挽回的巨大损失,而且导致社会公众对国家部门的质疑,降低了政府公信力。该事件发生后,学界掀起了对国家管理部门发布企业和产品相关不良信息即黑名单行为的性质及其边界的热烈讨论。其三,黑名单制度缺乏统一的规范,很有可能侵犯公民权利。我国当前的法律缺乏对行政黑名单的统一明确规定,导致各地各部门公布黑名单的形式、方式、内容等并不一致甚至大相径庭,各式各样的黑名单广泛存在,效果千差万别,是否公平公正存疑。由于"黑名单"威力巨大,企业一旦"染黑",极有可能因此破产倒闭,所以在运用这一举措时要慎之又慎,并且对披露的信息内容、公布渠道以及救济途径都应当有明确的法律依据。

当前,黑名单立法制度缺失,社会生活中乱象频现。其一,黑名单的制定不够统一,既有行政机关,也有行业协会,还有司法机关等。黑名单制定主体不统一,也会使黑名单的功效大打折扣。其二,黑名单的进入标准缺乏统一规定,启动事项的社会恶性和危害结果并不相同。我国随意公布黑名单的现象相当严重,其中一个重要原因在于黑名单启动事项过多、尺度不统一。一些轻微的违法违规行为列入了黑名单,而一些严重危害社会公共秩序、侵犯公共利益的事项却没有列入黑名单范围。可以说,正是由于对黑名单的启动事项没有统一、明确的标准,导致应公开的违法信息未公开,不应公开的相关信息又过度公开。其三,黑名单的公布内容和公布方式不统一。有的黑名单通过政府信息平台公布,且只公布行政相对人的姓名和违规事项;有的黑名单通过新闻媒体公布,公布的信息内容包括行政相对人的姓名、身份证号码、住址、照片等,涉嫌泄露公民个人信息。其四,黑名单缺乏撤销机制、监督机制和救济机制。既然制定黑名单属于法律行为,那么就会存在错误的可能性。此时,

---

① 马佳悦:《黑名单制度的法律问题探析》,载《公民与法(法学版)》2016年第5期。

② 2009年11月24日,海口市工商局发布警示:农夫山泉广东万绿湖有限公司的混合果蔬饮料与水溶西柚汁饮料、统一企业(中国)投资有限公司的蜜桃多汁等种饮料总砷含量超标。但数日后,送往中国检验检疫科学研究院综合检测中心复检的抽检产品全部合格,海口市工商局承认之前因程序不当致使检验结果有误。这就是著名的"砒霜门"事件。

健全的监督机制、撤销机制和相对人的救济权利就很是必要，否则，可能会给当事人造成重大损失。再以“农夫山泉砒霜门”事件为例，该事件中，海口市工商局在没有经过法定程序检测的情况下就公布了对农夫山泉不利的产品质量信息，虽然最终证实该信息属于不实信息，但给相对人农夫山泉造成的重大经济损失和信誉损失却难以挽回。

可以说，黑名单是一把“双刃剑”，运用得当，就会发挥良好的社会治理功能；运用失当，就会侵害行政相对人的合法权益。当然，社会公众对黑名单的不同看法同样适用于民航旅客黑名单制度，但是，民航旅客黑名单制度的合理性、正当性与否具有特殊性，需要结合民航业的特殊性以及民航旅客黑名单所保护的法益价值深入研究。

本章小结

“黑名单”，在我国改革开放之后才出现，最初是政府为了克服市场手段不足所采取一种监管手段。由于其操作方便、威力巨大，已被广泛运用在安全生产、环境保护、劳动卫生、食品药品、金融信贷等行业领域。但是，关于“黑名单”的争议乃至质疑一直存在。民航旅客黑名单作为黑名单的一种类型，黑名单的相关理论和制度同样适用于民航旅客黑名单，关于民航旅客黑名单的正当性与合法性问题也应当从一般黑名单入手。

第三章　法律定性：民航旅客黑名单的复杂图景

中国旅客的不文明行为广遭诟病，围绕如何拘束旅客不文明行为的争论也一直存在，关于民航旅客黑名单制度正当性、合理性与合法性问题的讨论更是成为学界的研究热点。对民航旅客黑名单的研究应当基于我国民航安全管理的历史背景以及当下黑名单制度。在民航旅客黑名单的相关问题中，对旅客黑名单的法律定性尤为重要。不难理解，民航旅客黑名单的法律属性决定了制定黑名单行为的法律定性与法律地位，进而决定了相关旅客的救济方式和救济途径，最终决定了现有制度的客观评价和改进路径。民航旅客黑名单的法律属性取决于两个方面：一是其制定依据，二是其制定主体，二者共同决定了民航旅客黑名单是否属于行政行为以及属于何种行政行为。基于此，本章围绕民航旅客黑名单法律属性这一核心问题进行研究，并从以下两个方面展开：理论方面，从民航安全管理新常态出发，分析黑名单应用于民航领域之历史背景，探讨欧美国家"No Fly List"二元体系与我国民航旅客黑名单三元机制之异同；实践方面，从我国民航旅客黑名单制定依据和制定主体出发，剖析民航旅客黑名单的法律属性，进而提出黑名单旅客救济制度完善的框架性建议。本章重点研究中航协和中国民航局公布民航旅客黑名单行为的法律性质，结合我国民航旅客黑名单的现实图景，得出中国民航旅客黑名单不同于欧美国家的基本结论。

第一节　欧美国家民航旅客黑名单的二元体系

"No Fly List"一词,通常翻译为"禁飞名单",是美国、加拿大等国重要的民航安全管理制度,也是我国学界在研究民航旅客黑名单制度时常用的概念。把握欧美国家"No Fly List"制度的准确内涵及其背后的利益考量,对于完善我国民航旅客黑名单制度更具意义。

一、欧美国家民航旅客黑名单的实践

20 世纪 80 年代,美国政府为了防范恐怖分子及潜在的恐怖主义分子,制定了旅客黑名单。[①] 之后,全球航空业迅猛发展,与此相伴的则是日益严峻的民航安全形势,旅客黑名单应用的范围和国家也因此更加广泛,但也引起了更多的关注、质疑乃至批评。美国"9·11"事件对全球航空业造成了巨大冲击,极大地挫伤了旅客乘机旅行的积极性,航空安全被上升到一个历史从未有过的高度。2001 年 11 月 19 日,美国总统布什签署"CIVIL AVIATION SAFETY ACT"(《航空安全法案》),将维护航空安全的职责明确授权给美国运输安全管理局,明确规定其有权发出民航安全指令并设定"No Fly List"(禁飞名单)和"Selectee List"(飞行受限制名单)。列入"禁飞名单"人员不得搭乘飞机,列入"飞行受限制名单"人员在机场将受到特别检查。

加拿大政府于 2007 年开始实施"Passenger Protect Program"(旅客保护计划)。该计划包括两部分内容:一是"Specified Persons List"(特定人员名单)制度,也即加拿大民航旅客黑名单制度。该制度的核心在于,被认为可能会威胁航空安全的人员的姓名、性别、出生时间等相关个人信息会被记录至名单,并被禁止乘机。二是"Identity Screening Regulations"(身份识别规则)。该规则的核心在于,所有 18 周岁以上的旅客,都必须在登机前出示政府签发的有效身份证件。

与美国和加拿大相比,欧盟建立民航旅客黑名单制度的时间要晚得多。为了应对恐怖袭击活动,欧盟于 2011 年提议建立"Passenger Name Record"(旅客信息系统,

① Justin Florence, *Making the No Fly List Fly: A Due Process Model for Terrorist Watchlists*, Yale University Law Review Journal(2006).

简称 PNR)，但由于 PNR 涉嫌侵犯旅客隐私权而被否决了。欧盟民航安全管理的漏洞在某种程度上给恐怖分子提供了可乘之机，从而导致巴黎和哥本哈根恐怖袭击的发生。加之中东及乌克兰危机，欧盟委员会于 2015 年 7 月 15 日通过了新的 PNR 方案，开始着手建立旅客信息系统，并奠定了欧盟民航旅客黑名单制度之基础。

民航旅客不文明行为愈演愈烈，航空公司也纷纷通过格式合同即运输总条件规定拒载的情形。美国联合航空公司列明了 18 种旅客被拒载事由，这些事由既包括一般的暴力行为和扰乱行为，也包括妨碍机组人员履职行为，还包括攻击其他乘客行为，以及其他旅客不文明行为(如药物沉醉)。① 与此类似，加拿大航空公司列明了 12 项旅客被拒载事由，②英国航空公司列明了 37 项旅客被拒载事由，③德国汉莎航空公司列明了 6 种旅客被拒载事由。④ 虽然，拒载的事由不完全等同于旅客不文明行为，拒载名单也不完全等同于旅客黑名单，前者的范围往往宽泛于后者，甚至包括旅客的违约行为、不服从安检行为。但通常而言，航空公司据此建立的拒载名单可以认为是用于规制不文明旅客的航空公司黑名单，并与政府制定的“禁飞名单”共同构成了欧美国家民航旅客黑名单制度的二元体系。

民航安全管理从生产安全到国家安全、公共安全、乘客安全等更加多元、更加复杂的形势发展，民族分裂主义活动、恐怖主义活动往往与旅客不文明行为交织在一起。⑤ 在民航安全管理的新常态下，迫切需要更新传统管理理念、革新传统管理模式，民航旅客黑名单作为一种民航安全管理的新手段逐步健全完善，“禁飞名单”上的旅客数量亦“井喷式”增长。

二、两个层面上的民航旅客黑名单

欧美国家形成了两种不同类型的旅客黑名单，也可以说，“禁飞名单”存在于两

① 详见美国联合航空公司网 2021 年 6 月 28 日，http://www.united.com/web/format/pdf/Contract_of_Carriage.pdf。

② 详见加拿大航空公司网 2021 年 6 月 28 日，http://www.aircanada.com/en/travelinfo/before/documents/int_rule_75.pdf。

③ 详见英国航空公司网 2021 年 6 月 28 日，https://www.britishairways.com/en-gb/information/legal/british-airways/general-conditions-of-carriage。

④ 详见德国汉莎航空公司网 2021 年 6 月 28 日，http://www.lufthansa.com/online/portal/lh/cmn/generalinfo? nodeid = 1872700&l = mi&cid = 999997#7。

⑤ 梅传强、童春荣:《总体国家安全观视角下的预防性反恐研究——以十九大报告为切入点》，载《现代法学》2018 年第 1 期。

个不同层面:一是政府层面上的民航旅客黑名单,即用于防范恐怖活动的“禁飞名单”;二是航空公司层面上的民航旅客黑名单,即用于规制不文明旅客的黑名单。详言之,前者是指国家机关为了维护国土安全和预防恐怖活动而制定的禁止航空公司运输恐怖分子及恐怖主义嫌疑分子的行政黑名单规则或制度;后者是指航空公司为了维护民航运营秩序针对曾经在其航空运输活动中有不文明行为(不轨行为)记录,并且有理由相信该不文明行为(不轨行为)有可能再次发生的旅客而制定的拒绝运输该旅客的规则或制度。这两种黑名单都被称为“No Fly List”,也因而产生了诸多误解,但实际上二者存在本质区别。

首先,制定政府层面的“禁飞名单”是基于维护国土安全、预防和打击恐怖主义的考虑;制定航空公司层面的“旅客黑名单”则是基于惩戒不文明旅客的需要。欧美国家“禁飞名单”制度的发展历程,与空难的发生密切相关。无论是“1988 年洛克比空难”,抑或是“9·11”事件,还是“巴黎恐怖袭击”,都促使各国强化民航安全管理。[①] 以美国为例,“9·11”事件改变了由美国联邦民航管理局管理禁飞名单的传统,而由美国国土安全部下属的交通安全管理局(TSA)根据国土安全部和情报部门的信息发布、更新和识别禁飞名单。[②] 航空公司旅客黑名单的发展则与日渐增多的旅客不文明行为相伴相生。随着民航运输业的发展以及航空旅行方式的大众化、普及化,旅客不文明行为和不轨事件大幅增多,民航运输的特点决定了必须对旅客不轨行为采取零容忍态度。因此,一些航空运输企业针对旅客不文明行为出台黑名单,不再对列入黑名单的旅客提供运输服务,以便确保飞行安全。从这个角度看,欧美国家两种民航旅客黑名单的最终目的都是维护民航运输的安全,但侧重点不同,“禁飞名单”是基于反恐需要,而航空公司旅客黑名单的目的则更加宽泛,主要是基于维护民航运输秩序的需要。

其次,不难看出,欧美国家两种民航旅客黑名单的拒载对象不同。“禁飞名单”拒载的对象是恐怖分子及恐怖主义嫌疑分子,航空公司旅客黑名单拒载的对象主要是不文明行为旅客。换言之,“禁飞名单”的适用对象确定且狭窄,航空公司旅客黑

---

① United States Government Accountability Office, *Homeland Security: Progress Has Made to Address the Vulnerabilities Exposed by 9/11, but Continued Federal Action Is Needed to Further Mitigate Security Risks*, CAO – 07 – 375, January, 2007, p. 27 – 28.

② Soumya Pandam, *The Procedural Due Process Requirements for NO-FLY Lists*, Pierce Law Review, December 2005.

名单的适用对象相对模糊且较宽,主要是指那些给航空安全带来威胁但尚未构成刑事犯罪的不文明行为。也就是说,一些旅客的不文明行为虽未达到恐怖主义的严重程度,但对航空运营秩序和民航安全管理有一定危害,航空运输企业出于安全考虑仍对其进行拒载。需要说明的是,“文明”并非一个严谨的法律概念,更多的是一个道德概念,并且用其界定人的行为比较合适。但“不文明旅客”概念不宜作为一个法律术语;“不文明行为”用“不轨行为”替代更为合适,用以泛指旅客实施的危害民航运输安全的行为。但在国际民航组织相关文件中同时使用了不轨旅客(unruly passenger)与扰乱性旅客(disruptive passenger)这两个概念。本书基于行文方便,对“不文明行为”“不轨行为”并未做严格区分。前已述及,各航空公司在其运输总条件中,拒载的事项或理由不仅包括恐怖行为,而且包括尚未构成违法犯罪的不轨行为、一般不文明行为,甚至包括一般违约行为。① 因此,拒载制度不完全等同于黑名单制度,拒载的对象范围要远远大于黑名单的对象范围。

欧美国家两种民航旅客黑名单制定主体的不同,决定了二者适用方式和范围的不同、法律关系的不同以及救济方式的不同。一方面,“禁飞名单”虽然由国家机关制定,但国家机关没有名单的执行权,而航空公司旅客黑名单是由提供运输服务企业制定的,该企业不仅享有黑名单的决定权,而且享有黑名单的执行权。然而,由于“禁飞名单”属于行政黑名单,其适用范围较广,包括所有航空公司,而航空公司旅客黑名单属于企业黑名单,其适用范围仅限于本公司。严格意义上的民航旅客黑名单,只能由航空运输企业针对在其运输活动中有过不文明行为记录的旅客而制定,二者具有对应性,不能扩大到其他航空运输企业。从这个角度看,航空公司之间共享旅客黑名单似乎不妥。另一方面,就法律关系而言,“禁飞名单”是由国家行政部门设立,其相应的法律关系为行政法律关系,由此产生的纠纷为行政法律纠纷,旅客的救济途径为行政复议和行政诉讼;而航空公司旅客黑名单则是根据航空企业的运输总条件制定的,其相应的法律关系为民事法律关系,由此产生的纠纷为民事法律纠纷,旅客的救济途径为民事仲裁或民事诉讼等。

---

① 德国汉莎航空公司在其公司运输总条件中规定:“如果出现以下情况,我们有权拒绝您搭乘我们的航班:1. 承运您违反了适用的法律、法规或者起始地、目的地或飞越地的法令;2. 承运您危及旅客的安全、健康或者影响他人的舒适;3. 您的行为、年龄、精神或身体状况,包括您因为酗酒,使用药物导致的不适,会给您自己、他人、机组成员或机上财物带来危害或危险;4. 您在前段航程的航班上有过不良行为,并且我们有理由相信这种不良行为可能再次发生;5. 您拒绝接受安检;6. 您没有支付相应票价、税款等费用。”在德国汉莎航空公司运输总条件规定的 6 个拒载事项只有第 4 种情形才属于民航旅客黑名单范畴。

最后,“禁飞名单”与航空公司旅客黑名单二者的设立时间和制定程序也有差别。如果从拒载的角度来看,二者虽然都属于运输合同成立前拒载,不同于运输合同履行中的拒载;二者都属于旅客提出要约(购票)时,而被航空公司拒绝给予承诺(接受订票),与运输合同订立后,旅客由于违反相关法律法规而被航空公司拒载(如未持有合法证件、未经过安全检查、不服从机组人员管理而被机长要求中途下载)具有本质不同。然而,“禁飞名单”主要是针对恐怖活动而言,不要求旅客曾经与航空运输企业发生合同关系;而航空公司旅客黑名单主要是针对曾经在本公司民航运输活动中有过不文明行为记录的旅客。换言之,“禁飞名单”属于事先设立黑名单,航空公司旅客黑名单属于事后设立黑名单。

从法益角度看,无论是欧美国家的“禁飞名单”还是航空公司旅客黑名单,最终都是为了维护航空安全这一公共利益。二者虽然泾渭分明,在适用范围、设定主体、法律关系等方面都存在相当大的差别,但它们共同构成了欧美国家完整的民航旅客黑名单制度体系。

第二节　我国民航旅客黑名单的三种类型

一、我国民航旅客黑名单的实践

在我国民航领域,针对日益多发的旅客不文明行为(或称不轨行为、滋扰行为),航空公司以及民航管理部门也实施了“黑名单”这一管理手段,名为“民航旅客黑名单”,或“暂无能力服务旅客名单”“民航限制乘坐民用航空器严重失信人名单”。2007年“春秋航空黑名单案”将民航旅客黑名单带入公众视野,2008年民航旅客黑名单第一案——“厦航范某军案”更是引发了社会各界关于旅客黑名单的热议,2012年“刘某案”又一次引发了社会公众对民航黑名单的激烈争论。

2015年,我国民航局发布的《加强民航法治建设若干意见》,强调要健全纠纷预防机制,依法规范航空运输安全旅客黑名单制度,要明确列入“旅客黑名单”的事项缘由、条件认证和办理程序,这是官方首次提及民航旅客黑名单的概念。黑名单是针对不文明的“任性”乘客的惩处措施,将这些乘客纳入信用不良记录。

2016年2月1日,中航协发布的《民航旅客不文明行为记录管理办法(试行)》开始生效,确认了民航旅客黑名单制度,对旅客的不文明行为划分了具体的标准。同年2月5日,中国国航、东方航空、南方航空、海航集团、春秋航空5家航空公司签署了《关于共同营造文明乘机大环境的联合声明》,将针对不文明旅客在航空方面的出行权利作出相应的限制。

2018年3月2日,国家发改委、中国民航局、最高人民法院等联合发布了《关于在一定期限内适当限制特定严重失信人乘坐民用航空器推动社会信用体系建设的意见》(发改财金〔2018〕385号,以下简称"385号文"),其中规定将对9类人限制乘机,并于2018年5月1日起开始实施。

截至2018年12月8日,中航协已经公布了16批共411名民航旅客的不文明行为记录。2018年6月1日,中国民航局公布了2018年第1期民航限制乘坐民用航空器严重失信人名单即民航旅客黑名单,共计86名,随后每月公布1期,截至2021年9月,共有7454名旅客被列入该名单,绝大部分不文明行为表现为携带违禁物品安检、登机。

我国民航旅客黑名单既不同于欧美国家预防恐怖活动的"禁飞名单",也与其规制不文明行为的民航旅客黑名单不完全一致。其一,基于反恐需要,由国家安全部门制定的民航旅客黑名单,几乎不在我国学界的研究范围之内。其二,基于规制不文明旅客的民航旅客黑名单是学界的研究对象,但我国的国情决定了其制定主体既可能是航空公司,也可能是航空协会,还可能是国家民航管理机关,现实也是如此,构成了我国民航旅客黑名单的三元体系。其三,本书是对我国民航旅客黑名单现有实践的观察和反思,其源于现实又超越现实,提出的民航旅客黑名单制度尤其是主体制度构建是对未来我国民航旅客黑名单制度的应然设计,并不意味着对现有实践和规则的赞同。

基于此,笔者把我国民航旅客黑名单制度定义为:国家有关机关或航空运输协会或航空运输企业,为了维护民航安全和运营秩序,针对曾经有过或可能做出对航空运输安全产生危害行为的旅客而制定发布的拒绝对其进行运输的规则或制度。该定义包括以下几个方面:

首先,民航旅客黑名单的制定发布者可能是国家有关机关,也可能是航空运输协会,还可能是航空运输企业。第一种属于行政黑名单,第二种是属于行业黑名单,第三种属于企业黑名单。这三种黑名单的性质不同,导致的法律后果(法律责任)也不相同。行政黑名单,通常是由民航管理机关、国家安全机关、海关边防机关等国家机关依法依规制定,且适用于所有的航空公司,属于行政管理行为,因此形成行政法律关系,由此引发的纠纷往往通过行政复议、行政诉讼解决。企业黑名单,是由航空运输企业依据法律授权或者合同约定自行设定，仅适用于本航空公司，属于企业自主行为，因此形成民事法律关系，由此引发的纠纷往往通过民事仲裁或民事诉讼解决。行业黑名单的法律性质比较复杂，要根据行业协会是否有明确的法律授权，判断其是行政行为还是民事行为。鉴于社会转型期我国行业协会等社会组织的“半官半民”性，①其享有一定的行政管理职权，其制定的黑名单通常被认定为行政黑名单，对此下文详述。

其次，设立民航旅客黑名单的准则是由国家法律法规确定的，或者由航运企业在其运输条件中加以确认。由于旅客黑名单涉嫌侵犯旅客作为消费者的选择权、隐私权、人格权等权利，②理应由国家法律法规予以明确。但从实践来看，航空运输企业在运输总条件中“拒绝或者限制运输”条款下通常会规定拒载情形，各航空公司依此制定的民航旅客黑名单属于企业行为，不发生行政行为的法律后果，其合理性与合法性存疑。

再次，民航旅客黑名单一般针对可能对民航运行安全造成现实危害的违法违规行为，旨在保护社会公共利益及他人合法权益。民航旅客黑名单针对的对象在外部表现上是一种违法违规行为，在内在特征上是一种危害民航安全（社会公共利益）、扰乱航空秩序（行业利益）以及侵犯航空公司（企业利益）和其他旅客合法权益（个人利益）的行为。换言之，民航旅客黑名单的对象是曾经在航空运输活动中做出不文明行为，并且民航运输企业有理由相信其会再次做出不文明行为而对民航安全造成潜在威胁的旅客。民航旅客黑名单制度的目的在于，通过限制相关旅客在一定期限内禁止乘坐某航空公司或所有航空公司的航班，维护公共利益和他人合法权益。可见，我国航空公司黑名单的限制内容为禁止旅客登机，这与国际上的通行做法是一致的。

最后，民航旅客黑名单作为一种规制旅客不文明行为的复合式手段，具有特殊预防与一般预防的效果。③ 与行政处罚、刑事惩罚以及民事追责相比，民航旅客黑名单是一种事先预防性措施，而非事后补救措施。如果某旅客被列入黑名单，其社会

---

① 姚旭、车流畅：《论行业协会组织的法律性质——从制度动力学视角》，载《法学杂志》2011 年第 5 期。

② 范伟：《行政黑名单制度的法律属性及其控制——基于行政过程论视角的分析》，载《政治与法律》2018 年第 9 期。

③ 余盛峰：《法律的“死亡”：人工智能时代的法律功能危机》，载《华东政法大学学报》2018 年第 2 期。

信誉必然会相应贬损，其出行权利也将面临一定程度的限制。同时，民航旅客黑名单对其他旅客和社会公众有震慑教育作用，是社会诚信体系建设的重要组成部分；着眼于未来，也应当从社会诚信建设的高度构建民航旅客黑名单制度体系。

二、民航旅客黑名单法律定性的考量因素

民航旅客黑名单的法律定性问题关系制定黑名单行为的法律效力以及旅客的救济权利及救济途径。航空公司自行制定黑名单的行为显然属于企业经营行为，属于民法中拒绝签订合同（拒载）行为，由此引发的争议应当寻求民事纠纷解决机制处理。然而，事实上旅客的救济途径非常有限。至于行业协会（中航协）或国家机关（民航局）制定民航旅客黑名单，其行为性质则比较复杂，须进一步分析。民航旅客黑名单的性质是由其依据的法律效力以及制定主体的法律地位决定的，梳理我国民航旅客黑名单的法律依据是探讨民航旅客黑名单法律属性的基础。基于此，本部分先对我国民航旅客黑名单的法律依据作简单分析，将在第四章对相关立法作出具体梳理。

民航旅客黑名单的相关依据主要是航空安保类法律法规，具体可分为国际法、国内法以及航空公司的运输总条件 3 个层面。在国际法层面，主要涉及《国际民用航空公约》（《芝加哥公约》）、《关于在航空器内犯罪和犯有某些其他行为的公约》（《东京公约》）、《防止对民用航空非法干扰行为的保安手册》、《关于不循规/扰乱性旅客法律问题的指导材料》等法律文件。国际法效力范围及实施方式具有特殊性，[①]并非本书讨论的主要对象。

我国的航空保安法规体系可以再细分为 3 个层次：一是以《民用航空法》为主的法律，该法第五章第 46 条赋予机长必要时采取措施的权力；二是以《民用航空安全保卫条例》为主的行政法规，该条例第二章第 16 条明确机场内禁止的行为，第三章第 23 条规定了机长应对突发事件的权力、第 25 条就航空器内禁止的行为作了相关规定；三是以《公共民航旅客运输飞行中安全保卫规则》《中国民用航空安全检查规则》等为主的部门规章，这些规章对民航运输安全多有规定。其中，2017 年 2 月 7 日交通运输部发布的《公共航空旅客运输飞行中安全保卫工作规则》，通过“内涵 + 外

---

① 韩书立：《走向平庸的国际法效力依据理论》，载《暨南学报（哲学社会科学版）》2015 年第 9 期。

延”式界定法对旅客不文明行为下了定义,并列举了 9 种不文明行为。[①] 2015 年 5 月 14 日,国家旅游局制定并实施的《游客不文明行为记录管理暂行办法》,从旅游行业的角度提出分级建立游客旅游不文明档案的要求,明确规定了建立游客不文明行为记录的主管部门、信息采集、保存期限等问题,该办法当然适用于民航领域。2005 年 8 月 28 日第十届全国人大常委会通过、2012 年 10 月 26 日第十一届全国人大常委会修改的《治安管理处罚法》,可以说是我国对旅客不文明行为规制最多的一部法律,与航空运输直接有关的条文是第 4 条、第 23 条和第 34 条。第 4 条规定了我国对违反治安管理行为的管辖权,即航空器登记国管辖;[②]第 23 条和第 34 条规定了航空器内发生的违反治安管理行为的处罚方式,包括警告、罚款和行政拘留等。[③] 值得注意的是,无论是中航协公布的“民航旅客不文明行为记录”,还是民航局公布的“民航限制乘坐民用航空器严重失信人名单”,大多将旅客受到刑事处罚或行政处罚作为前置程序。[④] 换言之,大部分黑名单旅客都因不文明行为先受到了刑事制裁或行政处罚,然后被列入民航旅客黑名单。

直接规定民航旅客黑名单的法律文件主要有 3 个:一是 2015 年 5 月 19 日中国民用航空总局印发的《加强民航法治建设若干意见》,该意见对建立健全旅客黑名单制度提出了指导性意见。二是 2016 年 1 月中国航空运输协会制定的《民航旅客不文明行为记录管理办法(试行)》,该《办法》对旅客不文明行为作了界定,并规定中

---

① 《公共航空旅客运输飞行中安全保卫工作规则》将不文明行为界定为:指在民用机场或在航空器上不遵守规定,或不听从机场工作人员或机组成员指示,从而扰乱机场或航空器上良好秩序的行为。航空器上的旅客不文明行为主要包括:(1)强占座位、行李架的;(2)打架斗殴、寻衅滋事的;(3)违规使用手机或其他禁止使用的电子设备的;(4)盗窃、故意损坏或者擅自移动救生物品等航空设施设备或强行打开应急舱门的;(5)吸烟(含电子香烟)、使用火种的;(6)猥亵客舱内人员或性骚扰的;(7)传播淫秽物品及其他非法印制物的;(8)妨碍机组成员履行职责的;(9)扰乱航空器上秩序的其他行为。

② 《治安管理处罚法》第 4 条第 2 款规定:“在中华人民共和国船舶和航空器内发生的违反治安管理行为,除法律有特别规定的外,适用本法。”

③ 《治安管理处罚法》第 23 条规定:“有下列行为之一的,处警告或者二百元以下罚款;情节较重的,处五日以上十日以下拘留,可以并处五百元以下罚款:……(三)扰乱公共汽车、电车、火车、船舶、航空器或者其他公共交通工具上的秩序的;(四)非法拦截或者强登、扒乘机动车、船舶、航空器以及其他交通工具,影响交通工具正常行驶的。……”第 34 条规定:“盗窃、损坏、擅自移动使用中的航空设施,或者强行进入航空器驾驶舱的,处十日以上十五日以下拘留。在使用中的航空器上使用可能影响导航系统正常功能的器具、工具,不听劝阻的,处五日以下拘留或者五百元以下罚款。”

④ “385 号文”在信息采集方面规定,民航旅客相关失信信息采集,民航局应当和公安机关、人民法院协调建立信息推送机制。因被公安机关处罚或者被追究刑事责任的行为,由做出处罚决定的公安机关和做出判决的人民法院将名单推送民航局,由民航局按照规定程序纳入限制乘机名单。

航协定期从民航局获得不文明乘客的信息,定期向航空公司和中航协等单位告知记录信息,民航企业经过相应程序后可以将其作为建立黑名单的数据来源之一。三是2018年3月2日国家发改委、中国民航局、最高人民法院等联合发布的“385号文”。“385号文”是在我国构建“一处失信、处处受限”信用惩戒大格局的时代背景下,按照《国务院关于建立完善守信联合激励和失信联合惩戒制度加快推进社会诚信建设的指导意见》(国发〔2016〕33号)要求出台的,其从防范部分旅客违法行为对民航飞行安全的不利影响出发,提出进一步加大对其他领域严重违法失信行为的惩戒力度,限制特定严重失信人乘坐民用航空器,具体规定了限制范围、信息采集、发布执行和权利救济、移除机制、诉讼指导、宣传工作等问题。

通过梳理我国民航旅客黑名单的法律依据,不难发现,当前我国民航旅客黑名单制度有待健全。这不仅体现在相关规定法律效力层次低,而且体现在其具体内容过于原则,导致我国民航旅客黑名单实践的复杂图景,民航旅客黑名单的制定存在较大随意性和泛化滥用倾向。与欧美国家“No Fly List”二元制度体系不同,我国民航旅客黑名单主要针对的是旅客不文明行为而非恐怖活动,且形成了民航局、中航协及航空公司3类旅客黑名单。

关于我国直接规定民航旅客黑名单的3个法律文件,即《加强民航法治建设若干意见》、《民航旅客不文明行为记录管理办法(试行)》以及“385号文”的法律性质问题,笔者认为,《加强民航法治建设若干意见》不属于严格意义上的部门规章,将其归为行政规范性文件比较合适,其对旅客黑名单制度的指导性意见具有普遍约束力。应当说,《民航旅客不文明行为记录管理办法(试行)》是我国最为直接、最为重要的旅客不文明行为处理规定。吊诡的是,该办法并未直接规定禁止相关乘客登机的情况,然而实际上中航协从2016年4月8日开始公布民航旅客不文明行为记录,直至2018年5月31日共公布了16批411名。“385号文”“两高”与国务院部委联合发文,关于此类文件的法律性质,学界有不同的看法甚至批评的声音。有学者认为,司法权与行政权是属性异质且范围独立的两种公权力,我国特有的立法体制和法律解释体制决定了“两高”与国务院部委联合发文混淆了权力界限,不利于国家法治建设,应当回归到权力关系的宪法轨道。① 笔者认为,一方面,联合发文在我国法

① 参见邓巍:《关于“两高”与国务院部委联合发文的思考》,载《甘肃政法学院学报》2014年第4期。

治实践中并不少见,虽然可以从发文字号中辨别联合发文的相关主体及其在发文过程中的主次地位,但无论是行政权涉入司法权之中,①还是司法权涉入行政权之中,确实与我国国家机关的运行机制相悖,存在一定的法理问题;②另一方面,在我国当前的法治环境下,“两高”与国务院部委联合发文具有更强的法律约束力,对于法律执行和法治建设具有特殊的重要意义。当然,在限制范围方面,“385 号文”规定了两类行为:一是旅客在机场或航空器内实施的被公安机关处以行政处罚或被追究刑事责任的 9 种行为,此即旅客不文明行为;二是其他领域的严重违法失信行为有关责任人。换言之,“385 号文”的立法本意并不是从民航安全管理视角规定旅客黑名单制度的,而是从严重失信人惩戒机制以及社会信用体系建设角度考虑而赋予民航局制定限制乘机名单的权力,只不过此处的严重失信人已不限于司法裁决执行领域而拓展到民航安全管理领域。

进而,需要探讨的是,中航协制定的民航旅客黑名单与民航局制定的民航旅客黑名单之间是何种关系。就本源意义上而言,中航协依据《民航旅客不文明行为记录管理办法(试行)》制定的民航旅客黑名单应当属于“行业黑名单”,不具有法律的强制约束力。但是,转型期的我国行业组织具有“半官半民”属性,承担了大量的行政管理职能,③中航协制定的民航旅客黑名单实际上具有等同于民航局制定的民航旅客黑名单的法律属性。然而,需要注意的是,现有法律并未直接授权中航协制定民航旅客黑名单,《民航旅客不文明行为记录管理办法(试行)》也未对此直接作出规定,这也就使得中航协制定民航旅客黑名单的合理性、合法性存疑。在民航局从 2018 年 6 月 1 日开始公布“民航限制乘坐民用航空器严重失信人名单”后,中航协就不再公布“民航旅客不文明行为记录”。

三、中航协和民航局旅客黑名单的法律属性

前已述及,中航协作为全国性社团法人,由中国民航局主管,具有“半官半民”的法律地位,其依据《民航旅客不文明行为记录管理办法(试行)》每月从民航局获取做出不文明行为的相关旅客信息,负责建立并管理民航旅客不文明行为记录,这已不再是单纯的行业黑名单,而具有等同于民航局制定的民航旅客黑名单的法律地

① 参见陈光中、崔洁:《司法、司法机关的中国式解读》,载《中国法学》2008 年第 2 期。
② 参见韩大元、于文豪:《法院、检察院和公安机关的宪法关系》,载《法学研究》2011 年第 3 期。
③ 胡斌:《私人规制的行政法治逻辑:理念与路径》,载《法制与社会发展》2017 年第 1 期。

位。研究民航局和中航协制定旅客黑名单的法律属性,应回答以下几个问题:其是否属于行政行为?若属于,则属于哪种行政行为,即是否属于行政行为以及属于何种行政行为?

就第一个问题而言,判断民航局或中航协制定旅客黑名单是否属于行政行为,应当从行政行为的构成要素考虑。行政行为,是指享有行政权能的组织或个人在依法行使行政职权过程中实施的能够产生行政法律效果的行为。[①] 从构成要素角度而言,行政行为的要件主要有三:主体要素——行政主体,内容要素——依法行使职权或履行职责,结果要素——产生行政法律效果。[②] 民航局或中航协制定民航旅客黑名单,是行政机关(民航局)或者行政机关授权的机关或组织(中航协),在民航安全管理的过程中曝光违法违规旅客(不文明旅客)个人信息,从而使其遭受负面评价以维护民航安全这一公共利益的行为。由此可见,民航局或中航协制定民航旅客黑名单行为,符合行政行为的主体要件、内容要件和结果要件,可以得出民航旅客黑名单属于行政行为的结论。根据行政行为所针对的对象是否特定,可以将其分为抽象行政行为和具体行政行为两类,前者以不特定的行政相对人为规范对象,通常表现为制定具有普遍约束力的规范性文件;后者以针对特定的行政相对人为规范对象,通常表现为实施具体的行政措施;二者最根本的区别在于是否对特定相对人直接产生特定法律效果。[③] 民航局或中航协发布的民航旅客黑名单针对的是可能危害民航安全的违法违规旅客,其针对的对象是特定的,即"黑名单"上的旅客,并且会对这些旅客直接产生特定的法律效果——一定期间内禁止搭乘飞机及名誉上的负面评价。可见,民航局和中航协制定民航旅客黑名单的行为属于具体行政行为范畴。然而,具体行政行为类型繁多,包括行政处罚、行政许可、行政强制、行政决定、行政合同等具体类型,[④]民航局和中航协制定民航旅客黑名单的行为究竟属于哪一类型,对于民航旅客黑名单的制度构建将起着决定性的作用,这也就涉及上述第二个问题。

行政处罚作为一种重要的法律责任形式,是指特定行政主体依照法定职权、程序和方式对违反法律法规但尚未构成刑事犯罪的组织或个人给予惩戒和制裁的具

---

① 姜明安:《行政法与行政诉讼法》(第2版),北京大学出版社、高等教育出版社2007年版,第176页。

② 沈军:《论具体行政行为之构成要件效力》,载《行政法学研究》2001年第3期。

③ 李大勇:《行政行为分类的逻辑考量》,载《法律科学》2013年第5期。

④ 查云飞:《人工智能时代全自动具体行政行为研究》,载《比较法研究》2018年第5期。

体行政行为。① 据此，判断一项行政行为是否具有行政处罚性质，应从以下3个方面入手：一是主体方面，即必须是法律明确规定或授权的享有行政处罚权的主体；二是对象方面，即必须是特定的违反法律法规的组织或个人；三是内容方面，即必须是剥夺或者限制某些行政相对人的人身权、财产权等制裁行为。民航局和中航协制定的民航旅客黑名单符合行政处罚的基本特征。首先，在主体方面，民航局是具有行政处罚权力的行政机关，中航协虽不具有行政处罚能力，但其可以通过法律法规授权的方式行使民航局的行政处罚权。其次，在对象方面，民航旅客黑名单针对的对象为违法违规的旅客。最后，在内容方面，民航旅客黑名单对旅客的权利义务产生直接影响，限制了旅客自由出行的权利。可见，民航旅客黑名单的主要目的在于惩罚旅客的违法违规行为，以否定评价限制其乘机服务，因而，民航局和中航协制定民航旅客黑名单的行为符合行政处罚行为的性质。

在学理上，行政处罚行为可以分为人身罚（自由罚）、财产罚、行为罚（资格罚）、申诫罚（声誉罚）等几种类型。从法律角度看，我国《行政处罚法》第9条把行政处罚分为警告、罚款等，并未直接规定"黑名单"这种处罚方式。那么，是否就能得出民航旅客黑名单不具有行政处罚性质这一结论呢？恐怕不能。民航旅客黑名单虽然意味着对相应旅客某种资格和能力（乘机出行）的禁止，具有一定行为罚的制裁属性，②但更符合申诫罚的特征。申诫罚，又称声誉罚，是指行政主体向行政相对人申明其违法行为，提出警告、告诫或者谴责，对其名誉、信誉、荣誉等施加影响，从而引起其精神警惕或造成心理压力，促使其不再作出违法行为的处罚形式。③ 其具体又可以包括警告、通报批评、责令具结悔过等方式方法。④ 民航旅客黑名单通过信息公开、公布的方式对不文明旅客进行制裁、教育，通过对其声誉产生负面影响促使其改正自己的行为，符合声誉罚的实质要件。但是，如何从《行政处罚法》寻找民航旅客黑名单制度的法律依据呢？《行政处罚法》中明确列举的声誉罚的种类中只有"警告"一种，而"黑名单"行为与警告相比，除了对行为人"提出告诫"之外还要将相对人违法行为"公之于众"。如此看来，民航局或中航协制定民航旅客黑名单的行为并

---

① 关保英：《行政法与行政诉讼法》（第2版），中国政法大学出版社2015年版，第185页。

② 李晓明：《行政处罚中"人身自由罚"存在的原因及解决路径》，载《苏州大学学报（哲学社会科学版）》2017年第4期。

③ 练育强：《行刑衔接中的行政执法边界研究》，载《中国法学》2016年第2期。

④ 郑传坤主编：《行政法学》，法律出版社2007年版，第210～211页。

不属于“警告”。然而，我们将目光投向《行政处罚法》第 8 条第 7 项，即“法律、行政法规规定的其他行政处罚”，该条款属于兜底条款，允许采取其他形式的行政处罚。事实上，行政处罚由于其高效便捷性往往成为行政机关的主要执法手段，并且形式日益丰富多样。[①] 根据认定“其他行政行为”的形式标准和实质标准，[②]不难理解，民航局或中航协通过制定民航旅客黑名单对违法事实的公布必然会影响不文明旅客的声誉，对其形成舆论压力。质言之，民航旅客黑名单是通过两种方式达到惩戒和预防旅客不文明行为的目的：一是限制其自由出行权，二是对其行为进行负面的否定性评价，从而对其个人声誉造成减损。因而，民航旅客黑名单具有明显的行政制裁性质。[③] 实际上，所有的行政黑名单都是权威机关发布对行政相对人不利的信息，引发对行政相对人的谴责，包括荣誉减等、信誉受损、收入受影响等，这种行为也可以称为“信息惩罚”。[④] 综上，民航局或中航协制定民航旅客黑名单符合行政处罚的主体要求、内容要求和目的要求，属于行政处罚中的声誉罚。

另外，需思考的是，民航局或中航协制定民航旅客黑名单是否具有行政强制行为的属性。广义上，可以把行政强制分为行政强制措施和行政强制执行两大类。行政强制措施发生在行政管理过程中，主要表现为对行政相对人的人身或财产实施暂时性限制（控制）行为；[⑤]行政强制执行发生在行政决定履行过程中，主要表现为强制行政相对人履行义务行为。[⑥] 很显然，民航局或中航协发布旅客黑名单并没有对不文明旅客的人身自由或者财物实施暂时性控制，因此，不符合行政强制措施的要件。但是，民航局或中航协制定旅客黑名单的一项重要功能在于促使不文明旅客履行义务，尤其是民航局依据“385 号文”公布的“民航限制乘坐民用航空器严重失信人名单”，其主要目的在于限制特定严重失信人在一定期限内乘坐民用航空器，行政强制执行的特征明显。

行政强制执行在学理上可分为直接强制执行和间接强制执行，在法律上分为加

---

① Gellhorn, *Adverse Publicity by Administrative Agencies*, Harvard Law Review Journal(1973).

② 胡建淼：《“其他行政处罚”若干问题研究》，载《法学研究》2005 年第 1 期。

③ 章志远：《作为行政强制执行手段的违法事实公布》，载《法学家》2012 年第 1 期。

④ 朱春华：《公共警告与“信息惩罚”之间的正义——“农夫山泉砒霜门事件”折射的法律命题》，载《行政法学研究》2010 年第 3 期。

⑤ 王春业：《论行政强制措施的检察监督——以涉及公民人身、财产权益的行政强制措施为对象》，载《东方法学》2016 年第 2 期。

⑥ 刘磊：《传统行政强制类型之再造——以类型的开放性为视角》，载《现代法学》2015 年第 3 期。

处罚款或者滞纳金等6种，[1]那么，民航局或中航协制定旅客黑名单属于哪种行政强制执行？顾名思义，直接强制执行是行政机关对义务人采取直接强制手段迫使其履行相关义务的执行方式，间接强制执行是行政机关对义务人采取间接强制手段迫使其履行相关义务或者达到与履行义务同等效果的执行方式。可见，二者最大的区别在于行政机关采取的强制执行手段不同。[2] 在旅客黑名单情形下，民航局、中航协以及航空公司并未对旅客的人身、财产采取直接的强制性措施，而是通过"广而告之"的间接方式对实施不文明行为的旅客产生舆论压力，督促其遵守相关法律法规，并达到违法犯罪一般预防的效果。因此，民航旅客黑名单更加符合间接强制执行的定义。就具体行政强制执行的方式来看，间接强制执行的措施仅包括处罚款或者滞纳金、代履行这两种方式，民航局或中航协制定民航旅客黑名单的行为显然不属于上述这两种间接强制执行方式。然而，与前述行政处罚方式类似，我国《行政强制法》第12条第6项也规定了兜底条款，即"其他强制执行方式"，并且与行政处罚方式兜底条款相比，该兜底条款少了"法律、行政法规规定的"这一限制性条件，即只要符合行政强制执行的实质要件，就可以创设其他类型的行政强制执行方式。综上，民航局或中航协制定旅客黑名单的行为符合行政强制执行的特征，属于一种新的间接强制执行方式。

四、航空公司旅客黑名单的法律属性

如今，虽然航空公司制定旅客黑名单已成为一种国际惯例，但对我国航空公司是否有权制定旅客黑名单即是否应当履行强制缔约义务则争议巨大。从实践看，随着我国民航运输业的快速发展，航空安全面临着新形势，民航安全管理进入新常态，航空公司也通常在其运输条件设定"拒绝或者限制运输"条款，并将旅客不文明行为纳入其中，当旅客存在"拒载"情形时则会进入该公司的旅客黑名单。如《春秋航空有限公司旅客、行李国内运输总条件》第5条"拒绝运输"中规定，"（十二）旅客曾有航班上的不良行为记录，并且春秋航空有理由相信此种不良行为仍有可能再次发生"。

---

① 《行政强制法》第12条规定："行政强制执行的方式：（一）加处罚款或者滞纳金；（二）划拨存款、汇款；（三）拍卖或者依法处理查封、扣押的场所、设施或者财物；（四）排除妨碍、恢复原状；（五）代履行；（六）其他强制执行方式。"

② 解志勇：《行政强制之禁止研究》，载《法学杂志》2016年第1期。

法律黑名单针对的对象从外部表现上看,属于不文明行为或者违法违规行为,而从内在特征上看,都属于危害公共利益、行业利益、他人利益或企业利益的行为,①民航旅客黑名单也是如此。民航旅客黑名单针对的旅客不文明行为在情节上具有严重性和危害性,其作用在于对不文明旅客个人行为的限制或者信用的贬损。换言之,民航旅客黑名单制度的落脚点在于对不法或不文明行为实施惩戒,在全社会范围内公开失信旅客的信用信息,对旅客进行重点信用监管以及全面的信用约束和行为能力的限制,从而起到对旅客及社会公众的震慑教育作用。从这个角度看,民航旅客黑名单制度是社会诚信体系建设的一种有效手段和重要组成部分。

航空公司旅客黑名单与中航协和民航局制定的旅客黑名单法律属性迥异。中航协或民航局制定的民航旅客黑名单属于行政黑名单,归属行政管理范畴,受行政法调整,其发生争议应当通过行政纠纷化解途径解决,即赋予不文明旅客行政复议和行政诉讼的救济权利。而航空公司制定的民航旅客黑名单属于企业黑名单,归属市场经营范畴,受民商法调整,其发生争议应当通过民事纠纷化解途径解决,即赋予不文明旅客民事调解和民事诉讼(仲裁)的救济权利。当然,这一结论仅是从当前我国民航旅客黑名单制度的现状出发得出的。实际上,对航空公司能否自行设定旅客黑名单存在很大争议,笔者对此也持否定态度。

第三节　民航旅客黑名单的潜在疑虑与典型案件

在我国,制定民航旅客黑名单的情形主要有3类:一是航空公司设置“暂无能力服务旅客名单”,二是中航协发布“不文明行为记录”,三是中国民用航空局发布“民航限制乘坐民用航空器严重失信人名单”。虽然中航协2016年2月1日实施的《民航旅客不文明行为记录管理办法(试行)》以及国家发改委、中国民航局、最高人民法院等2018年3月2日联合发布的“385号文”直接或间接地确认了民航旅客黑名单制度。然而,上述两个规定存在不足以及航空公司目前在制定黑名单的行为方式上存在较强的随意性,导致社会普遍存在对民航旅客黑名单被滥用的疑虑。

一、社会对民航旅客黑名单的潜在疑虑

我国“民航旅客黑名单第一案”即“厦航范某军案”充分反映出航空公司作为强

① 秦岭、柏凌:《博弈论视角下的黑名单制度分析》,载《学海》2017年第6期。

势群体对旅客人格尊严、自主选择权及隐私权的侵害,也直接拷问着我国旅客黑名单的法律价值何在。笔者在调研中发现,社会对民航旅客黑名单所产生的质疑或疑虑,集中体现在黑名单有可能被滥用从而不当限制乃至剥夺旅客合法权益方面。具体而言:

第一,民航旅客黑名单的进入标准和制定程序不公正透明。目前,无论是航空公司在制定企业黑名单时,还是中航协在制定行业黑名单时,抑或是民航局在制定行政黑名单时,均缺乏严格而明确的进入标准,缺乏公正而透明的制定程序。尤其是航空公司在制定旅客黑名单时,诸多时候并非基于保障航空安全或者维护航空秩序目的,而是为了"报复"旅客的维权行为。并且,在将旅客列入黑名单后并不主动告知相关旅客,更别说申诉、听证等程序了,严重侵犯了旅客的合法权益。程序是看得见的正义,将旅客列入黑名单应当遵循合理程序。①

第二,黑名单共享机制涉嫌损害旅客合法权益。在《民航旅客不文明行为记录管理办法(试行)》实施当日,即2016年2月1日,中国国际航空股份有限公司(以下简称国航)、中国东方航空股份有限公司(以下简称东航)、中国南方航空股份有限公司(以下简称南航)、海航集团有限公司(以下简称海航)和春秋航空五大航空公司联合发布了《关于共同营造文明乘机大环境的联合声明》,明确表示将建立信息共享机制,合力对实施不文明行为的旅客采取限制措施。虽然,旅客不文明行为在道德上具有应受非难性,民航旅客黑名单也具有一定的正当性基础,但这并不意味着黑名单制定主体享有当然的道德优势,可以随意泄露旅客个人信息。从某种程度上讲,航空公司之间共享黑名单旅客信息,有利于降低黑名单制度的实施成本,提高黑名单的利用效率,但其不当地扩大了旅客信息的传播范围,会对黑名单旅客人格权造成不利影响,甚至使旅客遭受社会歧视。② 同时,一旦多家航空公司联合起来,其占据航空运输市场的份额会大大增加,甚至会在航空市场中占据主导地位并掌控某些特殊航线,这将涉嫌构成垄断。在这种情况下,如果对黑名单旅客拒绝提供航空

---

① [荷]I. H. Ph. 迪德里克斯-范思赫:《国际航空法》(第9版),黄韬等译,上海交通大学出版社2014年版,第333页。

② Jason Howerton 在《黑名单上的美裔伊朗学生跨越边境遭滞留》一文中认为,美国的民航旅客黑名单制度与"9·11"事件之后的其他安全措施经常被批判有种族和宗教歧视的嫌疑。See Jason Howerton, *Stranded Iranian-American Student on No-Fly List Walks Across Border*, The Blaze(Jun., 2012).

运输服务,必然会对旅客自由出行产生严重不利影响,甚至可能造成“被迫流亡”①的情形。

第三,旅客救济权利阙如、救济渠道不畅。我国现有民航旅客黑名单制度体系中最缺乏的就是关于黑名单旅客权利保障的相关内容,即使是在“385 号文”中,对黑名单旅客的救济权利、救济渠道也是语焉不详。从我国黑名单的实践来看,目前尚未看到一起有关中航协旅客黑名单或民航局旅客黑名单的司法案例,这实属不正常,其背后的原因就在于旅客救济权利的缺失。通常而言,健全的旅客黑名单制定程序,应当包括告知、申诉、听证、公布、实施、救济等相关环节。然而,实际上,最起码的告知程序都普遍阙如,旅客并不知道自己被谁、何时、因何事被列入黑名单,直到再次购买该航空公司机票时才能知道,更别说复议、诉讼等救济程序了。需要说明的是,我国民航旅客黑名单制度不同于欧美国家政府制定的“禁飞名单”,而与欧美国家航空公司制定的旅客黑名单类似。“禁飞名单”是基于反恐需要由国家安全部门制定的,理应不予公开;旅客黑名单是基于规制旅客不文明行为,由民航主管机关、民航运输协会或者航空公司制定的,理应予以公开。

第四,航空公司是否有权制定旅客黑名单值得探讨。尽管旅客黑名单在惩罚不轨旅客、保障航空安全方面具有重要作用,但旅客黑名单制度尤其是航空公司旅客黑名单的合法性仍存在一定争议。笔者调研时,有人就提出,民航旅客黑名单涉嫌违法甚至违宪,存在“四不合”:一是不合宪法,不合消费者权益保护法,侵犯公民自由权。二是不合传统。人非圣贤,孰能无过?黑名单不合中国传统文化。三是与大势不合。整个社会的发展大势,是更加文明,更加包容,更加自由,因而对旅客不文明行为应当适当容忍或者以教育为主,而不是简单粗暴地“拒载”。四是不合政治。党的十九大精神和习近平新时代中国特色社会主义思想都要求坚持在法治的道路上规范社会行为、化解社会矛盾,但黑名单制度涉嫌侵犯基本权利,不属于良法。因此,反对一切没有法律依据的对消费者权益的限制;反对一切基于部门、集团、地区利益对消费者权益的限制;反对为了维持现状而不是从净化发展环境的角度对消费者权益的限制;反对只考虑公序良俗而不考虑个人自由的对消费者权益的限制。②对于国家机关而言,法无授权不可为;对于公民而言,法无禁止即可为。笔者也认

① “9·11”事件后,大批长期生活在美国并拥有美国国籍的外国人被列入禁飞名单中,当时许多人身处境外,却因此不能再返回美国生活,遭受到了被迫流亡的困境。

② 这种观点是笔者在南京禄口国际机场调研时,消费者权益协会代表提出来的。

为,对公民权利的限制和剥夺应当由国家公权力机关行使,航空公司作为航空运输合同的一方当事人制定旅客黑名单限制了旅客的出行自由权,确实不妥。换言之,航空公司按照自身标准确定"不文明旅客",存在不公之嫌,也容易陷入"自说自话"的质疑声中。

研究关于旅客黑名单的种种观点,不难发现,赞同旅客黑名单的理由主要是从公共利益出发,认为黑名单有利于保障民航安全和维护良好的航空秩序;反对旅客黑名单的理由主要是从旅客权利出发,认为黑名单涉嫌侵犯了旅客作为消费者的主要权利和作为公民的基本权利。笔者认为,设置黑名单不能简单地视为航空公司的市场行为,应当受到法律和公权力的制约。旅客黑名单的本质在于航空运输企业拒绝与特定旅客缔约,将特定旅客排除在公共运输的服务范围之外,既涉嫌对旅客的歧视,也涉嫌剥夺旅客的自由出行权。一般认为,出行权作为人身自由的一部分,属于宪法性权利,只有国家公权力机关在法律授权的范围内才能限制或剥夺,其他社会主体无权剥夺或者限制公民的人身自由。①

二、民航旅客黑名单典型案件

应当说,黑名单作为一种新型的行政管理手段和监管方式,得到了广泛运用,也产生了显著成效。但是,黑名单存在泛化的趋势,缺乏法律支撑的黑名单的正当性与合宪性存疑,这种担忧和质疑同样存在于民航旅客黑名单。

2007 年春秋航空黑名单案将民航旅客黑名单引入公众视野。当年 7 月,春秋航空上海—大连航班由于机场天气原因延误,在飞机到达上海机场后,十多名乘客的赔偿要求被春秋航空拒绝,部分乘客"霸机"10 小时,严重扰乱了航空运行计划,春秋航空受到经济损失 10 万余元。后来,春秋航空将带头占机的旅客列入"暂无能力服务旅客"名单,也就是俗称的"黑名单",拒绝其再次搭乘本航空公司的航班。一时间,民航旅客黑名单引起了社会的广泛关注,有人支持,有人反对。支持者认为,航空公司也有选择乘客的权利,这种做法无可厚非;反对者则认为,民航旅客黑名单侵害了消费者的选择权。

2008 年民航旅客黑名单第一案——"厦航范某军案"更是引发了社会各界关于

① 杨慧、张可:《航空旅客安检黑名单制度研究》,载《北京交通大学学报(社会科学版)》2018 年第 1 期。

旅客黑名单的热议。当年9月，范某军以被厦门航空有限公司（以下简称厦航）列入旅客黑名单侵犯了其人格权为由提起诉讼。2009年11月，一审判决驳回其诉讼请求，认定厦航并未侵犯其人格尊严和名誉权，但同时法院认为，厦航随意设立“黑名单”缺乏法律依据，程序欠透明，遂向厦航和中国民航局发出了司法建议书，建议规范旅客黑名单的制定。该案作为我国首例民航旅客黑名单司法案，将民航旅客黑名单问题推到了航空业界的风口浪尖。

2012年“刘某案”又一次引发了社会公众对民航黑名单的激烈争论。当年4月，刘某乘坐春秋航空的航班，航空公司为了安抚航班延误8小时而要求索赔的乘客，给予每人200元补偿。但刘某6月再次订购春秋航空的机票时，发现自己竟然被列入“暂无能力服务旅客名单”，无法购买春秋航空的机票；其理由是春秋航空属于廉价航空，事前规定因任何延误都不予赔偿；得到赔偿的旅客，将会进入“黑名单”。

本章小结

我国民航黑名单的制定发布者既可能是国家有关机关即中国民航局，也可能是行业协会即中航协，还可能是航空运输企业即航空公司。这3种黑名单的性质不同，分别属于行政黑名单、行业黑名单和企业黑名单，形成的法律关系和导致的法律后果（法律责任）也不相同。中航协和中国民航局制定旅客黑名单是具体行政行为，属于行政处罚的行为罚和申诫罚，也兼具行政强制行为、政府信息公开等多重属性，构成行政法律关系，行政相对人可以提起行政复议或行政诉讼；航空公司制定旅客黑名单属于企业自主行为，构成民事法律关系，民航旅客只能寻求民事救济，但其合法性与合理性存疑。我国应通过民航旅客黑名单法律制度创新，赋予中航协制定权、中国民航局监督权、航空公司动议权和执行权，赋予旅客行政复议权和行政诉讼权。

第四章　立法梳理：民航旅客黑名单的法律依据

关于民航旅客黑名单的正当性基础、合理性缘由、有效性考察等问题也一直备受学界关注。在我国现有民航旅客黑名单制度规范中，《办法》和“385号文”是最为直接最为重要的规定。因此，本部分以《办法》和“385号文”为核心，全面梳理国内外民航旅客黑名单的法律依据，反思我国相关制度存在的不足及根源，探讨我国民航旅客黑名单制度的发展路径，并在此基础上提出制度创新的对策建议，以便对拘束旅客不文明行为有所裨益。

第一节　民航旅客黑名单制度域外规定

对不文明旅客采取何种法律拘束措施，以及采取法律拘束措施的边界在哪里，则需要进行深入分析。换言之，在全面推进依法治国的今天，对民航少数不文明旅客采取黑名单惩处措施，将其纳入信用不良记录，不仅要有道义上的正当性，更要有法理上的合法性。他山之石，可以攻玉。考察国际法和欧美发达国家关于民航旅客黑名单的立法及实践，总结其规律和经验，对于完善我国民航旅客黑名单制度具有重要的参考意义。

一、国际法中的民航旅客黑名单制度

民航旅客黑名单因规制旅客不文明行为而生，最早规范

旅客不文明行为的国际公约是1963年9月14日在东京签订的《关于在航空器内犯罪和其他某些行为的公约》(以下简称《东京公约》)。该公约明确将其适用范围分为"犯罪行为"和"旅客不文明行为"两类,①同时授权机长在飞行中采取一切必要措施制止航空器内的犯罪行为和旅客不文明行为,包括拒载,即有权要求有关旅客在任何降落国离开航空器。但显而易见,《东京公约》关于旅客不文明行为的规定过于原则和抽象,实践中难以操作。另外,《东京公约》并没有给予降落国管辖权,只是赋予登记国和特定条件下的某些国家管辖权,但这些管辖权仅是刑事管辖权。因而,那些尚未构成犯罪的不文明旅客可能出现无人管辖而逃脱制裁的情况。②

1974年3月22日通过的《防止对民用航空非法干扰行为的保安手册》(以下简称《保安手册》),虽然不是专门性的国际航空安保公约,却是针对旅客不文明行为的一个重要文件,被确定为《国际民用航空公约》附件17。《保安手册》从1974年到2010年共进行了12次修订,其中列举了具体的国际民航旅客不文明行为。《保安手册》为国际民航组织寻求防止对民用航空及其设施进行非法干扰行为的制裁措施奠定了基础,其鼓励和支持各国从严规范不利于民用航空安全和秩序的行为,自行定义旅客不文明的行为。《保安手册》第4.2.5款规定:"必须授权经营人拒绝运输被认为对航空器存在潜在威胁的人。登上或进入航空器前拒绝接受筛查的任何人必须被拒绝登机。"然而,《保安手册》在第4.4款,将"潜在威胁"人员限定于被拘押人员、危险犯人、精神病人、被驱逐出境者四类,范围显然过窄。但无论如何,《保安手册》毕竟是国际民航组织理事会在飞行安全领域制定的国际标准和建议措施,对确保国际民航安全及各国民航安全立法具有重要作用。

国际民航组织于2002年6月公布的《关于不循规/扰乱性旅客法律问题的指导材料》(以下简称"第288号通告")是国际民航组织专门制定的针对旅客不循规行为的法律文件。一方面,"第288号通告"对"不循规/扰乱性"旅客作出了明确界定,即在航空器上不遵守行为准则或者拒绝听从机组成员的指示从而扰乱航空器上良好秩序和纪律的旅客;另一方面,"第288号通告"对旅客"不循规/扰乱性行为"进行了类型化,即其通过《航空器内实施某些犯罪的示范法律文本》规定了"不循规/

---

① 《东京公约》第1章第1条规定:"本公约适用于:甲、违反刑法的罪行;乙、危害或能危害航空器或其所载人员或财产的安全、或危害航空器上的良好秩序和纪律的行为,无论是否构成犯罪行为。"

② 杨彩霞:《国际民航不循规旅客管辖权问题研究》,载《北京航空航天大学学报(社会科学版)》2015年第6期。

扰乱性行为”的三种具体类型:一是攻击和干扰机组人员的行为,二是危害他人和航空器秩序的不法行为,三是对“航空器安全”产生直接的、负面影响的行为。应当说,“第 288 号通告”根据旅客不循规/扰乱性行为的危害程度为各成员国解决不循规/扰乱性旅客问题提供了一个立法范本。然而,制定于 2002 年的“第 288 号通告”已无法涵盖当前所有的不循规/扰乱性行为类型,且该文件法律位阶较低,法律效力有限,导致其推广效果也十分有限。

近年来,随着机上犯罪和不轨行为的频发升级,现有国际公约的滞后性日益凸显,迫切需要修订相关规定。在此背景下,国际民航组织法律委员会专门成立了工作组负责审查修订《东京公约》等法律文件。2014 年 4 月 4 日,《关于修订〈关于在航空器内的犯罪和犯有某些其他行为的公约〉的议定书》(以下简称《蒙特利尔议定书》)向所有国家开放签字。《蒙特利尔议定书》不仅确立了降落地国的管辖权,而且丰富完善了不循规/扰乱性行为的类型。《蒙特利尔议定书》在第 15 条第 2 款将旅客不循规/扰乱性行为分为两类,明确将“第 288 号通告”中第一类旅客不循规/扰乱性行为纳入《东京公约》的调整范围,而且通过列举的方式将其分为积极的攻击行为和拒绝遵守合法指令的行为,并在此基础上列明了不循规/扰乱性行为清单,为各会员国提供了统一的认识标准。

二、欧美国家的民航旅客黑名单制度

前已述及,美国的民航旅客黑名单制度虽然可以追溯至 20 世纪 80 年代,但真正登上历史舞台则是“9·11”事件之后的事情。2001 年 11 月 19 日,美国总统布什签署《航空安全法案》,授权美国运输安全管理局负责维护航空安全,享有发出安全指令并建立“No Fly List”(禁飞名单)和“Selectee List”(飞行受限制名单)职权。2004 年美国《情报改革和防范恐怖主义法》出台,对美国“禁飞名单”的制定主体、制定权限、信息比对和决定执行进一步作出了明确规定。

在英国,针对旅客不文明行为的立法主要集中在《2009 年航空法令》第 19 节第 137 ~ 142 条。[①] 在俄罗斯,国家杜马(下议院)于 2014 年修改了《航空法典》,允许航空公司制定旅客黑名单,即对于那些在前 5 年内有违反法律法规和管理规范、危害

---

① 主要内容为:对使用语言或行动威胁等方式的不文明行为,以及不服从机长将被处以最高 2500 英镑的罚款;对醉酒和故意干扰航空器运行或机组人员履行职责将被处以最高 5000 英镑的罚款和两年监禁;威胁航空器安全的行为将被处以 5000 英镑的罚款和 5 年监禁。

民航运行安全记录的乘客可以拒绝售票并有权对其不轨行为进行公开。

欧美国家民航旅客黑名单更多的是通过航空公司运输总条件予以规定。美国联合航空公司在其运输总条件中规定了18种旅客被拒载情形,包括实施了扰乱行为、攻击行为或者暴力行为;拒绝遵守或者妨碍机组人员履行职责;攻击航空公司的雇员或者其他乘客;药物沉醉以至于威胁其他乘客和机组人员;等等。加拿大航空公司在其运输总条件中列举了12项旅客被拒载情形,包括酒精或者药物沉醉;危及航空器的安全;在飞机上吸烟,等等。英国航空公司在其运输总条件中列举了37项旅客被拒载事由,包括旅客身体状况不适于乘坐飞机;扰乱乘机秩序;危害航班安全;等等。德国汉莎航空公司在其运输总条件中规定了6种可以拒载旅客的情形,包括因为酗酒、使用药物导致的不适;会给乘客自己、他人、机组成员或机上财物带来危害或危险,等等。

欧美国家形成了两种不同类型的民航旅客黑名单:一是政府层面上的民航旅客黑名单,即用于预防恐怖活动的"禁飞名单",属于行政黑名单;二是航空公司层面上的民航旅客黑名单,即用于规制不文明旅客的黑名单,属于企业黑名单。

第二节 我国民航旅客黑名单的法律依据

从法律角度看,民航旅客黑名单是航空公司对特定旅客的邀约拒绝作出承诺,即拒载的行为。我国民航旅客黑名单是否实现了规范化、法制化、体系化,仍须在我国法治实践中进行考察。

一、关于黑名单的一般规定

我国在民航旅客黑名单方面的立法不多。但是,我国其他领域的黑名单立法,则相当丰富。通常,法律依据可以分为直接的法律条文规定和间接的法律推定,所以,有些制度虽然没有法律明文规定,但也可以通过条文解释甚至学理解释找到法律依据,并且有些制度散见于各种法律制度中。

我国黑名单存在诸多间接立法规定。如《产品质量法》第17条规定:"依照本法规定进行监督抽查的产品质量不合格的,由实施监督抽查的市场监督管理部门责令其生产者、销售者限期改正。逾期不改正的,由省级以上人民政府市场监督管理部门予以公告;公告后经复查仍不合格的,责令停业,限期整顿;整顿期满后经复查产品质量仍不合格的，吊销营业执照。监督抽查的产品有严重质量问题的，依照本法第五章的有关规定处罚。”第24条规定：“国务院和省、自治区、直辖市人民政府的市场监督管理部门应当定期发布其监督抽查的产品的质量状况公告。”此处定期发布的监督抽查的产品质量状况公告，即是产品质量领域的黑名单。又如，《食品安全法》第22条规定：“国务院食品安全监督管理部门应当会同国务院有关部门，根据食品安全风险评估结果、食品安全监督管理信息，对食品安全状况进行综合分析。对经综合分析表明可能具有较高程度安全风险的食品，国务院食品安全监督管理部门应当及时提出食品安全风险警示，并向社会公布。”第105条规定：“县级以上人民政府食品安全监督管理部门接到食品安全事故的报告后，应当立即会同同级卫生行政、农业行政等部门进行调查处理，并采取下列措施，防止或者减轻社会危害：……（四）做好信息发布工作，依法对食品安全事故及其处理情况进行发布，并对可能产生的危害加以解释、说明。”此处国家食品安全监管行政部门公布的安全风险警示名单、企业信誉记录等，即是食品安全领域的黑名单。再如，《政府信息公开条例》第20条规定：“行政机关应当依照本条例第十九条的规定，主动公开本行政机关的下列政府信息：……（六）实施行政处罚、行政强制的依据、条件、程序以及本行政机关认为具有一定社会影响的行政处罚决定；……（十三）环境保护、公共卫生、安全生产、食品药品、产品质量的监督检查情况；……”该条文从政府信息公开角度肯定了“黑名单”制度。

国务院各部委制定的规章及各地制定的地方性法规中出现了大量的“黑名单”表述。例如，在国家层面，原国家食品药品监督管理局印发的《药品安全“黑名单”管理规定（试行）》，国务院安委会制定的《生产经营单位安全生产不良记录“黑名单”管理暂行规定》，等等；在地方层面，有《杭州市农产品质量安全“黑名单”管理办法》《贵州省生态环境保护失信黑名单管理办法》，等等。

2021年11月7日，笔者通过北大法律信息网，以“黑名单”为关键词，以“在标题中体现”为选择项，显示“中央法规29篇”“部门规章25篇”“行业规定3篇”“地方法规规章448篇”。以“旅游不文明行为”为关键词，以“在全文中体现”为选择项在法律法规库检索，结果显示有2572条记录，其中法律及法律性文件1部，行政法规及规范性文件13部，部门规章及规范性文件80部，地方性法规及规范性文件274部，地方政府规章及规范性文件2262部，地方司法文件9部，行业标准规范30部。这些黑名单法律规范，有些属于惩罚性规范，有些属于警示性规范，有些属于备案性规范，有些属于普法性规范。实践中，影响最大的黑名单当属“银行不良信用记录”和“失信被执行人黑名单”。

通过梳理分析我国关于黑名单的相关规定，不难发现，“黑名单”已普遍运用在银行信贷、司法执行、产品质量监管、食品安全防范、环境污染治理等社会领域，但黑名单在被广泛运用的同时也暴露出一些问题。其一，关于黑名单的立法层次较低。我国很多的行政黑名单都属于行政处罚，对相对人的权利（包括行为自由、人格尊严）造成了重大影响，理应由法律（狭义）作出规定。然而，遗憾的是，我国关于黑名单的专门立法缺位、立法层级过低，尚未上升到“法律”层次，主要是地方性法规、部门规章乃至规范性文件，因而涉嫌违宪违法。同时，法律规范的不统一必然存在黑名单的启动事项缺乏统一标准、惩戒方式缺乏统一性、惩戒内容缺乏合理标准等弊端。其二，关于黑名单的程序性规定不足。现有黑名单发布程序随意失范，发布机关限制较少，公布方式千差万别，对于由谁公布黑名单、公布什么内容、如何公布黑名单等关键问题大多语焉不详。王名扬先生曾言：“程序的规则之所以重要，正是由于在实体法上不能给予行政机关巨大的权力的缘故。”①国家公权力一旦缺乏必要的程序约束，往往就会越界，侵犯公民权利。从实践来看，各地各行业的黑名单公布程序和方式千差万别，黑名单实施效果也有很大差异，这使黑名单制度的普适性、权威性、稳定性大打折扣。其三，关于黑名单的救济规定匮乏。有权必有责，有权利必有救济，责任约束的缺乏往往会导致行政权力的滥用。② 目前，我国黑名单制度缺乏有效的救济制度，缺乏必要的监督和撤销程序。

二、关于民航旅客黑名单的专门规定

就国内法而言，我国的航空安保法规体系主要涉及 3 个层面：一是以《民用航空法》为主的法律，如《民用航空法》第五章第 46 条赋予了机长必要时采取措施的权力；二是以《民用航空安全保卫条例》为主的行政法规，该条例第二章第 16 条规定了机场内禁止的行为、第三章第 23 条规定了机长应对突发事件的权力、第 25 条就航空器内禁止的行为也作了相关规定；三是部门规章层面的《公共民航旅客运输飞行中安全保卫规则》《中国民用航空安全检查规则》等，针对民航运输安全作出了相关

---

① 王名扬：《英国行政法》，中国政法大学出版社 1987 年版，第 152 页。

② 何小勇、张栋：《对“就业黑名单”现象的法律思考》，载《广西政法管理干部学院学报》2008 年第 1 期。

规定，违反规定的将由民航公安机关依照《治安管理处罚法》有关规定进行处罚。笔者认为，尤其需要分析的法律法规有以下几部。

一是2017年3月10日起施行的《公共航空旅客运输飞行中安全保卫工作规则》（以下简称《飞行安全保卫规则》）。其在第49条对相关术语进行了界定，同时使用了“非法干扰行为”以及“扰乱行为”等概念。《飞行安全保卫规则》把“非法干扰行为”界定为“诸如劫持航空器、扣留人质、散布虚假信息等危害民用航空和航空运输安全的行为或未遂行为”，有7种表现形式；①而把“扰乱行为”界定为“指在航空器上不遵守行为规范，或不听从机组人员指示，从而扰乱航空器上良好秩序和纪律的行为”，有9种表现形式。② 可见，《飞行安全保卫规则》中的“非法干扰行为”类似于狭义的“旅客不文明行为”即犯罪行为，与《飞行安全保卫规则》中的“扰乱行为”一同构成了广义的“旅客不文明行为”。

二是2015年5月起国家旅游局制定并实施的《游客不文明行为记录管理暂行办法》。该办法规定从2015年开始分级建立游客旅游不文明档案，省级旅游主管部门建立本行政区域的游客不文明行为记录，国务院旅游主管部门建立全国游客不文明行为记录。省级游客不文明行为记录信息，由下级旅游主管部门报送或通过媒体报道和社会举报等渠道采集；全国游客不文明行为记录信息，由省级旅游主管部门报送或通过媒体报道和社会举报等渠道采集。游客不文明行为记录信息保存期限为一至两年，期限自信息核实之日算起。中国民航局已与国家旅游局就共同加强文明旅游工作、治理旅游不文明行为、维护航空运输和旅游秩序等问题达成共识，联手整治不文明乘机行为和不文明旅游行为。民航局对航班上不文明“任性”乘客的惩处措施，即将这些乘客纳入信用不良记录。

三是2005年8月28日第十届全国人大常委会第十七次会议通过的，并于2012年10月26日修订的《治安管理处罚法》。《治安管理处罚法》可以说是我国对旅客

---

① 这7种表现形式是：（1）非法劫持航空器；（2）毁坏使用中的航空器；（3）在航空器上或机场扣留人质；（4）强行闯入航空器、机场或航空设施场所；（5）为犯罪目的而将武器或危险装置、材料带入航空器或机场；（6）利用使用中的航空器造成死亡、严重人身伤害，或对财产或环境的严重破坏；（7）散播危害飞行中或地面上的航空器、机场或民航设施场所内的旅客、机组、地面人员或大众安全的虚假信息。

② 这9种表现形式是：（1）强占座位、行李架的；（2）打架斗殴、寻衅滋事的；（3）违规使用手机或其他禁止使用的电子设备的；（4）盗窃、故意损坏或者擅自移动救生物品等航空设施设备或强行打开应急舱门的；（5）吸烟（含电子香烟）、使用火种的；（6）猥亵客舱内人员或性骚扰的；（7）传播淫秽物品及其他非法印制物的；（8）妨碍机组成员履行职责的；（9）扰乱航空器上秩序的其他行为。

不文明行为规制适用最多的法律。其第 2 条规定:“扰乱公共秩序,妨害公共安全,侵犯人身权利、财产权利,妨害社会管理,具有社会危害性,依照《中华人民共和国刑法》的规定构成犯罪的,依法追究刑事责任;尚不够刑事处罚的,由公安机关依照本法给予治安管理处罚。”这一条规定划分了犯罪和一般违法的界限,二者都具有社会危害性,但程度不同。严重者,达到犯罪的程度,追究其刑事责任;轻微者,则承担行政责任,给予行政处罚。《治安管理处罚法》中和航空运输直接有关的条文如下:(1)第 4 条第 2 款规定:“在中华人民共和国船舶和航空器内发生的违反治安管理行为,除法律有特别规定的外,适用本法。”该条规定了我国对违反治安管理行为的管辖权,即航空器登记国管辖,如果认为航空器是一国流动的领土,也是属地管辖。至于航空器内发生的违反治安管理行为,就是前文论述的旅客不文明行为。(2)第 23 条规定:“有下列行为之一的,处警告或者二百元以下罚款;情节较重的,处五日以上十日以下拘留,可以并处五百元以下罚款:……(三)扰乱公共汽车、电车、火车、船舶、航空器或者其他公共交通工具上的秩序的;(四)非法拦截或者强登、扒乘机动车、船舶、航空器以及其他交通工具,影响交通工具正常行驶的;……”(3)第 34 条规定:“盗窃、损坏、擅自移动使用中的航空设施,或者强行进入航空器驾驶舱的,处十日以上十五日以下拘留。在使用中的航空器上使用可能影响导航系统正常功能的器具、工具,不听劝阻的,处五日以下拘留或者五百元以下罚款。”我国《行政处罚法》中规定的行政处罚方式有四种:警告、罚款、行政拘留、吊销公安机关发放的许可证。针对旅客不文明行为适用最多的是警告、罚款和行政拘留。

《意见》、《办法》与“385 号文”,前文已述,在此不赘。

笔者认为,整体而言,当前我国法律在航空安全方面已经作出了较为全面的规定,但这些法律规范主要是针对航空器犯罪而言的,关于旅客不文明行为的规定法律层次极低,且过于原则,不便于操作。这导致民航旅客黑名单在实践中存在较大的随意性,极易侵犯旅客合法权益,因此,加快旅客黑名单立法工作迫在眉睫。

第三节 我国民航旅客黑名单主要立法之评析

在克服市场失灵方面,黑名单虽然效果明显,但并非根本之策。“‘黑名单’肯定是一种暂时的制度和社会现象,这是在当前我们还没有找到一种有效的信用管理办法和建立一套公认的科学的信用体系的情况下,一种不得已而为之的选择。"①从管理角度出发,黑名单属于惩罚性管制手段的一种。当今时代,由惩罚性管制向激励性管制转变乃是社会管制的发展趋势,即通过引导被管制客体行为朝着社会管制的预期目标发展,从而实现管制者与被管制者二者之间的共存共生和良性互动。在这一发展趋势下,黑名单制度的变迁方向应当是以建立完善且成熟的社会征信体系为依归。完善成熟的社会征信体系,以完备的社会个体征信数据库为基础,以健全的社会个体信用档案为核心,以科学的社会个体信用评分为手段,以无形的社会个体信用资产为落脚点,通过正面引导而非反面惩罚的方式促进社会诚信体系建立健全。

一、《办法》评析

中航协为维护航空运输秩序、保障航空运输安全、维护民航旅客利益,依据《民用航空法》《治安管理处罚法》《民用航空安全保卫条例》,以及中央文明委《关于进一步加强文明旅游工作的意见》等法律、法规、文件,于2016年1月制定了《办法》。

《办法》界定了不文明行为的概念。不文明行为是指民航旅客因扰乱航空运输秩序且已危及航空安全,造成严重社会不良影响,或依据相关法律、法规、民航规章应予以处罚的行为。

《办法》确定了民航旅客黑名单的制定主体即中航协。《办法》第3条规定,中航协负责建立和管理民航旅客不文明行为记录。中国民航信息集团公司等单位负责提供技术保障。

《办法》规定了不文明行为的类型。《办法》第4条规定:民航旅客有下列行为的,应被列入民航旅客不文明行为记录:(1)堵塞、强占、冲击值机柜台、安检通道及登机口(通道)的;(2)违反规定进入机坪、跑道和滑行道的;(3)强行登(占)、拦截航空器的;(4)对民航工作人员实施人身攻击或威胁实施此类攻击的;(5)强行冲击驾驶舱、擅自打开应急舱门的;(6)故意损坏机场、航空器内设施设备的;(7)妨碍民航工作人员履行职责或者煽动旅客妨碍民航工作人员履行职责的;(8)违反客舱安全规定,拒不执行机组人员指令的;(9)在机场、航空器内打架斗殴、寻衅滋事的;(10)编造、故意传播虚假恐怖信息的;(11)其他扰乱航空运输秩序、已造成严重社

① 章政、张丽丽:《中国公共信用体系建设:特性、问题与对策》,载《新视野》2017年第2期。

会不良影响或依据相关法律、法规、民航规章应予以处罚的行为。

《办法》明确了不文明行为的记录期限。《办法》第5条规定，民航旅客不文明行为记录实施动态管理，记录期限自信息核实之日起计算。已造成严重社会不良影响但未受到行政处罚的，旅客不文明行为记录期限为1年；受到行政处罚的，旅客不文明行为记录期限为2年；因扰乱航空运输秩序而被国家旅游局等其他政府部门列入相应记录的，记录期限依照相关部门规定执行。

《办法》明确了不文明行为信息的获取。《办法》第6条规定，中航协每月从民航局获取不文明行为旅客信息。中航协每月更新民航旅客不文明行为记录，并告知航空公司、中航信和旅客本人。

《办法》规定了旅客救济程序。《办法》第7条规定，旅客对列入不文明行为记录有异议的，可向中航协提交异议申诉，并提供有关证明材料。中航协自收到旅客异议申诉之日起15个工作日内向申请人做出答复。异议处理期间，民航旅客不文明行为记录的管理不受影响。

二、"385号文"评析

由国家发展改革委、中国民航局、中央文明办、最高人民法院、财政部、人社部、国家税务总局、证监会八部委联合印发的"385号文"，于2018年5月1日起开始实施，这是我国关于民航旅客黑名单的最新规定。

应当说，"385号文"具有较强的现实基础。"385号文"从构建社会诚信体系建设的高度适当限制特定严重失信人在一定期限内乘坐民用航空器，既是基于确保航空安全的考虑，也是出于推动社会诚信的目的。"385号文"亦具有一定的法理基础。原《合同法》第289条（现《民法典》第810条）赋予公共运输承运人强制缔约义务的豁免权，即赋予其一定的拒载权，这是"385号文"的立法基础。但由于实践中航空公司有滥用拒载权的风险，以及民航旅客黑名单涉及旅客的人身自由和人格尊严，《民用航空法》对此并未作出原则性规定。因此，民航旅客黑名单制度的合宪合法问题仍未得到根本解决。

从立法层级来看，"385号文"属于多部门联合出台的规范性文件，其效力虽然高于部门规章、行业规定及航空公司的内部规定，但低于法律。不同于一般的多部门联合下发的规范性文件，"385号文"由中央文明办、最高人民法院、证监会等非国务院部门制定，因此其与行政法规效力之间的效力关系值得研究。笔者认为，多部门、多部委联合发文是我国立法的一大特色。这种方式有利于增强法律文件的权威性，也便于法律文件的实施，其法律效力应当高于或至少等同于行政法规。从长远来看，旅客黑名单制度，建议由国务院以行政法规的形式统一作出规定。

从立法内容来看，"385 号文"整体内容较为适当，体系较为完整。"385 号文"比较完整地规定了限制范围、信息采集、发布执行、权利救济、移除机制和诉讼程序、宣传工作等。从限制范围来看，"385 号文"将黑名单的范围限制在受到治安处罚和刑事处罚的情形，是比较合适的，也具有较高的权威性，但其没有完全涵盖不文明行为，还可以细化、补充和类型化，至少应当增加一个兜底条款。从信息采集来看，"385 号文"要求民航局和公安机关、人民法院协调建立信息推送机制。建议将该条款细化完善，公安机关、人民法院在对相关旅客作出处罚决定之后，将信息推送给民航企业，由民航企业向中航协进行报送，并提出黑名单建议。从发布执行来看，"385 号文"要求民航局按照程序在每月第一个工作日在民航网站和"信用中国"网站发布限制乘机名单信息。笔者建议，应当授权中航协发布，否则，有可能将民航局置于无休止的行政诉讼之中。从发布程序来看，"385 号文"缺乏详细而规范的调查、申诉、答辩、听证等程序。从权利救济来看，"385 号文"没有明确规定异议部门，亦没有规定明确的行政复议、行政诉讼等程序，这是很大的遗憾，导致该条文形同虚设。从移除机制来看，"385 号文"只规定了一种移除机制，即过期自然移除，并且将期限定为一年。该条过于死板，可以规定长期乃至终身不得移除，还可以规定其他移除机制，如通过志愿服务或保证等方式移除。从诉讼程序来看，"385 号文"规定了民事诉讼和行政诉讼两种机制，笔者建议应当只规定行政诉讼一种机制。从宣传工作来看，"385 号文"规定了多元化的宣传机制，比较完善。

本章小结

民航旅客黑名单的法律依据有国际法、国内法以及航空公司的运输总条件三个层面。最早规定旅客不文明行为的国际公约是《东京公约》；《保安手册》虽然不是专门的国际航空安保公约，却是针对旅客不文明行为的一个重要文件；《关于不循规/扰乱性旅客法律问题的指导材料》中《航空器内实施某些犯罪的示范法律文本》规定了旅客不循规行为的 3 种类型。美国在 20 世纪 80 年代制定了民航旅客黑名单，用于防范潜在的恐怖分子，但直至"9 · 11"事件之后，民航旅客黑名单才正式走上历史舞台。欧美国家民航旅客黑名单更多的是通过航空公司运输总条件加以规定。欧美国家形成了两种不同类型的民航旅客黑名单:一是政府层面的民航旅客黑名单,即用于预防恐怖活动的“禁飞名单”;二是航空公司层面的民航旅客黑名单,即用于规制不文明旅客的黑名单。二者虽然泾渭分明,在适用范围、设定主体、法律关系等方面都存在相当大的差别,但其目的都是保障航空飞行安全,黑名单制定过程都很严格,注重保护旅客的隐私权等权利,且旅客救济途径相当完善。在国内法层面,与民航旅客黑名单直接相关的法律文件主要有3个:一是2015年5月民航局出台的《意见》,二是2016年1月中航协制定的《办法》,三是2018年3月2日国家发展改革委、中国民航局、最高人民法院等联合发布的“385号文”。

中编　民航旅客黑名单的价值分析

第五章　理论争鸣:民航旅客黑名单之正当性

在民航安全管理新常态下,旅客黑名单制度应运而生,并被越来越多的国家和航空公司采用,但该制度自诞生之日起就伴随着非议与争议。换言之,民航旅客黑名单这一措施尽管有情理上的正当性以及现实的必要性,但在法理上的合法性仍需论证和探讨,更何况现行民航旅客黑名单制度在认定主体、认定标准、认定程序以及救济方式等方面都有待完善。民航安全管理涉及价值衡量和法律原则位阶问题,如安全与自由、效益与秩序的冲突与协调等。不文明旅客产生的原因、类型、后果以及不文明旅客法律拘束的法律依据、法律关系、法理基础、相关对策等基本问题亦需要深入研究。

第一节　大众出行方式的变化与民航安全管理的新形势

安全是民航运输永恒的主题。随着我国经济社会的发展和国民生活水平的提高,航空旅行日益成为普通大众出行的方式之一,航空公司和旅客之间的各种矛盾也逐渐凸显。民航旅客黑名单引发的争议,实际上是民众出行自由与民航安全价值之间的博弈。

一、拘束旅客不文明行为与民航安全管理

乘坐飞机已成为我国大众重要的出行方式。2020 年 6 月 13 日中国民航局发布的《2019 年民航行业发展统计公报》显示,2019 年,我国民航旅客运输量近 6.6 亿人次,已成为名副其实的民用航空运输大国。

随着大众出行方式的变化,民航安全管理进入新常态,需要更新管理理念、创新管理措施、完善管理体系。民航旅客不文明行为有的属于犯罪范畴,有的属于一般违法范畴,有的则属于道德范畴。

相较于其他交通运输方式而言,民用航空运输被认为是最安全的出行方式,但民航运输属于高空作业,具有极高的危险性。在飞机飞行过程中,狭小拥挤的机舱不能为受侵害者提供足够的躲避空间,缺氧和不舒适的状态可能引发乘客的烦躁情绪,并且在飞行中机上人员很难得到外界力量的援助。换言之,机上不文明旅客的滋扰行为可能对机组人员、其他旅客的生命财产安全和飞行安全构成严重的威胁,在这种环境下,飞行中的航空器对滋扰行为的容忍度也相应较低。所以,在民用航空运输领域,危害公共安全的行为所造成的后果较其他领域更为令人担忧,其对于安全的要求会高于其他交通运输方式。因此,安全是航空运输最重要的价值考量,也是航空运输企业所承担的最重要的法律义务,任何一个小的安全隐患都有可能造成旅客生命和财产的损失。

也正是由于安全对于航空运输的极端重要性,几乎世界上所有国家的法律都规定,航空承运人可以拒绝承载对安全造成威胁的旅客。我国《民用航空法》第 102 条第 1 款规定:"公共航空运输企业不得运输拒绝接受安全检查的旅客,不得违反国家规定运输未经安全检查的行李。"可见,安全因素是承运人拒绝运输的法定条件之一,出于安全的考虑是可以拒绝旅客的。

占机、霸机行为等旅客不文明行为扰乱了正常的航空运输秩序,直接侵犯了航空运输企业的合法权益,侵害了其他广大旅客的合法权益。因此,为保护社会公共利益和其他旅客的合法权益,航空承运人可以拒绝为不文明旅客提供服务。

民航安全管理面临着新的形势,航空安全从生产安全向国家安全、公共安全、乘客安全等更加多元化方向发展。一方面,旅客数量的激增及旅客素质的参差不齐,产生了诸多危害民航安全的新问题;另一方面,民航运输业的迅猛发展给传统民航管理带来了新的挑战,旧的管理理念、管理模式亟待革新。随着民族分裂主义的兴

起,恐怖主义活动的活跃,旅客不文明行为往往与恐怖活动、危害航空安全犯罪活动交织在一起,给民航安全管理提出了更高要求。在公共安全受到日益严重威胁的今天,人们对危害公共安全行为的警惕性逐渐提高。具体到民航领域,随着社会公众对航空安全的普遍关注,诸多旅客不文明行为已经成为民航安全监管变革的动力,从而为广泛推行民航旅客黑名单制度提供了契机。针对个别不轨旅客,通过旅客黑名单制度拒绝其登机,对于保障航空安全、维护航空秩序、提高航空运输效率、充分利用航空运输资源都有重要意义,这也正是民航旅客黑名单制度的应有价值。

尤其需要说明的是,民航旅客黑名单作为一种预防性措施,相比其他事后救济措施具有更大的社会效益,具有更大的制度价值。“在现代风险社会,一旦风险转化为灾难,法律再予以救济就显得为时已晚。因此,法律需要提前介入,在风险转化为灾难之前,就实现对风险的控制,或减少风险,或消灭风险,防止灾难的真正发生。”①不文明旅客的不轨行为只能由机组人员予以制止,采取强制措施,待飞机降落后交予有关部门进行处理;如果不轨行为不能得到有效的控制,机上旅客及机组人员的生命、财产安全和飞行器的安全都将得不到保障。所以制定相应的政策,通过旅客黑名单制度,变被动为主动,将干扰飞行安全的因素排除在外,确保机上的良好有序环境是十分必要的。换言之,在规制旅客不文明行为方面,事中控制和事后救济也许能在一定程度上减少受害人损失或者弥补受害人损失,但对一些人身伤害而言,人的生命健康一旦受到伤害,损害后果将无法挽回。航空运输与其他经济活动相比,具有高风险性,也具有严重危害性,一旦发生航空安全事故,往往会带来人员伤亡和重大财产损失。因此,在航空安全领域,事先预防措施远比事中控制和事后救济措施重要。

民航旅客黑名单作为事前防范措施在航空安全方面的效果优于作为矫正正义的事后救济,更能在源头上保障航空安全。因此,出于对航空安全的考量,民航旅客黑名单制度通过严密的事前防范,能为航空安全提供良好的安全保障。

对于民航旅客而言,黑名单是一种法律负担,其意味着旅客信用的减等或者资格的减免。② 从法律本质角度看,民航旅客黑名单是对曾经作出不文明行为并有理由相信其可能再次作出不文明行为从而危害航空安全的旅客拒绝缔约(售票),即将

① 李秋高:《论风险管理法律制度的构建——以预防原则为考察中心》,载《政治与法律》2012 年第 3 期。

② 张家宇:《经济法视阈中的黑名单制度研究》,载《延安大学学报(社会科学版)》2013 年第 5 期。

其纳入禁止提供运输服务名单之中而使其无法享受航空运输服务,此即利用风险规制原理防止旅客再次做出危害航空安全的行为。总之,在民航安全管理新常态下,民航旅客黑名单赋予了航空公司拒绝缔约的权利,为旅客反思自身不文明行为提供一个“冷静期”,能够使其他旅客以此为戒,避免做出危害航空安全的行为,从而确保航空安全和民航运行秩序。

二、拘束旅客不文明行为与构建诚信社会

社会信用体系,也称国家信用管理体系或者国家信用体系,是指以完善的信用法律法规体系为基础,以建立健全信用信息共享机制为核心,以培育形成信用服务市场为动力,以提高信用服务行业主体竞争力为支撑,以政府强有力监管体系作保障的国家社会治理机制。社会信用体系是一种社会联防机制,旨在建立一项适应信用交易发展的市场规则,对失信行为进行惩处是其必不可少的功能。

社会信用体系的核心作用在于,通过记录并公示社会主体的信用状况,警示社会主体存在的信用风险,发挥褒扬诚信、惩戒失信机制的功能,实现社会诚信水平的整体提高。在健全的社会信用体系下,市场力量可以净化环境,降低交易成本,防范风险发生,弘扬诚信文化。首先,健全的社会信用体系是发展中国社会主义市场经济的迫切需要。信用,既是市场经济运行的前提和基础,也是市场经济健康发展的保障,还是宏观调控的重要手段。其次,健全的社会信用体系是保持国民经济持续、稳定增长的需要。企业的经济活动需要信用保障,消费市场的扩大亦需要信用启动。再次,健全的社会信用体系是防范金融风险和深化金融改革的需要。防范金融风险,必须加强信用制度建设;深化金融改革,促进金融发展,必须加强信用制度建设。最后,健全的社会信用体系是应对全球经济一体化和我国加入 WTO 后所面临的挑战的需要。

社会信用体系包括公共信用体系、企业信用体系和个人信用体系。三者共同作用,构成了完整的社会信用体系。社会信用体系的功能主要有三个方面:一是其记忆功能,能够保存失信者的记录;二是其揭示功能,能够扬善惩恶,提高经济效率;三是其预警功能,能够对失信行为进行防范。个人是社会构成的细胞和基本单位,个人在提供社会信用信息的同时,也在接受社会信用信息,因此,从某种程度上讲,个人信用体系是社会信用体系的基础,它与公共信用体系和企业信用体系一道共同构成了社会信用体系。

社会信用体系是中国特色社会主义市场经济的重要组成部分,也是我国社会治理体制改革的重要内容,国家亦高度重视社会信用体系的建立健全。早在2002年的“两会”上,时任总理朱镕基在政府工作报告中提出:“要建立良好的消费环境,让有不良行为记录者为自己的行为付出代价,名誉扫地,直至绳之以法。”这表明了中央政府构建社会信用体系的决心。“十一五”规划纲要在“完善现代市场体系”一章中提出:“打击各种违法经营活动,规范市场主体行为和市场竞争秩序。清理整顿对企业的乱收费、乱罚款和各种摊派。加强价格监管,禁止价格欺诈、价格操纵等行为。以完善信贷、纳税、合同履约、产品质量的信用记录为重点,加快建设社会信用体系,健全失信惩戒制度。”2007年国务院办公厅在发布的《关于社会信用体系建设的若干意见》中明确提出:“行业信用建设是社会信用体系建设的重要组成部分,对于促进企业和个人自律,形成有效的市场约束,具有重要作用。国务院有关部门要根据职责分工和实际工作需要,抓紧研究建立市场主体信用记录,实行内部信用分类管理,健全负面信息披露制度和守信激励制度,提高公共服务和市场监管水平。各部门要积极配合,及时沟通情况,建立信用信共享制度,形成失信行为联合惩戒机制,真正使失信者‘一处失信,寸步难行’。”这些举措同时成为黑名单制度的政策依据。

当下,加快推进我国社会信用体系建设具有紧迫性。我国已经选择了社会主义市场经济体制的改革道路,构建社会信用体系应当成为市场经济体制改革的重要制度安排。进入21世纪,全球经济一体化日益展示为一种世界经济新秩序,对世界各国的经济、政治、文化都造成越来越大的冲击。在2014年的全国“两会”上,李克强总理在政府工作报告中提出“对违背市场竞争原则和损害消费者权益的企业建立黑名单制度”。2014年6月14日,国务院发布的《社会信用体系建设规划纲要(2014—2020年)》提出,要全面推动社会信用体系建设,以健全信用法律法规和标准体系、形成覆盖全社会的征信系统为基础,以推进政务诚信、商务诚信、社会诚信和司法公信建设为主要内容,以推进诚信文化建设、建立守信激励和失信惩戒机制为重点,以推进行业信用建设、地方信用建设和信用服务市场发展为支撑,以提高全社会诚信意识和信用水平、改善经济社会运行环境为目的,在全社会广泛形成守信光荣、失信可耻的浓厚氛围,使诚实守信成为全民的自觉行为规范。该纲要还提出,我国社会信用体系建设的目标是“到2020年完善社会信用的法律、法规,健全社会成员的信用记录以形成覆盖全社会的征信系统”。2016年12月23日,国务院办公厅发布《关于加强个人诚信体系建设的指导意见》(国办发〔2016〕98 号)提出,要以培育和践行社会主义核心价值观为根本,大力弘扬诚信文化,加快个人诚信记录建设,完善个人信息安全、隐私保护与信用修复机制,健全守信激励与失信惩戒机制,使守信者受益、失信者受限,让诚信成为全社会共同的价值追求和行为准则,积极营造"守信光荣、失信可耻"的良好社会氛围。2016 年 11 月 1 日召开的中央全面深化改革领导小组第二十九次会议,审议通过了《关于加强政务诚信建设的指导意见》《关于加强个人诚信体系建设的指导意见》《关于全面加强电子商务领域诚信建设的指导意见》。该会议强调,"加强政务诚信、个人诚信体系和电子商务领域诚信建设,是社会信用体系建设的重要内容"。在新形势下,加强政务诚信体系建设、个人诚信体系建设和电子商务领域诚信建设"三大诚信"建设,对于完善我国社会信用体系、提高全社会诚信水平、促进社会主义市场经济发展完善等,具有重要的指导意义和现实作用。

如何治理失信违法行为,倡导社会文明风尚,营造诚实守信环境,是摆在我们面前的一道难题。黑名单制度,作为解决这一市场治理难题的管理手段应运而生。[①]黑名单作为一种管制工具,通过对违法违规企业和个人信用的贬损、资格的减免、能力的限制,能够对当事人起到惩罚作用,对社会公众起到教育威慑作用,是构建社会诚信体系的一种重要的有效手段。[②] 在构建诚信社会的时代背景下,要将不文明旅客的惩戒机制与社会信体系建设结合起来。将民航不文明旅客纳入全国个人征信系统或其他第三方征信系统,促进民航系统社会信用体系的发展和完善,制约和惩罚旅客的不文明行为,从而发挥"守信者处处受益,失信者处处受限"的综合效应。

实际上,我国民航黑名单制度也是从构建社会诚信体系角度设计的。2018 年 5 月 1 日起实施的"385 号文"即是根据《国务院关于建立完善守信联合激励和失信联合惩戒制度加快推进社会诚信建设的指导意见》(国发〔2016〕33 号)要求制定的,属于构建社会主义信用体系的重要组成部分。

第二节 旅客不文明行为

旅客的举止是否文明,不仅代表其个人素质,往往还会被认为是其国家文明程

① 刘文丽:《对黑名单制度实体法律问题的几点思考——以地方黑名单立法规定为依据分析》,载《公民与法》2016 年第 10 期。

② 刘平、史莉莉:《行政"黑名单"的法律问题探讨》,载《上海政法学院学报》2006 年第 2 期。

度的缩影。航空运输的特点决定了,任何旅客的不文明行为都有可能成为航空安全的危险因素,造成的危害后果比其他运输方式更为严重。因此,拘束旅客的不文明行为对民航安全管理至关重要。

一、民航旅客不文明行为的表现及类型

随着航空运输业的快速发展,危害飞行安全和航空秩序的旅客不文明行为越来越多。诸如"一女子迟到被拒绝登机而大闹机场""两对夫妇因座位纠纷在高空大打出手""老太为祈求飞行平安而向发动机扔硬币""中国游客大闹亚航航班,热水泼空姐扬言炸飞机"的新闻屡见报端。对不文明旅客进行法律拘束,首先要归纳梳理民航旅客不文明行为的表现并对其进行类型化,然后分析民航旅客不文明行为的后果及危害,最后应深入研究民航旅客不文明行为产生的主客观原因。

旅客不文明行为有广义和狭义之分。狭义的旅客不文明行为主要是指可能危害民航安全和秩序但未达到犯罪程度的一般违法违反社会公德的行为,即未能遵守航空器内的行为规则或者未遵循机场、机组人员的指示,并由此扰乱民航安全的行为。① 广义的不文明行为除了尚未达到犯罪程度的一般违法违反社会公德行为外,还包括规定在《东京公约》《海牙公约》《蒙特利尔公约》《北京公约》等国际航空安保公约中的劫持航空器等犯罪行为。

民航旅客的不文明行为,有的发生在安检环节,表现为扔砸安检行李筐、在机场违规吸烟、辱骂或拒不配合安检人员的检查以及与安检人员发生肢体冲突、谎称携带管制器具、扔砸充电宝;有的发生在值机柜台,包括大闹机场值机柜台,辱骂、殴打机场工作人员,占据登机廊桥;有的发生在飞行中的客舱里,表现为在飞机上打架斗殴,私自调换座位且不听劝阻,在飞机飞行中使用手机,抢座位,不系安全带,擅自打开或欲打开飞机安全门,谩骂、侮辱、伤害、恐吓、威胁和殴打机组人员,扰乱客舱安全秩序等;有的发生在控制区域,表现为冲闯控制区、擅自进入机坪等;有的与谎称炸弹相关,包括谎称航班有炸弹、有人要炸机场以及自身行李中有炸弹等。旅客不文明行为有的较为严重,涉嫌构成刑事犯罪;有的扰乱了航空运输秩序,构成行政违法;有的则属于道德范畴,或构成民事侵权行为。整体而言,发生在民航运输关键环

① 中国民用航空局政策法规司、中国民航科学技术研究院政策法规研究所:《恐怖主义行为的国际法律控制——国际航空安保公约体系:现状、问题和前景》,中国政法大学出版社 2012 年版,第 234 页。

节中的严重扰乱航空运输行为高发多发。

二、民航旅客不文明行为的后果及危害

民航旅客的不文明行为,不仅侵犯其他乘客和航空企业的合法权益,而且扰乱航空秩序,危害航空安全。

当前,我国民航安全管理面临新常态。所谓民航安全管理,是指根据一定的理论、方法和工具,对民航运行活动进行有效管理,以实现安全有序的状态。详言之,民航安全管理,是通过设计组织结构、落实运行程序、明确责任制度等系统管理的系列要素,从而形成以安全为目标,以风险管理为核心,以安全政策为保障的有序状态。所谓新常态,是指某一领域经过一段时间的发展后达到一种全新的状态,需要新的方法或手段予以调适。纵观整个人类社会的发展历程,就是一个从常态到非常态再到新常态的否定之否定的发展过程,人类对社会的认识也是一个从常态到非常态再到新常态的否定之否定的上升过程,民航安全管理就是民航安全管理肯定—否定—否定之否定波浪式前进的成果。安全是民航运输永恒的主题,在新的时期,民航安全管理进入新常态,面临新形势、新任务,即航空安全从传统的生产安全向公共安全、国家安全、旅客安全等更加多元化方向发展。

同时,旅客不文明行为也会侵犯他人和航空企业的合法权益。比如,谎称飞机上或机场有炸弹,这一虚假信息,对于旅客而言,造成了心理恐慌和出行时间的耽误,甚至可能引发一系列的后续不良影响;对于航空公司而言,造成了巨大的经济损失;对于虚假恐怖信息编造者而言,则是触犯了法律的底线。又如,违反客舱安全规定,包括在飞机飞行中违规使用电子产品、抢行李舱(架)、打架斗殴、吸烟、酗酒等的行为都扰乱了正常的航空运营秩序,无疑将会对航空器、旅客造成危害。

当然,对于不文明旅客本身而言,则要承担相应的法律后果,对此,我国法律法规有明确规定。《治安管理处罚法》《民用航空安全保卫条例》规定,扰乱航空器秩序的,公安机关可处警告或者200元以下罚款;情节较重的,处5日以上10日以下拘留,可以并处500元以下罚款。强行进入航空器驾驶舱的,处10日以上15日以下拘留。我国《刑法》第291条之一规定,编造、传播虚假恐怖信息,严重扰乱社会秩序的,应处以5年以下有期徒刑;造成严重后果的,可处5年有期徒刑。2013年9月28日,最高人民法院明确了编造、传播虚假恐怖信息定罪的量刑标准,凡致使机场秩序混乱,或者采取紧急疏散措施的,或是影响航空器正常运行的,即可入罪。致使航班

备降或返航的,应当在5年以下有期徒刑范围内从重处罚。

三、民航旅客不文明行为产生的原因

我国旅客的不文明行为,究其原因,既有主观因素,如旅客民航知识的匮乏、良好的旅行习惯尚未养成、法律素质有待提高,等等;也有客观原因,如社会诚信体系尚未完全建立、法治环境有待进一步优化、民航运输服务质量有待进一步提高,等等。

一是旅客自身素质有待提高。近年来,随着我国经济社会的迅速发展,普通民众生活水平大幅提升,境外游、乘机出行呈井喷式增长,然而,乘客文明出行、文明旅游意识尚未完全树立,一些不文明旅行行为仍然存在,有些旅客甚至缺乏基本的乘机常识。如对航空公司乘机规定有误解托运超尺寸行李;以为飞机安全门可随意打开。可以说,个人素质是不文明行为发生的主要病灶。

二是航空公司服务质量有待提升。主要表现在航空公司与旅客沟通不及时、不顺畅,服务补救措施不到位。目前,航空公司赔偿机制不完善、处理不妥当是出现"霸机"等非法维权的主要原因。由于空域管制等原因,我国航班准点率并不高,在航班延误时间较长的情况下必然会给旅客带来各种损失,然而部分航空公司在航班延误后不仅拒绝支付合理赔偿,而且也不能妥善安置滞留旅客,使旅客产生抱怨情绪乃至采取"霸机"等极端的方式维权,从而导致旅客不文明行为发生。

三是部分旅客非法维权、过度维权。民航旅客非法维权行为,是指民航旅客采用非法手段维护其自身合法权益的行为,轻者围占航空公司办事柜台,重者突破机场安全保护设施、冲上飞机跑道,严重扰乱民航运输的正常秩序和威胁旅客的人身财产安全。维权所维护的是一种合法权益,这种合法权益的维护亦需要通过合法的手段和方式来实现。① 非法维权行为尽管所用手段各异,但无外乎两种模式,即妨碍民航运输正常秩序和恶意攻击航空运输承运人,主要表现为"霸机"行为、堵塞机坪通道和擅自闯入飞行控制区。非法侵占、强行进入地面可以使用的航空器("霸机")和擅自闯入航空设施及场所等行为被国际民航组织视为最严重危害民用航空安全的行为之一,具有自发性、临时性和不可控性,群体性情绪失控很有可能发生,事态随时可能恶化。与侵占航空器相似的是,堵塞机坪通道,采取这一行为往往人

① 车彤:《航班延误情况下的维权研究》,载《西南石油大学学报(社会科学版)》2014年第3期。

数众多，具有突发性而且缺少组织互动，参与其中的旅客互相依赖以求实现利益诉求，表现出强烈的非理性和不可控性的特点，其目的是想“把事情搞大”，扩大事态影响，从而给航空公司施加压力，以便达到快速获得赔偿之目的，最终实现维权诉求。飞行控制区域是飞机进行起降、停靠以及保障机场正常运行的重要场所，必须配合以严密的安全保卫措施，禁止无关人员擅自闯入或无证通行。擅自闯入飞行控制区不仅对飞机存在极大的安全隐患，也会危及闯入者的人身安全。我国《民用航空安全保卫条例》第16条规定，禁止攀(钻)越、损毁机场防护围栏及其他安全防护措施，禁止无机场控制区通行证进入机场控制区，禁止随意穿越航空器跑道、滑行道等扰乱机场秩序的行为。非法维权行为发生的直接原因在于旅客的根本利益诉求没有得到受理，根本原因则是旅客群体一般会自动生成法不责众的文化心理。

民航旅客非法维权行为实际上是一种私力救济。一般意义上的私力救济是指个人凭借自身的力量，通过自我防卫或自我救助的方式来维护自己被侵害的合法民事权益。私力救济曾经是人类最为原始、最为广泛的权利救济方式。在人类社会早期的进化发展过程中，社会治理组织相对简单，法律制度有待健全，没有大量的人力物力能够支持复杂有效的社会治理体系。人际矛盾纠纷同私力救济相伴相生，私力救济在人类早期社会十分普遍。以《汉谟拉比法典》为例，自由民侵犯其他自由民的居所，受侵犯的自由民可以处罚侵犯者，私力救济是自由民维护自身合法权利十分重要的方式。另外，《汉谟拉比法典》确定了“以眼还眼、以牙还牙”的法则，支持采取同态、血亲复仇等手段进行私力救济。《汉谟拉比法典》虽然允许个人私力救济，不过其中私力救济向公力救济转变的趋势明显。公元前一世纪前后，随着罗马对欧亚非大陆的征服脚步，以罗马法为主的法律体系逐渐成熟和扩散。查士丁尼一世将古罗马法律编纂成书，比较完善的法律法规和诉讼制度被建立起来，公力救济成为主要的救济方式。在当今社会，私力救济在多数国家的法律中依然存在，个人仍可以自主实施某些行为以维护自身的民事权利，私力救济和公力救济优缺互补、相辅相成，共同发挥作用进而实现社会的公平和稳定。私力救济由于评价标准不一，相对于以法律为基础的公力救济来说，容易造成社会混乱，故而某些私力救济的手段受到了法律的限制，这也成为民航旅客非法维权行为法律约束的基础。

私力救济的优点主要体现在以下几方面：其一，私力救济具有自主性。私力救济不依靠国家力量，亦不使用公共资源，完全根据当事人的需要做出选择，是当事人意思自治的结果。严密的法律制度并不能一劳永逸地解决所有问题，当社会机器不足以满足所有救济需要,私力救济就为权利救济提供了其他途径。换句话说,私力救济是公力救济不足时的重要补充。其二,私力救济在执行程序及手段方法等方面具有灵活性和多变性。灵活性是私力救济实现纠纷解决的有效途径,多变性则有利于为处理复杂纠纷提供多种思路,免除了比较严苛的诉讼程序,能够更加快速直接地解决纠纷,社会成本较低,对于处理事态轻微的纠纷比较合适。其三,私力救济具有非强制性。没有国家强制执行力的私力救济本来毫无作用,但结合道德、舆论、宗教等民间社会规范的约束力,形成当事人都能接受的解决方案,既能够有效处理纠纷,又能够促进解决方案的切实履行。大部分私力救济手段之所以逐渐被公力救济取代,是因为私力救济本身存在不可避免的弊端。私力救济无须国家机器参与,完全凭借个人对于事态的理性判断执行救济手段,但不同的个人对于同一事物,基于不同的个人价值观,会形成完全不同的价值判断。如果放任私力救济,判断标准不一就会造成社会不稳定。

民航旅客非法维权行为即是私力救济失控的表现。民航旅客非法维权行为所采取的主要手段,轻者引发骚乱而干扰民航运营秩序,重者直接威胁到民航运输安全,可能造成其他旅客生命财产的重大损失。“无救济则无权利”,民航旅客合法利益受损,理应获得赔偿。但是,“不合法则无救济”,任何救济都应当尊重法律、遵守法律,逾越法律红线的救济就失去了其本身的目的,转化成违法甚至是犯罪行为。对民航旅客非法维权行为进行法律约束,实际上是对私力救济进行必要制约,是对违法犯罪行为的严厉打击。

第三节　民航旅客黑名单的价值基础

民航运输业的健康发展,需要旅客与航空公司之间建立良性、互惠、互利、共赢的合作关系。探索妥善解决旅客与航空运输承运人之间利益矛盾的有效途径,拘束民航旅客的不文明行为,对于推进民航运输业的健康发展意义重大。

一、不文明旅客法律拘束引发的争议焦点

对不文明旅客是否需要法律拘束以及采取何种拘束手段引发了社会热议,争议焦点有以下几个方面:

第一,不文明旅客的界定标准是什么?“不文明旅客”的界定是否应以第三方鉴

定为准？航空公司采用自身的标准确定“不文明旅客”，容易陷入自说自话的质疑声中。一则航空公司的乘机规范不完全一致，“不文明旅客”的标准也就可能不同；二则航空公司的服务规范若引起旅客不舒适的乘机体验，旅客不满航空公司的服务导致情绪失控，航空公司把自身的因素或责任人为地推到旅客身上，在这种情况下“不文明旅客”的认定标准就存在不公平、不公正之嫌。

第二，航空公司直接“导入”其他航空公司或者旅游相关行业管理机构已经存在的旅客“不文明记录”信息是否妥当？

第三，对旅客不文明行为是否应当作出区分？不同类型的旅客不文明行为的产生原因不同，有些行为属于群体性行为，有些行为属于个体性行为；有些属于情节较重的违法乃至犯罪行为，有些属于情节较轻的不文明行为。在处理不文明行为时是否应当视情节不同而区别对待？是否应当将不文明行为的组织者和参与者进行区分？

第四，拘束旅客不文明行为，如何发挥各方力量？在不明文旅客“黑名单”制度体系中，民航局、航空运输协会、民航企业之间的角色分工应当不同，彼此之间如何实现制衡、监督直接关系到旅客黑名单制度的实效。

第五，在处理不文明旅客时，机场、航空公司和地面服务代理人之间分别享有什么样的处置权力？现有的地面服务保障协议中一般未写明代理人享有一定的补偿或赔偿权力，因此在实际操作中，在航班延误时代理方很难满足旅客的维权要求，从而导致旅客非法维权情形的发生。所以，在处理民航旅客纠纷时，对于机场、航空公司和地面服务代理人之间分别享有什么样的处置权利是需要研究的。是否需要在代理协议中明确赋予其一定的处理权限？能否建立保险机制亦值得思考。

第六，对旅客行为是否可以有奖有罚？即能否在负面惩罚的同时设计正面引导机制？能否采取诚信积分的方式？对于不文明旅客采取黑名单制度，但同时信用如果一直良好，可否给予一定的优惠政策？可否采用分级管理，对行为的严重程度区分级别？

第七，不文明旅客的数据库怎么建立？旅客黑名单信息涉及乘客隐私，旅客数据库如何建立、由谁建立以及如何对外公布等问题都值得考虑。

第八，如何把握拘束机制的手段和尺度？关于拘束机制的手段和尺度，目前航空公司对于不文明旅客惩戒的手段主要是拒载和经济惩罚、信息通报、会员资格限制（冻结积分、限制升舱）等，涉及限制人身自由的，则由公安机关介入处理。这需要划清法律保留和契约约定之间的界限。

第九,哪个机构出台法律拘束机制比较合适?如果将对不文明旅客的拘束机制加入运输总条件中作为格式条款,会存在信息不对称问题,实践中难以处理执行。因此,理应上升到民航局部门规章层次甚至上升到法律层次。

二、民航旅客黑名单的理论依据

黑名单制度的理论依据主要涉及市场失灵理论、政府管制理论、利益相关者理论、成本效益理论等,这些理论为民航旅客黑名单的制定提供了正当性基础。

(一)市场失灵理论

市场失灵理论作为与市场自由主义的对立产物,奠定了政府管制的理论基础。以英国经济学家亚当·斯密为代表的古典自由主义学者认为,每个人都是“经济人”,都是自身最大利益的最佳判断者;市场在经济发展中发挥着至关重要的作用,其能通过价值规律即“看不见的手”调节经济。因此,政府不应当对自由竞争作出任何干预,“最好的政府就是最无为而治的政府”,政府在经济活动中应当扮演“守夜人”角色。① 古典自由主义学说极大地激发了社会的经济活力,资本主义经济取得了快速发展。然而,随着19世纪末20世纪初经济垄断的形成,市场失灵开始显现,尤其是20世纪30年代经济危机的爆发,使人们开始认识到仅依靠市场调节难以达到社会资源的有效配置,市场调节在某些领域、某些时间存在很大局限性,并不能有效地配置资源。在此背景下,凯恩斯主义理论产生了。凯恩斯主义的核心在于,政府在促进经济增长、保障充分就业等方面具有重要作用,政府调节是与市场调节之“无形之手”相并列的“有形之手”,因而,政府应当积极干预经济生活。凯恩斯主义为政府管制理论奠定了基础,也是美国罗斯福主义的理论渊源。换言之,政府管制理论的基础在于认识到了市场失灵的客观存在。在实践中,市场失灵有两种表现形式,即内部性市场失灵和外部性市场失灵,其理论包括外部性理论和信息不对称理论两个内容。

外部性理论,最早是由新古典学派的创始人马歇尔于1910年提出的,并被其学

---

① [英]亚当·斯密:《国民财富的性质和原因的研究》(下卷),郭大力、王亚南译,商务印书馆1974年版,第27页。

生庇古福利经济学理论所发展。庇古提出了外部性责任界定理论(被称为“庇古教条”);[①]科斯从产权的角度研究外部性问题(著名的“科斯定理”);[②]史普博则把外部性定义为“由经济交易的第三方所经受的成本和效益”。[③] 我国学者程启智先生指出,外部性是“某一经济主体的行为给其他经济主体带来的损失或收益而并不因此支付相应的代价或获得相应的补偿”。[④] 根据外部性理论,外部性可以分为正外部性和负外部性,正外部性会带来社会效益的增加因而不需要政府管制,负外部性阻碍市场机制的发挥,因而需要政府管制。换言之,由于外部性的客观存在,迫切需要发挥政府调节的作用以消除市场失灵和实现资源最优配置。在航空运输业,旅客与航空公司之间并不是简单的市场主体之间的关系,旅客不文明行为对民航运营秩序产生了不利影响,迫切要求政府通过加强管制来解决此外部性问题。

信息不对称理论以信息经济学为基础,揭示出不对称信息结构下的市场失灵现象,从而推翻了完全竞争自由市场的前提假设,即“交易各方拥有完全对称的信息”。信息不对称理论认为,信息不对称会引起道德风险(moral hazard)[⑤]和逆向选择(adverse selection),[⑥]产生市场失灵现象使得市场无法优化配置社会资源。为了克服市场失灵,提高社会资源配置效率,政府需要对市场进行干预。同时,政府对经济进行干预可以起到维护公平、保护弱者的重要作用,这也正是 20 世纪 70 年代以来

---

① 即由造成外部性问题的损害方而非受害方承担外部性责任,解决的办法就是:或者禁止其损害方的外部性行为,或者向它征收一笔等值于外部性成本的费用或税收,这就是“庇古税”。

② 科斯定理的基本内容是,无论权利界定给谁,只要产权界定清晰,而且当事人之间的协商谈判是无成本的,即交易成本为零,那么在外部性市场上,交易双方即外部性的损害方和受害方,总能够通过交易来达到某一帕累托最优点。换言之,只要满足产权界定清晰和交易成本为零这两个条件,市场的自由交易就会自动解决外部性问题,使资源配置达到最优,从而无须政府插手其间。

③ [美]丹尼尔·F. 史普博:《管制与市场》,余晖等译,格致出版社、上海三联书店、上海人民出版社 2008 年版,第 64 页。

④ 程启智等:《政府社会性管制理论及其应用研究》,经济科学出版社 2008 年版,第 10 页。

⑤ 道德风险原指已为防范风险而支付了一定成本的人,由于风险的发生不会再增加或者至少不会再较大增加自己的成本,其对收取成本的一方会失去合作的动机,从而使风险发生的概率增加,并可能使后者增加成本的一种现象。随着其应用的扩大和研究的深入,一些学者下了更宽泛的定义,即交易双方达成一项合同或契约后,交易一方在单纯追求自身利益时作出对另一方不利的行为。参见茅铭晨等:《政府管制法基本问题研究——兼对纺织业政府管制制度的法学考察》,上海财经大学出版社 2008 年版,第 6 页。

⑥ 逆向选择分析始于阿克洛夫(Akerlof)的柠檬市场案例,史普博将逆向选择称为“投保人隐瞒其风险或工人夸大其能力的可能性”,也有学者将其定义为“由交易双方信息不对称和市场价格下降产生的劣质品驱逐优质品,进而出现市场交易产品平均质量下降的现象”。

社会性管制活动勃兴的理论根源。史普博将这一市场失灵现象描述为“内部性”,①并将其定义为“由交易者所经受的但没有在交易条款中说明的交易的成本和收益”。与外部性类似,内部性也可以分为正内部性和负内部性,前者对社会发展有利并不需要政府干预,后者应存在道德风险与逆向选择需要政府管制。我国学者程启智先生运用现代产权理论框架对内部性市场失灵问题进行了深入研究,提出内部性问题本质上是由交易中产权未能完整界定清楚所引起的,要解决该问题需要依靠政府来降低人们获取相关信息的成本。② 这为黑名单制度提供了理论基础。

黑名单制度的首要目的在于,解决市场失灵而产生的负外部性和负内部性问题。实践中,黑名单的对象不同,功能亦不相同,大致可以分为3类:一是惩治违法违规行为的惩罚性黑名单;二是引导、督促企业或个人经营(为或不为一定行为)的警示性黑名单;三是曝光虚假商品的提醒性黑名单。当然,这3种名单的功能并非截然分开的,有时相互杂糅,有时互为表里。从黑名单产生的原因来看,其是为了克服市场失灵缺陷而产生的一种管制工具。详言之,在市场交易中,经营者与消费者之间、经营者与经营者之间的信息不对称问题客观存在,占据信息优势的一方必然会在利益的驱使下侵害他方合法权益,从而产生外部效应和内部性问题,尤其是在社会诚信体系缺失的环境中,这种市场失灵问题就更加突出。为此,迫切需要加强政府监管。政府监管的方式方法有多种,大致可以分为褒奖性和惩罚性两种。黑名单即属于一种惩罚性管制方式,即通过向社会曝光违法违规行为的企业或个人,以及存在质量问题的产品或服务,从而达到惩罚违法行为以及预防违法行为之目的。黑名单属于政府管制中的社会性管制,也是一种预防性惩罚机制,在效果上优势明显。对于民航旅客黑名单而言,亦是如此,行政管理部门为了保护其他旅客的合法权益——首先表现为民航安全但不仅仅表现为民航安全,而对不文明旅客采取特殊的规制措施。

(二)政府管制理论

如果说,市场失灵理论是从市场调节角度阐释黑名单制度,那么,政府管制理论则是从政府调节角度解读黑名单制度。20世纪70年代以来,以施蒂格勒(George

---

① [美]丹尼尔·F.史普博:《管制与市场》,余晖等译,格致出版社、上海三联书店和上海人民出版社2008年版,第83页。

② 程启智等:《政府社会性管制理论及其应用研究》,经济科学出版社2008年版,第42页。

Joseph Stigler)为代表的经济学家开始研究政府管制问题,[①]并形成了政府管制经济学派。市场失灵理论认识到,市场调节在配置社会资源方面存在一定缺陷,需要国家的"有形之手"——政府调节——发挥作用。但是,政府调节是否就是万能的?其是否同样存在一定缺陷?答案是肯定的。事实证明,政府在配置社会资源时,存在腐败、权力寻租、效率低下等外部性问题。施蒂格勒认为,政府对于行业、企业、个人而言,既是一种潜在资源又是一种潜在威胁。[②]"管制通常是产业自己争取来的,管制设计的实施主要是为受管制产业的利益服务的"。[③]施蒂格勒甚至从动机角度否定了政府管制存在的合理性,把国家产业政策失当、经济管制效率低下、社会资源浪费等都归结为政府被俘获的必然结果。佩尔特兹曼在此基础上,把"政府管制市场"分为管制立法和管制执法两个层次。总之,如何认识政府与市场以及政府与企业的关系,如何处理公共物品与公共选择问题,如何解决政府失灵与政府失败等问题引起了学界的重视,放松和改革政府经济管制的呼声日益高涨,公共行政学等政府管制理论诞生。

无论是以布坎南为代表的公共选择学派,还是以施蒂格勒为代表的政府管制经济学派,都认识到政府与市场一样会存在失灵情况,且政府失灵的后果比市场失灵的后果更严重、更可怕。布坎南提出的"经济人假设"以及施蒂格勒提出的"政府管制俘虏理论"和"政府管制无用论"都质疑政府对经济管制的效果。[④]这些质疑声推动了政府管制的改革。从20世纪70年代开始,发达国家开展了以放松政府对经济管制的社会性管制改革。萨缪尔森是最早对社会性管制作出界定的经济学家,他认为,社会性管制"是用来保护环境以及劳工和消费者的健康和安全的管制;它用以矫正经济活动所引起的各种派生后果和外部性问题,包括净化空气、净化水源、实现核安全、保证药物和交通安全等活动"。[⑤]相对而言,日本学者植草益则比较详细地给社会性管制下了定义,即社会性管制是以保障劳动者和消费者的安全、健康、卫生、

---

① 施蒂格勒在1971年发表的《经济管制论》等经典论文对政府管制经济学的形成起到了开创性的作用。

② George J. Stigler, *The Theory of Economic Regulation*, Bell Journal of Economics and Management Science, 1971, p. 3-21.

③ [美]G. J. 施蒂格勒:《产业组织和政府管制》,潘振民译,上海人民出版社、上海三联书店1996年版,第210页。

④ [美]G. J. 施蒂格勒:《产业组织和政府管制》,潘振民译,上海人民出版社、上海三联书店1996年版,第10页。

⑤ 张磊:《社会性管制问题研究:理论焦点与制度变迁》,载《理论界》2014年第3期。

环境保护、防止灾害为目的，对物品和服务的质量和伴随着提供它们而产生的各种活动制定一定标准，并禁止、限制特定性行为的管制”。① 我国学者程启智先生在总结国外学者研究的基础上，也给社会性管制下了定义，它“是指行政性政府，为了保护广大的消费者、劳动者及社会公众的健康和安全及生活质量，而在一定的法律法规框架下对企业造成诸如产品质量、工作场所质量等负内部性和环境污染等负外部性的行为实施的管制”。② 统观学界这些理论和学说，不难发现，社会性管制与经济性管制相比，其注重的不仅是经济效率问题，而且更重要的是社会公正、公共利益、基本权利、人文主义、和谐共生等非经济因素，其倡导的管制方式不仅包括直接管制，而且包括间接管制。其中常用的基本的管制手段包括禁止特定行为、限制营业活动限制以及认定资格等，补充性的具体管制手段包括检查鉴定、信息公开、标准认证、收费补偿等。

民航旅客黑名单即是政府管制理论的产物。在民航管理领域，同样存在市场失灵的外部性和内部性问题，即市场调节无法根本解决民航旅客违法违规问题。民航旅客违法违规行为对于航空安全和航空秩序威胁巨大，需要政府干预。旅客黑名单作为一种惩罚性黑名单，类似于行政处罚中的申诫罚（warning and reprimand）。我国学者郑传坤先生将申诫罚定义为“行政机关向违法者发出警戒，通过对其名誉、荣誉、信誉等进行处罚，达到对行为人予以谴责和告诫的目的，包括警告、责令具结悔过、通报批评等形式”。③ 虽然，黑名单并不属于《行政处罚法》明确列举的行政处罚种类，但仍可将其归入“但书”之中。换言之，由于旅客黑名单涉嫌旅客重大合法权益，一旦滥用势必会对旅客造成重大不利影响。无论是政府制定具有行政黑名单性质的旅客黑名单，还是航空公司制定的具有企业黑名单性质的旅客黑名单，都是一种社会性管制工具，需要法律规范加以约束和保障，这也是航空旅客黑名单制度存在的理论基础。

（三）利益相关者理论

“利益相关者”这一概念最早出现在1984年弗里曼出版的 *Strategic Management：A Stakeholder Approach*（2006年中译本书名为“战略管理：利益相关者方法”）一书中，既包括企业股东、雇员、供应商、债权人、消费者等交易伙伴，也包括本地社

① ［日］植草益：《微观规制经济学》，朱绍文、胡欣欣等译校，中国发展出版社1992年版，第1页。
② 程启智：《政府社会性管制理论的比较研究》，载《中南财经政法大学学报》2004年第5期。
③ 郑传坤主编：《行政法学》，法律出版社2007年版，第210～211页。

区、周边居民、政府部门、大众媒体等外部力量,还包括自然环境以及人类后代等其他直接或间接受企业经营活动影响的客体。传统企业管理理论奉行“股东至上主义”,只关注企业直接的利益主体。然而,随着社会的发展,人们认识到其他利益相关者要么分担了企业风险,要么为企业经营付出了代价,要么发挥了监督制约作用,都与企业的生存和发展密切相关,因而应当考虑企业利益相关者的利益。利益相关者理论成为当今影响公司治理模式的重要理论,促进了现代企业管理方式的转变,其影响范围也从企业治理领域拓展到社会治理领域。

民航旅客黑名单中存在多个利益主体,包括被列入黑名单的旅客、航空运输企业、其他旅客、社会公众、政府,等等,每一利益主体的利益诉求并不完全相同。虽然民航旅客黑名单的目的为保障航空安全——公共利益,但必然会涉及旅客的个人利益,以及航空秩序、航空运输效率、航空运输资源利用等行业利益和国家利益,这些利益诉求都是在制定旅客黑名单时应当考虑的。换言之,民航旅客黑名单制度的价值应是多元的,是否需要制定旅客黑名单、由谁制定旅客黑名单以及何时制定旅客黑名单要综合考虑利益相关者的具体情况。

以旅客黑名单的制定主体为例,由谁制定旅客黑名单以及航空公司是否有权制定旅客黑名单,是我国民航旅客黑名单实践中争议最大的一个问题。笔者认为,从利益相关者理论出发,与黑名单利益最相关的主体不适宜作为旅客黑名单的制定主体。判断旅客黑名单利益最相关的主体,可以从利益直接性即直接受益(害)人以及潜在受益(害)人角度入手。利益关联越直接,越是利益相关者;利益越大,越是利益相关者。

旅客不文明行为最直接的利益相关人是航空公司。“霸机”行为会导致航班不能正常起飞进而引发大面积延误,给航空公司造成重大损失。但同时,其他旅客因为航班延误而耽误了行程,也是受害者,从而成为旅客不文明行为的直接利益相关人。另外,其他社会公众因为民航安全问题所引发的一系列社会问题,而成为间接的利益相关者。从这一角度来看,民航旅客黑名单是对所有旅客不文明行为利益相关者的一种安抚。换言之,在解决这些利益冲突时,应当遵循功利原则即维护“最大多数人的最大利益”,进入“黑名单”的旅客的个人利益与其他旅客的个人利益以及不特定社会公众的公共利益相比,后者更应当得到尊重和保护。因此,如果当旅客从事危害航空安全的行为时,可以对其个人利益予以限制,可见民航旅客黑名单具有相当的合理性。

(四)成本效益理论

不可否认,社会性管制理论及其改革实践在改善生活环境、提高人民生活质量、缓解社会矛盾等方面都取得了良好的社会效益。但是,过多、过细、过严的社会性管制过分强调公共利益至上理念,形成了高昂的管制成本,从而招致广泛的社会批评。为此,部分经济学家提出,要在社会性管制前引入成本效益分析对其进行评估,并从中寻求收益与成本之间的平衡点。国家的社会性管制措施不仅要关注公共利益,而且要关注经济效益。预期收益与预期成本之间的关系是制度创新的决定因素,成本效益即是为了实现社会稀缺性资源的合理性配置并达到帕累托最优而借助的分析性工具。成本效益理论通过引入边际概念,说明一定约束下的经济人采取的行为是以追求效用最大化为目的,其目的在于求解出行为的边界或均衡点即帕累托最优点,从而实现以最合理(不一定是最小的)成本获得最大效益。

近年来,成本效益理论,对政府决策的影响日益显著。分析民航旅客黑名单制度可行与否,首先要分析该制度的成本是多少、收益是多少以及收益是否大于成本等问题。一般而言,黑名单制度的成本包括决策与运行成本、机会成本和社会成本3个部分。黑名单制度的决策与运行成本,是指黑名单在制定和落实中,制定主体机构运行、黑名单信息收集核实与听证、黑名单确定发布、黑名单监督检查、黑名单企业或个人事后救济等各方面所需条件和所耗费的资源。黑名单制度的机会成本,是指在社会管理中因使用黑名单这种工具和方法而放弃使用其他工具和方法可能损失的利益。黑名单制度的社会成本,即黑名单制度的负外部性,是指黑名单制度对于所调控范围之外的领域产生的负面效应和资源耗费,包括权力寻租、企业损失、国家赔偿等,这是与稳定经济秩序、促进企业诚信经营、推动经济发展、保障健康消费等正外部性相对的客观结果。

单纯从效益角度看,成本效益分析中的效益主要是指经济效益和社会效益。当然,黑名单制度对社会可能产生的有益效果还可以分为预期效益与实际效益、可计量效益与不可计量效益、显性效益与隐形效益等多个种类。就经济效益而言,黑名单制度是否对经济发展发挥了促进作用,可以从以下几个方面进行判断:一是黑名单是否节约了交易成本。此处的交易成本,既包括发现成本,如消费者(旅客)获取市场信息的费用;也包括履约成本,如市场决策执行和监督费用;还包括法律程序成本,如仲裁、诉讼费用等。二是黑名单是否为市场主体从事经济活动提供了行为规则,减少了机会主义的行为,如"制假贩假""缺斤少两""坑蒙拐骗"等。三是黑名单是否有助于减少或者消除经济活动中的"搭便车"问题,是否提高了经济效率。四是黑名单是否有助于减少经济环境的不确定性,是否增加了经济活动结果的可预见性。就社会效益而言,黑名单是否对整个社会产生积极的正面影响,可以从以下几个方面进行判断:一是黑名单是否保障了消费者(旅客)的合法权益;二是黑名单是否促进了社会稳定和社会进步;三是黑名单是否有助于提升社会的道德水平,是否有助于改善社会的风俗习惯,是否有助于推动科技教育文化的进步。相对于经济效益而言,社会效益一般难以量化,既难以用货币衡量,也难以用数字对比方式测量。当然,从整个效益的评价标准来看,可以从宏观和微观两个角度进行,在具体方法上可采用实证分析法、价值(规范)分析法等。

对航空公司而言,旅客黑名单制度无疑是一种符合法律经济学的较为理性的选择。航空公司针对乘客闹事行为或安全威胁除选择黑名单手段之外,还可以寻求事前排查或事后法律救济手段,但成本实在偏高。以春秋航空为例,2010 年上海举行世界博览会期间,有 678 位旅客发生过占机、罢乘、打骂工作人员等不良行为。如果是事后寻求法律救济,那么春秋航空就要在全国范围内起诉该 678 位旅客,打 678 个官司,还要预交案件受理费、财产保全费,承担律师费、差旅费等办案费用。如此法律救济的成本远远超过通过救济挽回的损失。因而在此种情形下,为了使更广泛的合法权益不因此受到影响,黑名单制度不失为一种社会成本和公司成本最小化的办法,也是很多情形下万不得已的无奈之举。所以,从成本效益分析来看,旅客黑名单符合效益最大化原则,具有相当的合理性。

三、民航旅客黑名单的现实功能

民航旅客黑名单引发的争议背后实际上是民众出行自由与民航安全价值、公共利益与个人利益之间的博弈。科学的民航旅客黑名单制度应当是对相互冲突的不同法律价值进行比较和评价,实现不同价值观念的合理平衡,最终以更好地提供旅客运输服务为依归。法律的基本理念是生命权优先于财产权得到保护,公共安全优先于消费者个人权益得到保护,在优先保障航空安全的同时可以适时兼顾旅客作为消费者享有的合法权益。

从实践来看,虽然民航旅客黑名单制度饱受争议,但我们不能否认它在维护民航秩序和保障民航安全方面所发挥的积极作用。具体而言,民航旅客黑名单制度的

功能主要有以下几方面:

一是有利于切实保障民航运输的秩序与安全。安全舒适的机上环境和良好的机上秩序有利于降低潜在旅客对于航空运输的不安全感,从而促进航空运输业的健康发展。旅客不文明行为使民用航空器处于不安定状态,会给航空运输安全造成隐患,也破坏了良好的航空秩序。民航旅客黑名单制度允许航空公司拒绝与不轨旅客缔约,从危险源头上避免了将潜在航空安全威胁转化为实际损害,这对于民航运输安全和民航运输秩序具有精准的保障作用。因此,民航旅客黑名单制度对于公共航空安全的保护不无裨益。

二是有利于惩戒有不文明行为/滋扰行为的不轨旅客,具有惩罚性功能。旅客黑名单具有重要的否定性评价功能,其通过对旅客不文明行为进行公开曝光,建立不良记录档案,对旅客自由出行权进行一定限制,这表明旅客的不文明行为在法律上应受到否定性评价,在道义上应受到非难。旅客黑名单的主要目的不在于惩罚,而在于促使旅客反省自己不轨行为给航空安全和航空秩序带来的(潜在)危害,认识到旅客必须为自己的不轨行为付出代价,要树立法律意识,养成良好的旅行习惯,从而保障客舱安全、飞行安全。可以说,惩罚性功能是民航旅客黑名单制度最重要的功能。

三是有利于维护航空公司及其他旅客的合法权益。一方面,旅客不轨行为不可避免地会给航空公司造成损失,而民航旅客黑名单制度有利于维护航空公司的合法权益;另一方面,民航旅客黑名单制度有利于安抚其他旅客,维护其他旅客的合法权益。航空公司作为从事公共运输承运人,其为不特定社会公众提供航空运输服务,其他旅客可能会因个别旅客的不轨行为受到身体或精神上的伤害,甚至会产生严重恐慌。假若因为个别旅客的不轨行为而发生航班延误甚至安全事故,其他旅客会因此受到不同程度的人身伤害或者经济损失。此时,航空公司和旅客会希望不轨旅客受到法律的制裁和相应的惩罚。所以,将不轨旅客列入黑名单有利于安抚利益相关者,维护其合法权益,从而有利于民航业的健康发展。

四是有利于威慑有滋扰意图的旅客,具有警示性功能。民航旅客黑名单警示其他旅客不要做出类似的违法违规等不文明行为,这是向不特定的社会公众产生的作用。通过发布旅客黑名单,对实施不文明行为的不轨旅客进行惩戒,社会公众可以了解不文明行为的违法性及其产生的法律责任,让有滋扰意图的旅客预先知道自己不轨行为将产生的不利后果,从而使其产生畏惧心理或者产生抑制实施不轨行为的意念,从而促使其自觉遵守民航安全管理规定。因此,民航旅客黑名单制度对于潜在的危害航空运输安全的不稳定分子来说,具有强大的威慑作用。

五是有利于减少旅客违法违规的行为,具有普法功能。在大众媒体上公布一些典型的不文明行为,惩罚不轨旅客的过程也成为告诫其他旅客不要做出不文明行为的过程,从而可以达到举一反三、以儆效尤的目的,发挥其向全社会进行法制宣传教育的作用。因此,将实施不文明行为的不轨旅客列入黑名单,具有重要的普法和教育作用,其他社会公众会因此吸取该旅客的教训。

六是有利于充分利用航空运输资源。空域资源是有限的,航班时刻也是有限的。在航空业日益发展、航空运输公司日渐增多的背景下,社会公众对航空运输的需求日渐旺盛,航空资源和航班时刻资源日益紧缺。航空运输企业作为公共运输承运人,承载着重要的社会公共责任,空域资源与航班时间资源都具有不可逆性,一旦错过、失去,便无法重新利用。因此,个别旅客不文明行为所导致的航班延误甚至航空事故将影响航空运输资源的充分利用,导致有限的空域资源和航班时间资源闲置和虚耗,降低了航空运输效率。民航旅客黑名单制度将不轨旅客事先排除航空运输服务之外,有利于航班时刻与空域资源的充分利用,减少航班运输资源的浪费。

第四节　民航旅客黑名单制度之必要性及有限性

黑名单背后折射出的是诚信问题,其对于我国社会诚信体系的构建具有重要作用。实践证明,民航旅客黑名单是一种监管民航旅客行为的重要方式,其在我国社会信用体系中的健全仍有很大的空间。民航旅客黑名单立法有待完善,迫切需要更新立法理念、创新立法进路,加快构建我国民航旅客黑名单法律制度。

一、民航旅客黑名单制度的合理性

实践中,黑名单制度已广泛应用于食品药品、安全生产、环境保护、计划生育、金融信贷、司法执行等领域。事实上,黑名单已经成为政府解决市场失灵、企业解决行业失信问题的一项有效管制工具。然而,关于黑名单制度的合理性、合法性的争议甚至非议一直都没有停止过。在民航领域,针对日益多发的旅客不文明行为(或称“不轨行为”“滋扰行为”),航空公司以及民航管理部门也引入了黑名单这一管理手段，或曰“民航旅客黑名单”，或曰“暂无能力服务旅客名单”，或曰“严重失信人”。同样，关于民航旅客黑名单的正当性基础、合理性缘由、有效性考察等问题也一直备受学界关注，引发了社会热议。

对于旅客而言，黑名单无疑是一种法律负担，意味着旅客信用的减等或者资格的减免。① 旅客黑名单制度的目的在于，利用风险控制原理将曾经实施不文明行为并且有理由相信其会再次实施类似不文明行为的旅客列入禁止服务名单，即在合同签订阶段直接拒绝与其缔约，使其无法享受航空运输服务，从而避免危害航空安全的行为发生。

合约自由是市场经济的重要原则之一。所谓合约自由，是指民事活动的主要参与者享有自由订立合同的权利，有权选择订立合同的对象和形式而不受外部条件的影响。② 虽然，航空公司作为公共运输承运人负有强制缔约义务，但是航空运输的高封闭性、高危险性决定了对于存在潜在危险的旅客享有拒绝运输的权利。为保障航班安全，1963 年《东京公约》更是赋予了机长一种准司法权力，即为有效排除非法干扰，机长有权力采取只有地面司法人员才可以采取的限制人身自由的措施。目前，国内外航空安全形势丝毫不容乐观，国内旅客的不文明行为更是频发，有必要将民航旅客黑名单制度纳入民航法治建设进程中，作为航空运输纠纷的预防机制之一。

二、我国民航旅客黑名单制度之紧迫性

随着社会的文明进步和社会诚信体系的逐步健全，企业、公民等个体的社会角色意识日渐增强，更加注重自身的社会形象，而进入“黑名单”必然会导致社会的负面评价，从而达到威慑违法违规行为之目的。应当说，黑名单作为一种新型的行政管理手段和监管方式，得到了广泛运用，也产生了显著成效。尤其是在我国社会信用体系尚未健全、司法环境尚待优化的社会转型期，“不怕罚款，怕曝光；不怕法院，怕媒体”依然是社会现实的真实写照，反映了黑名单的巨大威力。

在我国，基于反恐需要的黑名单不在学界的讨论视野，基于航空安全和航空秩序的黑名单在实践中既可能由民航局制定（行政黑名单），也有可能由中航协制定

① 许凌洁：《旅客“黑名单”的合法性研究及制定和实施》，载《中国民用航空》2012 年第 4 期。

② 姚新华：《契约自由论》，载《比较法研究》1997 年第 1 期。

(行业黑名单),还有可能由航空公司制定(企业黑名单)。但由于我国的社会主义市场经济体制仍在完善之中,社会诚信体系亦尚未完全建立,因而,民航旅客黑名单在引起了更多更大争议。

总之,我国引入民航旅客黑名单制度具有相当的合理性。将具有扰乱航空秩序和危及航空安全“前科”的旅客列入黑名单,在合同签订阶段直接拒绝与其缔约,避免其再次做出危害航空安全的类似行为。但是,这些实践做法能否上升为法律层面的规则制度则以及如何设计这些规则制度,则值得研究。

三、民航旅客黑名单制度效用之有限性

我国民航旅客黑名单制度尽管有法理上的合法性和现实中的必要性,但不应夸大和迷信黑名单制度之功效。

一方面,黑名单制度并非克服市场失灵之治本之策。黑名单作为一项惩罚性治理工具,虽然效果明显,但并不是克服市场失灵的根本之策。从社会性管制的发展历程看,其基本方向是由惩罚性管制转向激励性管制,逐步引导被管制者的行为符合社会性管制的预期目标,从而实现管制者与被管制者之间的良性互动。从制度变迁的角度看,健全而成熟的社会征信体系则应当成为黑名单制度的发展方向。换言之,黑名单应当是一种暂时的社会现象,是一种社会征信体系不健全时的过渡措施,是一种不得已而为之的信用管理办法。因此,从长远来看,对民航旅客不文明行为的规制应当更多地通过奖励诚信予以实现。实际上,社会信用体系中失信惩罚机制,既包括“黑名单”还应包括“灰名单”和“红名单”。市场经济活动中失信惩罚机制的作用机理在于,通过“经济手段和道德谴责手段并用,惩罚市场经济活动中的失信者,将有严重经济失信行为的企业和个人从市场的主流中剔除出去。同时,使政策向诚实守信的企业和消费者倾斜,间接地降低重守(重合同、守信用——笔者注)企业获取资本和技术的门槛”。① 换言之,该机制是通过“奖励”与“惩罚”两种手段,将失信成本与守信成本差距拉大,减少市场交易信息不对称,提高失信者的经营成本,从而防范潜在的失信者。对失信惩罚机制这一基本原理,我国学者林钧跃先生有着详细阐述,他将失信惩罚机制具备的要素概括为以下3个方面:“一是政府和民间的征信数据对征信机构开放;二是由专业征信机构投资,通过联合征信形式采

---

① 林钧跃:《社会信用体系原理》,中国方正出版社2003年版,第49页。

集征信数据,构筑征信数据库,并合法公开不同级别和类型的资信调查结果;三是由政府倡导建立一个市场联防机制,由具备监管功能的政府部门、各类授信机构、雇主、公用事业单位等参加,使失信企业和个人不能取得任何信用方式的便利。"[①]因此,虽然民航旅客黑名单制度作为治理民航领域市场失灵问题的一种管制工具,有着相当的合理性及现实有效性,也正一点一点地改变旅客出行习惯和民航运输诚信环境,但不应夸大民航旅客黑名单的作用,其更多的是一种征信制度的变迁。

另一方面,民航旅客黑名单作用的有效发挥是建立在完善的制度保障基础上的。基于航空安全等因素的考虑,民航旅客黑名单已经成为世界各国政府和航空运输企业普遍采用的一种管制措施,但该制度所产生的负面影响也饱受争议。在美国等西方国家,学界主要是从宪法权利的角度反思旅客黑名单制度;在我国,学界主要是从合同法、消费者权益保护的角度探讨民航旅客黑名单的合法性与边界问题。因此,民航旅客黑名单的制定和实施应当有完备的法律制度作为约束和保障,这些制度规范不仅包括黑名单的制定主体、适用范围、进入标准等实体规范,而且包括认定机制、审批程序、退出机制等程序规范,还包括救济权利、救济渠道、救济方式等保障规范。[②]

本章小结

民航运输业的发展与大众出行方式的变化,使航空安全管理面临新形势、新问题和新挑战。通过黑名单方式拘束旅客不文明行为,对于维护民航运营秩序、确保民航运输安全、构建诚信社会具有重要意义。但民航旅客黑名单自诞生之日起即被认为涉嫌违宪违法,在制定主体、限制内容、适用范围等方面也存在诸多争议。知情权理论、市场失灵理论、政府管制理论、利益相关者理论等为黑名单制度奠定了理论基础。实践中,黑名单制度也彰显出惩罚作用、警示作用、普法作用等。民航旅客黑名单制度既有利于保障民航运输秩序与安全,也有利于维护航空公司和其他旅客的合法权益,还有利于惩戒和威慑不文明行为旅客。我国民航旅客黑名单制度存在制

① 林钧跃:《社会信用体系原理》,中国方正出版社2003年版,第49页。
② 刁伟民:《航空旅客"黑名单"的法律分析》,载《法学杂志》2012年第7期。

定主体不明确、实施程序不规范、进入标准不统一、救济途径不健全等不足。应当从建设诚信社会的高度更新安全管理理念、创新民航旅客黑名单制度，从而有效地拘束旅客不文明行为。

第六章　法理探究：民航旅客黑名单之合法性

法律是平衡的艺术。① 从形式上看，航空运输承运人与旅客之间存在互享权利、互负义务的民事合同关系，然而，航空运输承运人的公共属性决定了民航旅客运输合同不同于一般的民事合同。民航运输承运人负有强制缔约义务以及安全、正点运输义务，民航旅客作为消费者享有知情权、选择权、求偿权等权利。这是分析民航公共运输基本法律关系的前提和基础。民航旅客黑名单制度背后是公共利益（航空安全）、行业利益（航空秩序）和个人利益（旅客自由）之间的博弈和平衡，全面而准确地把握航空公司与民航旅客之间的权利义务是解决这一问题的关键钥匙。基于此，本章不研究民航旅客黑名单道义上的正当性问题，而是从权利冲突的角度出发，探讨民航旅客黑名单制度的价值判断及合理边界问题，围绕以下 3 个角度展开：其一，从合同法理的角度，分析航空公司强制缔约义务及其解除权问题；其二，从消费者权益保护法的角度，分析民航旅客黑名单与消费者自主选择权、自由出行权以及人格权之间的关系问题；其三，从反垄断法的角度，分析多个航空公司联合适用黑名单是否涉嫌垄断问题。在此基础上，提出航空公司与民航旅客权利冲突之化

---

① ［英］丹宁勋爵：《法律的训诫》，刘庸安等译，法律出版社 1999 年版，第 13 页。

解路径以及民航旅客黑名单制度之优化选择。

第一节　民航旅客黑名单的基本法律关系

随着民航旅客黑名单在全球范围内的普遍运用,对于该措施的争议亦日益增多,民航旅客黑名单是否合法的问题受到学界的极大关注。民航旅客黑名单制度涉及包括宪法、民法(合同法、人格权法)、经济法(消费者权益保护法、反垄断法)、航空法等法律,对民航旅客黑名单合法性问题的回应是解决民航旅客黑名单其他问题的前提。所以,讨论航空承运人与民航旅客之间的权利冲突,首先应当梳理二者之间法律关系的性质、内容及双方的法律地位。需要说明的是,虽然 2021 年 1 月 1 日生效的《民法典》在运输合同方面并未实质改变原《合同法》等相关民事法律的相关规定,且现有民航旅客黑名单大多是在 2021 年前发布,但鉴于《民法典》已经实施,本章围绕《民法典》相关条文展开论述。

一、民航旅客黑名单制度的法律关系

民航旅客黑名单制度的法律本质是,航空公司拒绝对旅客超出民航旅客运输合同(该合同是固定的格式合同,包含了各航空公司经审批的旅客、行李运输总条件)内容的邀约进行承诺的行为,其涉及的法律关系主要有三个方面:

一是合同法关系,主要体现在《民法典》第 810 条(原《合同法》第 289 条)之规定,即“从事公共运输的承运人不得拒绝旅客、托运人通常、合理的运输要求”。公共运输虽然具有特殊性,但是其作为民事活动仍然要受到民事法律规范的约束,仍然要签订运输合同。根据我国《民法典》第 464 条之规定,①航空公司与旅客之间所签订的航空运输合同属于平等主体之间设立民事权利义务关系的协议,根据《民用航空法》第 109 条及第 111 条之规定,承运人运送旅客应当出具客票,客票是民航旅客

---

① 《民法典》第 464 条规定,“合同是民事主体之间设立、变更、终止民事法律关系的协议。婚姻、收养、监护等有关身份关系的协议,适用有关该身份关系的法律规定,可以根据其性质参照适用本编规定”。

运输合同订立和运输合同条件的初步证据。[①] 因此，航空公司与旅客首先是民法中的平等民事主体，双方都有缔约的自由。那么，民航旅客黑名单是否剥夺了旅客的缔约自由？航空公司是否违反了《民法典》第810条之规定？解决这一问题的前提是首先要确认航空公司的身份，即其是否属于"公共运输承运人"，在此基础上要进一步研究何为强制缔约义务，何为旅客"通常、合理的运输要求"，何为"拒载权"，拒载权有无滥用风险以及如何防范。

二是消费者保护法关系，主要体现在《消费者权益保护法》第9条关于消费者自主选择权以及第14条关于消费者人格尊严权之相关规定。[②] 航空公司是消费者权益保护法上的经营者，旅客是消费者权益保护法上的消费者，那么，民航旅客黑名单是否侵犯了消费者的自主选择权和人格尊严权乃至自由出行权？

三是反垄断法关系，主要体现在《反垄断法》第17条之规定，即"禁止具有市场支配地位的经营者从事下列滥用市场支配地位的行为：……（三）没有正当理由，拒绝与交易相对人进行交易；……本法所称市场支配地位，是指经营者在相关市场内具有能够控制商品价格、数量或者其他交易条件，或者能够阻碍、影响其他经营者进入相关市场能力的市场地位"。从反垄断法的角度看，民航旅客黑名单主要涉及两个问题：一是单个的航空公司是否具有"市场支配地位"，其制定旅客黑名单是否属于"滥用市场支配地位"；二是多个航空公司共同制定旅客黑名单即不轨旅客信息共享是否属于"滥用市场支配地位"。

二、航空公司公共运输承运人地位的确定

航空公司的法律地位决定了其与民航旅客之间的法律关系，也是解决民航旅客

---

① 《民用航空法》第109条规定："承运人运送旅客，应当出具客票。旅客乘坐民用航空器，应当交验有效客票。"第111条规定："客票是航空旅客运输合同订立和运输合同条件的初步证据。旅客未能出示客票、客票不符合规定或者客票遗失，不影响运输合同的存在或者有效。在国内航空运输中，承运人同意旅客不经其出票而乘坐民用航空器的，承运人无权援用本法第一百二十八条有关赔偿责任限制的规定。在国际航空运输中，承运人同意旅客不经其出票而乘坐民用航空器的，或者客票上未依照本法第一百一十条第（三）项的规定声明的，承运人无权援用本法第一百二十九条有关赔偿责任限制的规定。"

② 《消费者权益保护法》第9条规定："消费者享有自主选择商品或者服务的权利。消费者有权自主选择提供商品或者服务的经营者，自主选择商品品种或者服务方式，自主决定购买或者不购买任何一种商品、接受或者不接受任何一项服务。消费者在自主选择商品或者服务时，有权进行比较、鉴别和挑选。"第14条规定："消费者在购买、使用商品和接受服务时，享有人格尊严、民族风俗习惯得到尊重的权利，享有个人信息依法得到保护的权利。"

黑名单法理问题之前提。质言之,如果航空公司属于公共运输承运人,那么,其就负有强制缔约义务,即不能随意选择特定的消费群体,不能随意拒绝旅客的缔约请求。实际上,关于航空公司是否属于公共运输承运人的争论在国内外都长期存在。以美国为例,美国最初把航空公司认定为私人承运人,然而,后来却认为航空公司向社会公众公布航班序号,接受不特定多数人预订机票,旅客只要支付约定的价款并办理相应手续即达成合约,航空公司这些重要特征符合公共承运人的认定要件。①

从理论上看,所谓公共运输,是指以获取报酬为目的,面向社会不特定大众,定期公布运输路线、运输时间和运输价格,为全社会提供运输服务的商业性运输。据此,可以把公共运输的特征归纳为以下几个方面:一是具有公共性。公共性即大众性,是指公共运输不是为特定的人服务,而是为不特定的社会大众服务。公共运输根据航空运输企业所服务对象的不同,可以将其分为私人承运人和公共承运人。前者所服务的对象为特定的个人,如包机业务的私人;后者所服务的对象为不特定的社会大众。航空公司如果通过营业网点、代理商、网络等方式向社会公开销售机票,也可以被认为是为全社会不特定社会大众提供航空运输服务,这是公共运输企业最主要最本质的特征。二是具有公开性。城市地铁、公交等运输通常被认为是公共运输,究其原因在于其停靠站名称、行驶路线、首末班时间、发车时间间隔、票价等信息都可以通过站台等方式查询。因此,判断航空运输企业是否属于公共运输承运人,就要看其运输路线、运输时间、运输价格等运输信息是否固定。如果航空公司的航班号、始发地、经停地、目的地、出发时间、达到时间、票价乃至航班延误等航班信息能够通过航空公司官网、机场等平台查询,那么就可以认为其属于公共运输承运人。三是具有营利性。公共运输虽然具有一定的公益属性,但仍然是以追逐商业利益为主要目的,不能将其"公共性"代替其"营利性"。

从法律角度看,我国《民法典》第810条并未对公共运输承运人作出明确的界定,在司法实践中关于公共运输承运人的概念也有不同的看法。在我国的司法实践中,关于公共承运人的看法则不一致。在一起海上船舶货物运输代理经营权纠纷案②中,原告提出被告作为从事国际海上集装箱班轮运输的承运人属于公共运输承

① Frank E. Quindry, *Airline Passenger Discrimination*, The Journal of Air Law, October 1932.

② 即马士基(中国)航运有限公司及其厦门分公司与厦门瀛海实业发展有限公司、中国厦门外轮代理有限公司国际海上货运代理经营权损害赔偿纠纷再审案,最高人民法院(2010)民提字第213号民事判决书。

运人,应承担原《合同法》第289条规定的强制缔约义务。最高人民法院再审该案时,主审法官认为,原《合同法》第289条规定的公共承运人必须是具有公益性即具有公用事业性质的运输企业,而国际海上集装箱班轮运输是服务于国际贸易的商事经营活动,不属于公用事业,当然不具有公益性特征,并且国际班轮运输具有较强的竞争性,并不具有垄断性,所以从事国际海上集装箱班轮运输的承运人不是原《合同法》第289条规定的公共承运人。对于最高人民法院在这起案例中的观点,笔者不敢苟同,认为值得商榷,并且,该结论不能当然地适用于民航旅客运输。换言之,从事旅客运输的航空承运人应当被认为是公共运输承运人,具体分析如下。

在判断航空公司是否属于公共运输承运人时,不能根据其是否属于"公益"性运输来判断,亦不能根据航空公司的章程来判断,而是要结合前述公共运输承运人的3个特点及其行为特征来认定:其一,我国《民用航空法》第八章直接以"公共航空运输企业"命名,将以营利为目的、使用民用航空器运送旅客、行李、邮件或者货物的企业法人定义为"公共"航空运输企业。可见,公益性不是公共运输企业的本质属性,营利性则是其本质属性。换言之,公共航空运输企业的"公用"性质,主要体现为该类企业提供的产品/服务为公共产品/服务,[①]其关系到民众的基本生活需要。[②] 当前,我国航空运输领域已经向民营资本开放,市场化程度已经相当高,不管航空运输企业是否为国有企业还是国有控股,只要其提供的运输服务属于针对不特定社会多数人开放的公共服务,那么就应当认定其为公共运输的承运人。其二,航空公司是否属于公共运输与其是否处于垄断地位无关,而与其是否负有提供普遍性运输服务的责任相关。我国《行政许可法》第67条明确规定,"取得直接关系公共利益的特定行业的市场准入行政许可的被许可人,应当……履行普遍服务的义务"。可见,航空公司只要是为社会提供普遍的运输服务,就具有公共利益属性,而不论其在航空运

① 在2003年之前,根据我国的相关立法,只有公有企业可以经营公共产品和服务。2003年年底,中共十六届三中全会《关于完善社会主义市场经济体制若干问题的决定》提出,允许非公有资本进入法律法规未禁入的基础设施、公用事业及其他行业和领域。2005年2月24日,《国务院关于鼓励支持和引导个体私营等非公有制经济发展的若干意见》正式以国家政策的形式允许非公有资本进入垄断行业和领域,允许非公有资本进入公用事业和基础设施领域,支持非公有资本积极参与城镇供水、供气、供热、公共交通、污水垃圾处理等市政公用事业和基础设施的投资、建设与运营。虽然涉及公共产品和服务的公用事业民营化,但是民营化的企业提供的仍然是公共产品和服务,这个服务性质不变,不能以公司为民营企业为由拒绝承担普遍服务的义务。

② 杨晓玲、史海涛:《从公交拒载看强制缔约》,载《法学杂志》2006年第6期。

输市场上所占据的份额为多少,是否达到了垄断的程度。[①] 从实践看,我国航空公司必须取得《公共航空运输企业经营许可证》,其服务对象是不特定旅客,服务范围是面向社会公众,服务内容是无差别的运输服务,应当被认定为公共运输承运人。其三,航空承运人符合公共运输承运人的理论特征。前已述及,公共运输承运人具有公共性、公开性、营利性三个基本属性。航空承运人通过公开途径公布其航班序号、航班行程、机票价格等航班信息,并接受不特定旅客预订机票,符合公共运输承运人的基本特征。其四,航空承运人从事航空运输服务使用了公共资源——空域,根据国家民航主管部门的审批,取得特定航线的经营权,空域资源的公共性也决定了航空运输服务的公共性。总之,通常而言,航空公司在从事民航旅客运输时具有公共运输承运人的法律地位,只有当航空公司提供私人包机等业务时,才应被认定为私人运输承运人,而不具有公共运输承运人的性质。

三、民航旅客身份从合同当事人到消费者的演变

民航旅客与航空公司之间法律关系的发展经历了一个变化过程。在国际民航法发展史上,制定于1929年的《华沙公约》是一个具有里程碑的国际条约,其最先从国际法的高度对民航旅客与航空公司之间的法律关系作了明确规定。《华沙条约》第17条规定:"对于旅客因死亡、受伤或身体上的任何其他损害而产生的损失,如果造成这种损失的事故是发生在航空器上或上下航空器过程中,承运人应负责任。"第19条进一步规定,"承运人对旅客、行李或货物在航空运输过程中因延误而造成的损失应负责任。"可见,《华沙条约》以国际条约的形式对于航空承运人即航空公司的法律责任、免责事由以及赔偿责任限制等方面作出规定,这些规定彰显出《华沙条约》的立法导向,即民航旅客与航空承运人之间是一种运输合同关系。譬如,其第17条规定的是,承运人因违反保障旅客在航空运输过程中安全的义务而承担的违约责任;其第19条规定的是,承运人因违反根据客票上记载的时间将旅客运到目的地的义务而承担的违约责任。换言之,这一时期旅客与航空公司之间是单纯的民事法律关系,旅客作为民航旅客运输合同的一方当事人,其义务是支付票价,航空公司的义务是将旅客安全、准时地运送到约定地点。究其原因不难理解,《华沙公约》形成于20世纪30年代,这一时期正是全球航空业的初创时期,迫切需要法律的扶持和保

---

① 朱岩:《社会基础变迁与民法双重体系构建》,载《中国社会科学》2010年第6期。

障,即将处于强势地位的航空运输承运人视为与弱势地位的民航旅客同样的法律地位,从而促进处于襁褓之中的民航业的发展。

体现在消费者权益保护领域,即是将“消费者”不再仅仅视为合同的一方当事人,[①]而是具有特定身份享有特定权利的“消费者”,即从实质公平角度“倾斜保护”消费者。从消费者权利起源的角度看,20 世纪以来,市场主体之间的形式平等随着经济社会的发展和科学技术的进步开始瓦解,消费者与经营者之间的经济实力、市场支配能力、信息获取能力以及维权能力逐渐拉开距离,从而蜕变成强弱优劣明显的两类群体。[②] 在此背景下,传统追求形式正义的民法理念和民法制度必然受到巨大冲击,追求实质正义的经济法理念和经济法制度开始登上历史舞台,消费者权益保护法应运而生。法治的这一发展趋势必然会反映到航空法领域,突出表现在 1999 年生效的《蒙特利尔公约》对于《华沙条约》的修改方面。《蒙特利尔公约》在其序言中开宗明义:“认识到确保国际航空运输消费者的利益的重要性,以及在恢复性赔偿原则的基础上提供公平赔偿的必要性。”换言之,《蒙特利尔公约》充分考虑到旅客在民航旅客运输法律关系中的弱势地位,从而确认了民航旅客的“消费者”地位而给予特殊保护,具体体现在对于航班延误所造成的损失方面。详言之,《蒙特利尔公约》虽然也采用过错责任原则,但是在这一基础上采取了举证责任倒置的做法,从而大大减轻了旅客的举证责任。[③] 同时,《蒙特利尔公约》确立了第五管辖权,[④]使旅客在满足一定条件时可以在事故发生时其主要或者永久居住地的国内法院起诉,充分保障了旅客诉权的实现。

如今,现代航空法已经完全肯定了民航旅客所具有的消费者地位,确立了旅客特殊保护的基本原则。旅客这一身份的变化,使其与航空公司之间的法律关系超越

---

① 马俊驹、童列春:《私法中身份的再发现》,载《法学研究》2008 年第 5 期。

② 钱玉文:《消费者权的确立与演变——制度变迁视角的解读》,载《现代法学》2010 年第 1 期。

③ 袁发强:《从契约到身份:航空旅客权益保护法律的演变》,载《江西社会科学》2015 年第 4 期。

④ 1999 年《蒙特利尔公约》在其第 33 条管辖权中作了如下规定:“一、损害赔偿诉讼必须在一个当事国的领土内,由原告选择,向承运人住所地、主要营业地或者订立合同的营业地的法院,或者向目的地的法院提起。二、对于因旅客死亡或者伤害而产生的损失,诉讼可以向本条第一款所述的法院之一提起,或者在这样一个当事国领土内提起,即在发生事故时旅客的主要且永久居所在该国领土内,并且承运人使用自己的航空器或者根据商务协议使用另一承运人的航空器经营到达该国领土或者从该国领土始发的旅客航空运输业务,并且在该国领土内该承运人通过其本人或者与其有商务协议的另一承运人租赁或者所有的处所从事其旅客航空运输经营。”其中第 1 款是《华沙公约》本有的四项管辖权,而第 2 款则是所谓的“第五管辖权”。

了简单的民事合同性质而具有了复杂性,需要从消费者权益保护法等经济法角度进行分析。

第二节 民航运输承运人的强制缔约义务及其拒载权

合同订立通常要经过要约和承诺两个阶段。我国《民法典》第814条规定:"客运合同的承运人向旅客交付客票时成立,但当事人另有约定或者另有交易习惯的除外。"据此,在航空运输合同订立过程中,要约是旅客购买机票,承诺是承运人出售机票。民航旅客黑名单的本质就在于承运人拒绝售票给列入黑名单的旅客,由此引发的最大争议就是,航空运输企业作为公共运输承运人拒绝与特定旅客进行缔约是否违反了《民法典》第810条关于公共运输承运人强制缔约义务之规定?换言之,航空运输承运人是否享有拒载权即拒绝与特定旅客缔约之权利?如果有,拒载权与强制缔约义务之间如何平衡?

一、强制缔约义务

契约自由的私法的基本理念,也是合同法的根基所在。所谓"契约自由",又称"合同自由",是指参与民事活动的主体享有自由订立合同的权利,即有权选择是否签订合同、与谁签订合同、签订什么样的合同等而不受他人的非法干涉和外部条件的影响。[①] 我国《民法典》第5条明确规定:"民事主体从事民事行动,应当遵循自愿原则,按照自己的意思设立、变更、终止民事法律关系。"契约自由原则肇始于罗马法,成熟于近代民法。近代民法将民事主体抽象为平等的法人或自然人,即注重民事主体形式上法律地位的平等,这一基本逻辑是整个近代民法体系之根基。[②] 在契约自由理念和制度框架下,旅客与航空运输承运人处于平等的法律地位,旅客的基本义务在于须按照约定支付票款或运输费用,航空运输承运人的义务主要有二:一

---

① 姚新华:《契约自由论》,载《比较法研究》1997年第1期。

② 近代民法在很大程度上受到自然法法哲学思想的影响,例如,《德国民法典》的法哲学基础就存在于康德有关自由的思想中,萨维尼在构建民法体系时在很大程度上是用"民法的规范"再现了康德的法哲学思想。此种民法体系的主体原型是一个完全没有历史和社会经济关系的"抽象的人",因此在返回到现实的法律关系中之后,规范与现实之间已经存在了不可逾越的"鸿沟"。纵观当代民法的历史,跨越该鸿沟成为其根本任务。参见朱岩:《社会基础变迁与民法双重体系建构》,载《中国社会科学》2010年第6期。

是安全正点运输的义务，即保证飞行安全和航班正常，将旅客安全正点地送至目的地。对此，我国《民用航空法》第95条明确规定，民航运输承运人应当为旅客提供优质的运输服务，①安全、正点运输义务以法律形式被固定下来。二是合理运输的义务。民航运输承运人应当公布航班航线和班期时刻表，保证航班信息公开透明，按照班期时刻表履行运输义务，以合理方式将旅客送达目的地。对此，我国《民法典》第812条②也有着明确规定。民事主体形式上的平等并不能掩盖实质上的不平等，在市场活动中，民事主体双方当事人可能会在信息占有、经济财力、法律知识、维权能力等方面存在巨大差距和严重不平等，迫切需要法律作出回应。在这一背景下，一方面，出现了经济法等新的法律部门；另一方面，传统民法也进行了自我修正，实现了从近代民法到现代民法的蜕变，强制缔约制度就是这一制度变革的结果。换言之，现代民法从平衡民事双方当事人利益出发，在合同自由的基础上引入强制缔约制度作为补充，从而确保合同双方当事人实质上的平等。具体到运输行业，把承运人分为公共承运人和私人承运人，前者由于与人们的生活息息相关，涉及重大社会公共利益，因此不能随意拒绝合同相对人——旅客——的要约，即要承担强制缔约义务。这一制度设计排除了合同自由原则的适用，旨在强调公共运输承运人的社会责任，民航运输亦应涵盖其中。因此，强制缔约义务是民航运输承运人在安全正点运输义务和合理运输义务之外的法定义务。

强制缔约义务作为与合同自由相对的一个概念，虽然可以追溯至中世纪，③但严格意义上的强制缔约制度则是现代民法制度创新的结果。关于强制缔约制度甚至强制缔约的概念都不无存在争议。王泽鉴先生则认为，“所谓强制缔约，指个人或企业负有应对人的请求，与其订立契约的义务。易言之，即对相对人的要约，非有正当理由不得拒绝承诺”。④ 陈自强先生认为，“所谓强制缔约，指依法律的规定，他方请

---

① 《民用航空法》第95条规定：“公共航空运输企业应当以保证飞行安全和航班正常，提供良好服务为准则，采取有效措施，提高运输服务质量。公共航空运输企业应当教育和要求本企业职工严格履行职责，以文明礼貌、热情周到的服务态度，认真做好旅客和货物运输的各项服务工作。旅客运输航班延误的，应当在机场内及时通告有关情况。”

② 《民法典》第812条规定：“承运人应当按照约定的或者通常的运输路线将旅客、货物运输到约定地点。”

③ Arthur Taylor，Mehren/James Russell Gordeley，*The Civil Law System*，Zed. Boston/Toronto，1977，p. 795.

④ 王泽鉴：《债法原理》（一），中国政法大学出版社2001年版，第77页。

求订立契约时,一方负有缔结契约的义务”。[①] 我国大陆学者朱岩的观点也非常具有代表性,即强制缔约是市场中的商品或者服务提供人,基于社会保障、维护市场开放和良性竞争秩序、保护消费者和人格平等原则而负担必须与交易相对人订立合同的义务。[②] 笔者认为,学界关于强制缔约的种种认识,角度不同,结论也有所不同,各有价值,这是其一。其二,对于强制缔约的法律规定,有必要探讨属于公法义务抑或私法义务。其三,无论何种意义上的强制缔约制度,都要研究该制度在何种条件下适用以及在何种范围内适用,这是理解强制缔约制度的关键所在。可见,所谓“强制缔约”,又可以称为“强制契约”“契约强制”“强制承诺”等,是指根据法律的规定,特定民事主体对于合同相对人的缔约请求负有承诺之义务,亦即未有正当理由不得拒绝相对人要约之义务。可见,强制缔约作为对契约自由的一种限制,本质上是一种“作为”义务和“积极”义务。承担这种法律义务的主体并非普通民事主体,而是公用事业、公益事业等具有特定身份的企业或个人。究其原因就在于,公用事业单位与民众生活息息相关,承担了相当的社会公共职能,如果严格坚守契约自由制度,势必会对社会公共利益造成重大不良影响。因此,对公用企业课以强制缔约义务,已成为世界各国法律的普遍做法。[③] 我国《电力法》第26条第1款明确规定,“供电营业区内的供电营业机构,对本营业区内的用户有按照国家规定供电的义务;不得违反国家规定对其营业区内申请用电的单位和个人拒绝供电”。可以说,强制缔约制度是现代民法追求实质正义和社会妥当性价值理念的直接反映,反映了现代民法的进步。[④]

本质上,强制缔约是对合同自由的限制。根据合同法的基本原则,民事合同的成立是建立在合同双方当事人合意基础之上的,“任何人都不可能被一项不符合其意愿的合同关系所约束,这是意思自治最基本的特征”。[⑤] 因此,合同作为一种法律行为,合同主体有选择缔结合同与否的自由、选择缔结对象的自由以及选择合同内

① 陈自强:《民法讲义I,契约之成立与生效》,法律出版社2002年版,第129页。

② 朱岩:《强制缔约制度研究》,载《清华法学》2011年第1期。

③ 梁慧星:《从近代民法到现代民法——二十世纪民法回顾》,载《中外法学》1997年第2期。

④ 王泽鉴:《民法债编总论》(第1册),台北,三民书局1996年版,第73页。

⑤ 尹田:《契约自由与社会公正——法国合同法中意思自治原则的衰落》,载梁慧星主编:《民商法论丛》第2卷,法律出版社1994年版。

容的自由,这统称为当事人缔约自由。[1] "如果一种社会安排出于某种原因不得不产生某种不平等,那么它只有最大程度地有助于最不利者群体的利益,它才能是正义的。"[2]这些在事实上占据优势地位的企业通常是与社会公众日常生活密切相关的公用事业乃至垄断企业,如邮电、供电、供水、供暖等,法律对这些企业单位课以强制承诺义务,以保障普通公众获得其服务的基本权利。公共运输是业典型的社会公用事业,我国《民法典》在第19章"运输合同"中也规定了公共运输承运人的强制缔约义务。地铁、公交、航空等公共运输不同于私人运输,与人们的出行需求密切相关,且占据着重要的社会公共资源,因此应当负有强制缔约义务。详言之,在公共运输领域,公共运输承运人非有正当理由,必须对旅客作出承诺,不得随意选择缔约相对人。可见,强制缔约义务改变了一般合同缔约中的自愿原则,限制了公共运输承运人的缔约自由。

依据强制缔约是否具有法律直接依据,可将其分为直接强制缔约和间接强制缔约两类,这也是德国民法的做法;依据强制缔约受益人之不同,可将其分为旨在为合同当事人利益的强制缔约和旨在为第三人利益的强制缔约两类;依据强制缔约中经营者的地位不同,可将其分为绝对强制缔约和相对强制缔约两类。对于上述关于强制缔约的分类方法,角度不同,侧重点也不同。我国台湾地区学者普遍继受《德国民法典》之做法,采用第一种分类方法,[3]即将强制缔约以是否有法律明文规定为依据分为直接强制缔约和间接强制缔约,这种分类方法也被我国大陆学者广泛引用。[4]相对而言,笔者认为,绝对强制缔约与相对强制缔约的分类方法更有利于司法实践。一方面,在绝对强制缔约情形下,法官没有自由裁量权,必须严格适用强制缔约制度,义务人也不存在任何抗辩事由;另一方面,在相对强制缔约情形下,义务人可以通过举证方式,对法律规定的强制缔约义务提出抗辩。具体到航空公共运输业,其与普通社会公众的日常出行和生活工作密切相关,属于社会公用事业,航空公司与旅客相比通常亦占优势地位。因此,为保障占劣势地位的民航旅客的合法权益,航

---

① [日]星野英一:《日本民法概论IV契约》,姚荣涛译,台北,五南图书出版股份有限公司1998年版,第7页。

② 姚大志:《导读:从"正义论"到"正义新论"》,载[美]约翰·罗尔斯:《作为公平的正义——正义新论》,姚大志译,上海三联书店2002年版,第447页。

③ 王泽鉴:《民法债编总论》(第1册),台北,三民书局1996年版,第77页以下。

④ 此处主张强制缔约,并非指消费者无须支付对价;立合同的自由,甚至合同内容也由相关的行政规定决定。

空公共运输承运人理应承担强制缔约义务，这种义务属于绝对强制缔约义务。即旅客发出合法、合理的要约请求（购票）后，航空公司则必须做出缔约承诺（售票）。

强制缔约自从诞生之日就伴随着争议乃至反对声。然而，有更多的学者对强制缔约制度持赞同态度，认为其是“私法社会化”进程中的产物，具有重要的价值。“法律随着它所调整的那个社会运动的主流向前发展。每一个社会都有它自己的必然会通过法律秩序力图实现的目标反映出来的价值观念。”[①]强制缔约不仅是对合同自由这一私法原则的修正，而且体现了立法所追求的实质正义，反映了由个人本位向社会本位的转变，这正是强制缔约制度的价值所在。意思自治是私法的基本精神，其体现在合同法中便是合同自由原则，合同自由的特征在于“任何人都不可能被一项不符合其意愿的合同关系所约束”。[②] 但是，如果在任何情况下都严格坚守契约自由理论，便不可避免地会出现滥用契约自由的情况，如此一来，显然走向了契约自由精神的反面。对此，拉德布鲁赫曾言，“法律上所谓的契约自由，在现实生活中，正成为社会上强者之专制的自由以及社会上弱者之专制的服从”。[③] 此时，迫切需要对滥用契约自由予以适当限制，强制缔约也就应运而生。强制缔约通过法律干预的方式，“强制”缔约义务人对相对方提出的要约请求承担承诺的法定义务，修正了传统契约自由理论。一方面，强制缔约体现了从形式正义到实质正义的现代法治变迁。政治哲学家罗尔斯在《正义论》一文中，将正义分为“形式正义”和“实质正义”，二者虽然都是为了追求和谐正义社会之实现，但前者与法的普遍性相联系，后者与法的特殊性相联系。“一部合同自由史，就是合同如何受到限制，经由醇化，而促进实践合同正义的记录。”[④]强制缔约在适当限制契约自由时，正实践着契约正义。另一方面，强制缔约蕴含着从个人本位到社会本位的社会变革。法律的变革，往往是社会变迁的缩影，或者是社会变迁的结果。19 世纪末期前，在法国大革命和资产阶级革命影响下，“人人生而平等”“人人自由”观念深入人心，此时的立法关注个人权利，强调契约自由，追求个人本位。[⑤] 20 世纪后，随着经济垄断问题的日益突出以及凯恩斯主义的出现，强调国家对社会经济生活的干预。“仅仅依靠每个人都具有的

---

① [美]伯纳德·施瓦茨：《美国法律史》，王军等译，法律出版社 2011 年版，第 18 页。

② 尹田：《法国现代合同法》，法律出版社 1995 年版，第 125 页。

③ [德]古斯塔夫·拉德布鲁赫：《法学导论》，米健译，中国大百科全书出版社 1997 年版，第 66 页。

④ 王泽鉴：《债法原理》（第 1 册），中国政法大学出版社 2001 年版，第 74 页。

⑤ [奥]欧根·埃利希：《法社会学原理》，舒国滢译，中国大百科全书出版社 2009 年版，第 252 页。

订立契约自由的法律上的可能性,还不足以保障每个人都能实现他在一般财产和服务交易方面的自决权。只有在有关当事人之间存在某种均势,即他们实现权利的能力大体上相同时,才能期待每一方当事人都能在契约中实现自己的意志。也就是说,契约自由仅仅在同等的经济实力的当事人之间且不损害社会公共利益的范围内,才是一种社会理想。"[①]因此,个人主义不应无限制地扩张,必须尽可能向共同体——社会靠拢,此即社会本位思想,强制缔约即是这一社会变革的产物。因此,强制缔约,是个人本位向社会本位的体现,是对传统立法中过分强调个人权利而忽视公共利益的纠偏。[②] 需要说明的是,契约自由仍然是现代民法的基本原则,强制缔约并没有从根本上否认契约自由。具体到航空运输而言,即使是公共运输承运人负有强制缔约义务,这一义务也不是绝对的。根据《民法典》第810条之规定,公共运输承运人的强制缔约义务的内容在于,必须接受旅客要约的义务即售票的义务,但对于合同内容本身并未作出法律限制。并且,如果旅客违反了法律规定以及航空公司运输总条件的规定,如在航班上作出了危害航班安全的不轨行为,航空公司即有权予以拒载,这是契约自由的应有之义,也是航空运输企业经营自主权的体现。

从域外法来看,关于强制缔约的适用条件的规定并不一致。笔者认为,明确强制缔约的适用范围和适用条件,既有利于防止强制缔约义务之滥用,也有利于确保将契约自由限制在合理的范围内,从而促进契约正义的实现。通常而言,强制缔约的适用条件应包括以下三个方面:

其一,强制缔约要有明确的法律规定,即通过法律原则的方式对强制缔约作出抽象性规定。究其原因在于,法律原则作为法律基础性真理、原理或者是为其他法律要素提供基础或本源的综合性原理和出发点,[③]其法律效力较高,灵活性较强,适用范围较广,可以弥补法律规则僵化性和滞后性,对法律规则和法官判案发挥着宏观指导作用。"当法学家们理解或者争议关于法律上的权利和义务的问题的时候,特别是在疑难案件中,当我们与这些概念有关的问题看起来极其尖锐时,他们使用的不是作为规则发挥作用的标准,而是作为原则、政策和其他准则而发挥作用的标

---

① [德]卡尔·拉伦茨:《德国民法通论》(上),王晓晔等译,法律出版社2004年版,第69~70页。

② 佟柔主编:《中国民法》,法律出版社1990年版,第43页。

③ 张文显主编:《法理学》(第3版),高等教育出版社、北京大学出版社2007年版,第121页。

准。"①因此,可以通过民事立法将强制缔约作为特定民事领域的基本法律原则。

其二,强制缔约仅适用于自然垄断行业和公共服务行业。强制缔约并非适用于所有行业、所有领域,而应当仅适用于自然垄断行业和公共服务行业。其理由在于,自然垄断行业限制了竞争,公共服务行业占用了公共资源,二者都不能通过市场竞争和市场调节实现契约自由。当然,自然垄断行业与公共服务行业具有高度重合性,即自然垄断行业往往是公共服务行业。当然,对自然垄断行业和公共服务行业的判断,不应以该企业是否营利为标准,而是以其提供的商品和服务是否为公众正常生活的必需品。因此,对自然垄断行业和公共服务行业课以强制缔约义务,其目的在于通过国家公权力的介入,促使当事人的缔约能力重新达致平衡状态,从而促进契约正义和社会公平的实现。"给予当事人谈判达成利益均衡的机会,以形成内在的契约合理性,是契约自由的基础。但是,公平的谈判以双方有旗鼓相当的力量为前提,在双方当事人力量不平等时,立法就有介入的必要了。"②

其三,强制缔约要求必须正常合理。正如契约自由之权利不能滥用一样,合同相对人亦不能滥用强制缔约义务,否则就走向了强制缔约义务制度的反面。"权利滥用,谓溢出权利的社会的、经济的目的或社会所不容许的界限之权利之行使。"③强制缔约义务人的缔约能力也是有限的,相对人提出的缔约要求必须是正常的、合理的,在强制缔约义务人能力范围之内。任何缔约人,其服务领域、服务范围、服务能力都是有限的、特定的,如果相对人的缔约要求超出了该限制范围,那么缔约义务人则有权不再履行强制缔约义务即有权拒绝请求。如供水供电供暖行业,其服务的地域性、季节性、区域性明显,如果消费者提出的缔约要求超出了正常范围或者法律规定,则强制缔约人可以行使抗辩权。④

法律是平衡的艺术。⑤ 任何法律上的权利都是有限的,任何对权利的限制也都是有限的。强制缔约制度的目的在于弥补契约自由之缺陷,促进契约正义之实现,

---

① [美]罗纳德·德沃金:《认真对待权利》,信春鹰、吴玉章译,中国大百科全书出版社1998年版,第40页。

② 黄立:《民法债编总论》,中国政法大学出版社2002年版,第42页。

③ 史尚宽:《民法总论》,中国政法大学出版社2000年版,第713~714页。

④ 胡家强、刘巧娟:《强制缔约制度新论》,载《东岳论丛》2013年第12期。

⑤ [英]丹宁勋爵:《法律的训诫》,刘庸安等译,法律出版社1999年版,第13页。

因而维护弱势群体之合法权益是强制缔约制度的本质。[①] 然而,正如前文关于强制缔约的适用条件所述,强制缔约义务不是绝对的,而是相对的,即强制缔约对契约自由的限制只能限定在一定的范围内,超出该范围,强制缔约义务人的强制缔约义务得以豁免,此即强制缔约义务的豁免权。强制缔约豁免权,是指强制缔约人在一定情况和条件下所享有的免去其强制缔约义务的权利。如果要约人提出的缔约请求超出了正当的合理的范围,那么强制缔约人可以拒绝与其签订合同。如果要约人的缔约请求超出了强制缔约人的服务范围、服务区域、服务时段等服务能力的,或者违反法律规定,或者可能危害国家安全和公共安全,或者可能违背公序良俗的,则强制缔约人可以拒绝要约人的要约。以公共运输为例,虽然《民法典》规定公共运输人负有强制缔约义务,但可以拒载醉酒乘客,也可以要求拒付车费的乘客下车。以供水供暖供电为例,虽然这些公司负有强制缔约义务,但是对那些长期拖欠相关费用且经多次催告仍不缴纳费用的客户,这些公司可以采取停水停电停暖等措施。因此,强制缔约义务人履约的前提在于要约人要约的正当合理性。强制缔约义务豁免权同样适用于航空运输领域。航空公司具有公共承运人的法律地位,负有强制缔约义务,不得随意拒载,但该强制缔约义务的履行是以旅客提出的运输要求是"通常""合理"的为前提。不是任何旅客的任何缔约要求航空公司都必须予以承诺,如果旅客提出的运输要求超出了航空承运人的服务范围或者可能威胁航空安全,那么航空承运人可以拒绝旅客的运输要求。对此,《蒙特利尔公约》等国际航空法有明确的规定,我国《民法典》等法律法规以及各航空公司旅客、行李运输总条件中也有相关拒绝运输条款,这构成了强制缔约义务豁免的制度渊源。

问题在于,如何理解"通常、合理的运输要求",对此现行的法律、法规未作明确规定。笔者认为,判断旅客的运输要求是否"通常、合理",可以综合考虑三个方面,即法律法规的相关规定、社会公共利益和他人的合法权益,以及航空公司的实际能力。

其一,旅客的运输要求需要符合相关法律法规或行业惯例。虽然我国现行法律法规中并无明确定义"通常、合理的运输要求",但有一些条文赋予公共运输承运人在一定情况下可以拒绝旅客的运输要求的权力。如《民法典》第815条规定,"旅客

① 易军、宁红丽:《强制缔约制度研究——兼论近代民法的嬗变与革新》,载《法学家》2003年第3期。

应当按照有效客票记载的时间、班次和座位号乘坐。旅客无票乘运、超程乘坐、越级乘坐或者持不符合减价条件的优惠客票乘坐的,应当补交票款,承运人可以按照规定加收票款;旅客不支付票款的,承运人可以拒绝运输"。《中国民用民航旅客、行李国内运输规则》(以下简称《民航国内运输规则》)第34条规定:"无成人陪伴儿童、病残旅客、孕妇、盲人、聋人或犯人等特殊旅客,只有在符合承运人规定的条件下经承运人预先同意并在必要时做出安排后方予载运。传染病患者、精神病患者或健康情况可能危及自身或影响其他旅客安全的旅客,承运人不予承运。根据国家有关规定不能乘机的旅客,承运人有权拒绝其乘机,已购客票按自愿退票处理。"第41条规定:"承运人为了运输安全,可以会同旅客对其行李进行检查;必要时,可会同有关部门进行检查。如果旅客拒绝接受检查,承运人对该行李有权拒绝运输。"由上述条文可见,我国现行法律已对公共运输承运人的强制缔约义务在特定情况下加以免除。因此,在判定旅客"通常、合理的运输要求"时,需要严格遵守现行法律,特别是与民航运行安全紧密相关的规定。

其二,旅客的运输要求不得以牺牲社会公共利益或他人合法权益为代价。旅客的合法利益固然应当得到保护,但应以社会公共利益和他人合法权益为限。禁止权利滥用原则要求,权利之行使应于权利者个人之利益与社会全体之利益调和之状态,①旅客提出的运输要求不能侵犯其他旅客的合法权益。另外,航空器特殊的飞行环境决定了,其对安全因素要求非常高,如果旅客的运输要求有可能给航空安全造成危害或者潜在危害,航空公司则可以拒绝运输该旅客。对此,国际航空运输协会(IATA)也有明确规定,即在1986年IATA承运人服务会议(Passenger Service Conference)通过的"建议措施"(Recommended Practice)第1724号文即《运输条件(旅客的行李)》中规定"航空承运人可以拒绝承运会对其他旅客或者财产造成威胁的旅客"。

其三,旅客的运输要求应以航空公司的实际能力为限。从文义解释方法出发,航空公司的服务能力范围应当属于"通常""合理"的应有之义。航空公司作为提供公共运输服务的承运人,应当尽可能满足旅客"通常、合理的运输需要",这是强制缔约义务所要求的。但如果旅客提出特殊要求,航空公司同意后,经过事先准备亦可满足。《民航国内运输规则》第34条指出,对于特殊旅客,经航空公司预先同意、事

① 史尚宽:《民法总论》,中国政法大学出版社2000年版,第713~714页。

先准备方可载运。第 44 条指出,旅客携带的小动物如需在客舱内运输,需要经过航空公司特许。但如果旅客的运输要求超过了航空公司的实际履约能力,航空公司实际上根本无法满足旅客的运输要求,则强制缔约义务得以豁免,航空公司可以拒绝旅客的运输要求。

至此,我们可以把航空公司的强制缔约义务作出如下解释:航空公司作为公共运输承运人负有强制缔约的义务,其在旅客发出通常、合理的要约请求(购票)后,必须做出承诺(售票),而不得拒绝旅客的要约;当旅客的要约请求超出通常、合理的范围时享有强制缔约豁免权,其可以拒绝运输。

民航旅客黑名单即是航空公司强制缔约义务豁免之体现。无论是针对潜在恐怖分子的政府黑名单,还是基于规制不文明旅客的航空公司黑名单,都属于航空公司强制缔约义务豁免之情形。具体而言,强制缔约义务的豁免是基于以下两种情形:一是出于民航安全之考虑。航空运输属于高风险且风险后果极其严重的行业,安全是航空运输中最为重要的价值追求。任何一个小小的安全隐患,都有可能造成极大的人身伤亡和财产损失。因此,当旅客行为威胁航空安全时,航空公司可以拒绝运输。我国《民用航空法》第 102 条第 1 款规定:“公共航空运输企业不得运输拒绝接受安全检查的旅客,不得违反国家规定运输未经安全检查的行李。”二是出于维护其他旅客合法权益之考虑。航空公司之所以被认定为“公共”运输承运人,就在于其是为社会大多数公众服务,而非为个别旅客服务的。因此,如果旅客的运输要求危害到其他旅客的合法权益时,航空公司可以拒绝。其背后的法理就在于,每个人都是权利主体,也是义务主体,当行使个人权利、追求自身利益最大化时,不得侵犯他人利益和社会公共利益。在航班延误情况下,旅客进行维权应属正常,但是为了得到赔偿而采取“霸机”的方式,则严重扰乱了民航运输秩序,也直接导致了更多的航班延误,侵害了广大的其他旅客的合法权益,对此可采取民航旅客黑名单举措,将其列入黑名单而拒绝运输。

二、承运人的拒载权

拒载权的法律本质是公共运输承运人拒绝与旅客缔结运输合同或者拒绝履行已经达成的民航运输合同。民航旅客黑名单制度的法律本质在于,航空公司作为航空公共运输承运人,拒绝与被列入黑名单的旅客缔结民航运输合同(拒绝售票)。可见,民航旅客黑名单与承运人拒载权密切相关,但既不能把二者简单地等同起来,也不能把拒载权简单地等同于强制缔约义务的豁免。

拒载能否成为承运人的一种权利，取决于是否有法律的明文规定，而这一法律渊源既包括国际公约、国际惯例等国际法规范，也包括民法、航空法等国内法规范，甚至包括经过民航主管部门审核备案之后的旅客运输总条件等航空公司内部管理制度。签订于1963年的《关于在航空器上犯罪和其他某些行为的公约》（以下简称《东京公约》）第6条第1款[①]肯定了机长基于维护航空安全的需要可以采取的必要的管理措施。1974年通过的《防止对民用航空非法干扰行为的保安手册》（以下简称《保安手册》）作为《国际民用航空公约》附件17，在第4.2.5款规定："必须授权经营人拒绝运输被认为对航空器存在潜在威胁的人。登上或进入航空器前拒绝接受筛查的任何人必须被拒绝登机。"可见，国际法中虽然没有直接规定"拒载权"或者"拒载"，但已经肯定了拒载措施的存在，或者说明没有排斥承运人的"拒载权"。就国内法或者航空公司的规定来看，《民法典》第810条蕴含了公共运输承运人的拒载权规定，即当旅客运输要求不正常、不合常理时，允许承运人拒绝缔结合同。我国《民用航空法》第46条也规定了承运人在履行合同时的拒载权，[②]即机长有权基于维护航空安全的需要采取必要的适当措施，当然包括拒载。交通运输部2016年3月4日发布的《公共航空旅客运输飞行中安全保卫规则》第6条赋予机长为保护航空器、所载人员和财产的安全以及维护航空器内的良好秩序可以行使的职权，[③]第7条赋予航空安全员在机长的领导下为维护航空器内的秩序、制止威胁民用航空飞行

① 《关于在航空器上犯罪和其他某些行为的公约》第6条第1款规定："机长在有理由认为某人在航空器上已犯或行将犯第一条第一款所指的罪行或行为时，可对此人采取合理的措施，包括必要的管束措施，以便：（一）保证航空器、所载人员或财产的安全；（二）维持机上的良好秩序和纪律；（三）根据本章的规定将此人交付主管当局或使他离开航空器。"

② 《民用航空法》第46条规定："飞行中，对于任何破坏民用航空器、扰乱民用航空器内秩序、危害民用航空器所载人员或者财产安全以及其他危及飞行安全的行为，在保证安全的前提下，机长有权采取必要的适当措施。飞行中，遇到特殊情况时，为保证民用航空器及其所载人员的安全，机长有权对民用航空器作出处置。"

③ 《公共航空旅客运输飞行中安全保卫规则》第6条规定："机长在执行职务时，为保护航空器、所载人员和财产的安全，维护航空器内的良好秩序，可以行使下列权力：（一）在航空器起飞前，发现有关方面对航空器未采取必需的安全保卫措施的，可以拒绝起飞；（二）对航空器上的扰乱行为，可以要求航空安全员及其他机组人员对行为人采取必要的管束措施或者强制其离机；（三）对航空器上的非法干扰行为等严重危害飞行安全的行为，可以要求航空安全员及其他机组人员启动相应处置程序，采取必要的制止、制服措施；（四）对航空器上的扰乱行为或者非法干扰行为等严重危害飞行安全行为，必要时还可以请求旅客协助；（五）在航空器上出现扰乱行为或者非法干扰行为等严重危害飞行安全行为时，根据需要改变原定飞行计划或对航空器做出适当处置。"

安全的行为、保护所载人员和财产的安全，依法可以行使的职权，①其中都包括强制旅客离机的权力。实务中，大部分航空运输企业都会通过旅客运输总条件对其拒载权作出规定。《春秋航空有限公司旅客行李国内运输总条件》第5条规定，“拒绝运输”规定“春秋航空出于安全原因或根据合理的判断，可以拒绝承运旅客和其行李。由于下列一种或多种原因，春秋航空有权拒绝承运旅客和/或其行李：……（二）旅客的行为、年龄、精神或身体状况不适合航空旅行，或使其他旅客不舒适或反感，或对其自身或其他人员或财产可能造成任何危险或危害”。由此可见，现行法律法规中并无直接关于公共运输承运人“拒载权”的规定，但有大量间接规定。可以说，拒载权已经在事实上成为承运人所享有的一种权利。

根据承运人拒载旅客所发生的时间不同，可以把航空运输承运人的拒载分为两种类型。一种类型是运输合同成立前的拒载，即在旅客提出缔约的运输要求（购票）后，航空公司拒绝承诺（售票），民航旅客黑名单即属此类型。另一种类型是运输合同生效后的拒载，即在航空运输合同生效后，航空公司因旅客做出了特定的违法违规行为而拒绝对其进行运输服务。如未持有有效身份证件而登机、未经过安全检查、携带危险物品登机等、在航空器上威胁机组人员，等等。不难理解，第二种拒载不仅符合合同法的基本法理，而且符合法律的明确规定。依照合同法的规定和原理，在合同生效后，如果一方当事人的违约行为构成根本违约，实质性地影响到合同的履行，那么合同相对方有权解除合同。在航空运输领域同样如此。在双方当事人签订航空运输合同（售票）后，如果旅客作出了威胁航空安全的违法违规行为，旅客构成根本违约，航空公司有权利解除合同并遣离旅客。法律赋予承运人（机长和航空安全员）机上管理权，更是从行政法的角度肯定了机长和航空安全员的安全管理权。在于第一种拒载类型中，由于其与公共运输承运人的强制缔约义务存在一定的矛盾冲突，涉嫌侵犯旅客的自由出行权，因此在适用时应当慎之又慎。换言之，只有在旅客做出了危害航空安全的行为，并且有理由相信可能会再次做出类似违法违规

---

① 《公共航空旅客运输飞行中安全保卫规则》第7条规定：“航空安全员在机长的领导下负责维护航空器内的秩序，制止威胁民用航空飞行安全的行为，保护所载人员和财产的安全，依法履行下列职责：（一）对航空器客舱实施保安检查；（二）根据需要检查旅客登机牌及相关证件；（三）对受到威胁的航空器进行搜查，妥善处置发现的爆炸物、燃烧物和其他可疑物品；（四）制止未经授权的人员或物品进入驾驶舱；（五）对航空器上的扰乱行为人采取必要的管束措施或者强制其离机；（六）防范和制止非法干扰行为等严重危害飞行安全的行为；（七）法律、行政法规规定的其他职责。航空安全员在执勤时应当严格执行执勤程序，不得从事可能影响其履行职责的活动。”

性的，才能事先拒载。关键的问题还在于，如果旅客的违法违规行为尚未影响到航空安全，而仅仅是影响一般航空秩序时，是否构成根本违约，是否构成行使拒载权的条件？笔者认为，航空秩序与航空安全的性质并不完全相同，后者的危害后果也远远大于前者的危害后果。因此，对于危害航空安全的不轨行为，应采取零容忍态度，一律列入黑名单而予以拒载，而对于影响航空秩序的不轨行为，要严格根据黑名单的认定条件，慎用旅客黑名单。

根据现行法律法规关于拒载权的或直接或间接的规定，以及基本法理，可以把拒载权的要素概括为以下几方面：一是拒载主体。识别拒载主体是拒载权的首要问题，这涉及民航旅客黑名单的制定主体问题。在我国现阶段，民航旅客黑名单的制定主体既包括民航局，也包括中航协，还包括航空公司，存在主体多元化的情况。笔者认为，应当把民航旅客黑名单的制定主体与落实主体区别开来，应当通过立法授权中航协作为旅客黑名单的制定主体，航空运输企业应当是旅客黑名单的建议主体和落实主体，民航局应当是旅客黑名单的监督主体。但是，拒载权与民航旅客黑名单不是等同概念，拒载更多地涉及民航旅客黑名单的落实问题。所以，民航拒载权的主体应当是航空运输企业。二是拒载对象。拒载对象的确定关系到拒载权的合理行使问题。任何权利都存在被滥用的风险，拒载权亦不例外。如果允许航空运输承运人随意决定拒载对象，那么拒载权容易滥用泛化。因此，拒载权应限定于严格的范围内，限定于特定的对象，即那些在机场或者机场实施不轨行为，危害航空安全或严重扰乱航空秩序的行为人。此时，旅客不轨行为性质的认定以及旅客黑名单的适用范围界定就成为关键问题。三是拒载时间。运输合同成立前的拒载，涉及契约自由问题；运输合同生效后的拒载，涉及根本违约问题。对于运输合同成立前拒载时间的确认，应当与旅客黑名单的制定时间同步。换言之，当旅客做出危害航空安全或者严重扰乱航空秩序的不轨行为后，并且有理由怀疑其有可能再次做出类似行为，才能够将其列入黑名单，予以拒载。

三、拒载权滥用风险及控制

由上文分析可知，拒载权与民航旅客黑名单是一对关系密切又有区别的概念。拒载权与强制缔约义务相对应，主要是从航空运输企业的角度而言的；旅客民航被列入黑名单的结果必然是被航空运输企业拒载，其更多是从旅客的角度而言的。但拒载权的行使往往与旅客黑名单的制定有关，拒载权一旦被滥用往往意味着旅客黑名单的泛化。因此,有必要对拒载权滥用的风险进行研究。

所谓拒载权滥用风险,是指航空承运人基于保护自身利益的目的,滥用法律赋予拒载旅客的权利,擅自拒绝与旅客缔约或者擅自遣离旅客的风险。拒载权滥用的风险,不仅在理论上存在,而且在现实生活中也大量存在。如因为旅客的维权行为而将其列入黑名单,拒绝对其提供运输服务;又如,由于旅客的着装或行为可能导致其他旅客不适而拒绝对其提供运输服务。拒载权一旦存在滥用风险,势必会直接影响旅客的乘机自由和出行自由,影响旅客作为消费者的自主选择权乃至人格尊严权,而旅客的这些权利和自由是法重要的价值追求。因此,对拒载权滥用风险应当保持高度警惕。在现有法律法规体系下,存在航空承运人滥用拒载权的客观可能性。拒载权的滥用加剧了旅客与航空承运人之间的矛盾对立,不利于航空业的健康持续发展。

航空运输企业的趋利本能是其滥用拒载权的内在动因。航空运输企业虽然承担了大量的“公共”职能,但其本质上仍然是以营利为目的的“商人”(企业法人),而趋利避害则是“商人”的典型特征和本质属性。换言之,追逐企业利益是航空公司的主要目标,其在履行公共职能过程中也存在对自身利益的考量。如此一来,航空公司就存在滥用拒载权的倾向。例如,个别旅客的穿着或言行举止,可能给其他旅客带来了不适,但远未对航空安全和航空秩序造成危害,不应被列入黑名单或者被遣离。然而,航空公司可能会从维护公司形象出发,行使拒载权将旅客遣离飞机甚至列入旅客黑名单。又如,个别旅客在乘机时可能给机组成员提供服务或者履行职责提出了某种要求,或者增加了一定的负担,或者造成了一定程度的不便,航空公司可能会基于排除不便或者减轻负担的考虑,而滥用拒载权遣离旅客。再如,由于航班延误等原因,旅客在索赔后被航空公司列入黑名单,这也是我国旅客被航空公司列入黑名单的主要原因。现有法律法规关于拒载权规定的不足为航空公司滥用拒载权提供了制度空间。前已述及,无论是《东京公约》等国际法规范,还是《民用航空法》等国内法规范,都明确赋予了机长遣离旅客的权力。从确保航空安全的角度出发,这种规定无可厚非甚至非常必要。但是,现有关于拒载权规定存在不足。其一,机长的这种权力过于绝对化,没有任何约束,且不承担任何责任,既未对旅客行为的危害性程度作出限定,也未规定“适当必要”等类似条件,这为机长滥用拒载权提供了土壤。安全和秩序都是非常抽象的概念,旅客的言谈举止都有可能危害航空安全或者扰乱航空秩序,但是这些旅客是否都应当被遣离或者列入黑名单,则需要具体问题具体分析。譬如,旅客的言语争执行为与打架斗殴行为、不服从指挥等行为的性质和后果完全不同,结果也会大相径庭,处理方式就应当有所不同,而不是简单化地予以遣离或者列入黑名单。其二,机长的这种权力缺乏程序性约束。(乘机)出行自由是旅客享有的重要的宪法性权利,拒载则是对这一重要权利的限制,所以应当有健全的程序性制度以保障拒载权不被滥用。然而,遗憾的是,现有法律法规关于拒载权的程序性限制规定几乎没有,如劝导、警告等,这也为拒载权的滥用提供了制度空间。其三,机长行使拒载权缺乏必要的约束。在实践中,机长通常会以旅客违反了安全管理规定,扰乱了民航秩序为由,要求机场公安人员将相关旅客带离飞机,而公安人员无权对机长行使拒载权的合法合理性作出判断,当然也没有其他机构对机长行使拒载权进行监督。

法律概念的多元理解为航空公司滥用拒载权提供了理论基础。在现行法律法规关于拒载权的规定中,并未对一些关键概念作出必要性的解释说明。机上纪律和机上秩序是《东京公约》规定的机长行使拒载权的前提条件,我国法律在此基础上增加了不服从"机组人员的指示"这一标准,甚至很多航空公司在旅客、行李运输总条件中都将影响他人的"健康、便利或舒适"作为行使拒载权的条件。然而,这些概念尤其是"纪律"是非常模糊性的词语,存在多元化的理解。"纪律",既可以理解为法律法规上的强制义务,也可以理解为航空运输企业的内部规定标准,还可以理解为机组人员的指示。这些关键概念的多元理解,不仅可能有悖于法律应有的价值追求,而且还为拒载权的滥用提供了可能。因此,应当将"纪律""舒适""指示"等概念理解为法律上的公序良俗。

权利滥用是常见的社会现象,如何防止权利滥用则是法治建设的重要任务。权利滥用的认定标准是防止权利滥用的前提,也是防止权利滥用的核心。具体到拒载权滥用而言,首先要认定是否滥用了拒载权,其次才是滥用拒载权的法律后果以及预防问题。拒载权滥用认定的本质在于平衡航空运输企业、旅客以及社会公众之间的利益问题,其体现在确定拒载权滥用的实体标准、程序规范等方面。航空安全及机上秩序是拒载权的利益追求。只有在危及或可能危及航空安全时,严重或极可能严重违背公序良俗时,方能行使拒载权。在判断可能危及航空安全时,既要判断旅客违规行为与航空安全事故间的因果关系是否成立,也要判断旅客表现与实施危及航空安全的违规行为间的因果关系是否成立。① 质言之,认定航空公司是否滥用拒载权,需要确认航空公司拒载旅客是否满足行使拒载权的合理标准,是否超越了合理界限。因此,确立拒载权的合理标准,也就成为认定拒载权是否滥用的关键问题。既然航空安全与机上秩序是拒载权保护的核心,那么就应该在这一利益宗旨下确定拒载权滥用的实体标准。换言之,应当把拒载权保护的利益对象、利益边界以及保护程度作为认定拒载权是否滥用的标准。

其一,拒载权应当以航空安全与机上秩序作为利益保护对象。乘机自由涉及公民的基本权利,因此,拒载旅客或者将旅客遣离飞机只能是由于旅客的行为侵犯了航空运输的核心利益,或者破坏了航空运输所追求的最重要价值,并且这种危害后果或者危害威胁,只有在旅客离开飞机或者禁止登机,才能消除或者补救。航空安全是民航运输所保障的首要利益,这一点毋庸置疑,旅客行为如果威胁到航空安全,对其予以拒载理所当然。机上秩序,又称为机上公序良俗,其是否应当成为拒载的理由,则需要具体分析。一方面,违背公序良俗的旅客不轨行为,有可能会影响他人的乘机感受和旅行品质,给其他旅客带来严重不适,甚至严重影响航空秩序。因此,将机上秩序作为航空承运人行使拒载权的理由是合适的。另一方面,公序良俗具有一定的抽象性,存在滥用的重大风险,有必要将这一情形下的拒载权限定在必要的合理范围内。旅客违反公序良俗的行为在实体标准上应当具有相当的严重程度,这一点与航空安全并不相同;同时,航空承运人在行使拒载权前应当履行告知、警告等必要前置程序,如果旅客在经过警示后仍拒不改正不能满足公序良俗的要求,则可以拒载。

其二,拒载权在航空安全受到威胁或航空秩序受到严重影响时,方可行使。航空事故一旦发生,其危害后果往往极其严重,且往往会付出重大的生命代价。因此,国内外从预防航空事故的角度出发,都对航空安全持零容忍态度。只要旅客的行为有可能危及航空安全,就会触发事故预防机制。所以,拒载权作为重要的航空事故预防机制,通常是在航空事故发生之前行使,国际公约与各国法律均肯定了这一点。但这并不意味着航空承运人可以随意以维护航空安全为由行使拒载权,而是需要对旅客行为与航空安全之间的因果关系作出判断。目前,我国的法律法规尚未对因果关系判断作出明确规定,而是依靠法院的司法认定。在理论上,对于法律上因果关

① 刘海安:《航空承运人滥用拒载权的法律规制》,载《法律科学》2015年第4期。

系的判断标准,有相当因果关系标准说、风险标准说、可预见标准说等多种学说。然而,无论哪种学说,判断旅客不轨行为与航空安全事故之间的因果关系应当将旅客的加害因素是否实质性地增加了航空安全致害风险作为重要考量。换言之,只要旅客的不轨行为实质性地增加了航空安全事故发生的风险,那么,二者之间的因果关系在法律上便成立。当然,在这一因果关系认定过程中,要综合旅客行为表现的每一个细节,包括表情、言语、行为举止、内在动机等。需要说明的是,这些细节要综合考虑,而不能仅凭某些信息如外表就将其拒载,否则,涉嫌歧视。另外,就航空秩序而言,则应当有后果严重这一受影响程度的要求。只有当旅客的不轨行为严重地违背了公序良俗,导致航空秩序受到重大影响时航空承运人才能行使拒载权。如果旅客的行为仅仅是轻微地违背公序良俗,则不应当对其予以遣离或者列入黑名单。人人都有合理容忍他人行为的义务,尤其是在乘机旅行这一特定时间特定空间内,旅客的合理容忍义务更重一些。在衡量公序良俗的价值与旅客乘机自由的价值时,前者不具有当然的优势地位,如果通过批评教育等方式能够恢复公序良俗,则不应当使用拒载这种较为严重的"惩罚"方式。问题在于,如果旅客尚未做出不轨行为,但极有可能实施严重违背公序良俗的不轨行为,是否可以将其予以遣离?笔者认为,由于机上空间狭小,一旦发生不轨行为,机上人员难以控制该行为,即使可以控制该行为,但与及时将其遣离飞机这一措施相比,其成本往往较大。因此,如果有证据表明旅客极有可能实施严重违背公序良俗的行为,则即可以行使拒载权。总之,在行使拒载权时,应当考虑旅客不轨行为的危害后果,并通过法律对其作出明确规定。然而,无论是《东京公约》,还是我国国内法,都没有对其进行区分,而是笼统地一刀切地赋予机长拒载权,从而极易导致拒载权被滥用,侵犯旅客的乘机自由权利。

其三,拒载权的行使应当符合一定的程序标准。当前,关于拒载权的规定过于绝对,缺乏必要的程序制约。航空承运人为了预防民航危险事件的发生,避免航空安全及航空秩序受到严重影响,可以对旅客行使拒载权,将其遣离飞机或者列入黑名单。但是,这一权利的行使应当以相应的程序作为约束。这一程序应当以警示义务为前提,此即认定拒载权滥用的程序标准。详言之,航空承运人在行使拒载权前,应当告知旅客民航安全管理的相关规定,警示其不轨行为的违法违规性以及已经或者可能造成的严重后果,警告其如不及时停止或者纠正不轨行为有可能承担被拒载的法律后果。在这一过程中,航空承运人的警示行为应当规范、明确、合理,并注意避免进一步激化旅客情绪。如果航空承运人的警示行为不当,进一步激化了旅客言行，承运人拒载旅客的合理性就会受到质疑。需要进一步探讨的是，航空承运人应当在何时履行警示义务。通常而言，航空承运人的警示义务应当在旅客的不轨行为尚未造成严重后果并且损害后果发生的风险并不急迫的前提下作出。如果旅客的不轨行为已经危及航空安全，则无须履行警示义务；如果旅客的不轨行为已经严重危害航空秩序或者已经造成较大的人身、财产损害时，亦无须履行警示义务。如果旅客的不轨行为轻微地违背公序良俗，航空承运人则应当对不轨旅客提出警示。争议的焦点在于，是否构成"潜在威胁航空安全"应该由谁来判断以及如何判断。对此，法律没有明确规定，实践中是由航空承运人去判断。笔者建议，应当通过法律法规的健全，明确航空承运人的警示义务及其举证责任，即法院根据航空承运人提交的旅客不轨行为构成"潜在威胁航空安全"的证据，判断是否足以免除航空承运人的运输义务或者缔约义务。

总之，航空承运人虽然负有强制缔约义务，但考虑到航空运输与陆地运输和海上运输相比，其航空安全威胁因素较多、风险事故后果更为严重，对运输安全的标准要求也更高，因此，拒载权也就成为平衡强制缔约义务的手段。但是，当前关于拒载权的规定过于绝对，亦缺乏必要的程序制约，需要通过完善立法对拒载权作出一定的限制，明晰相关概念，界定相关标准，确立调查、询问、说明、告知、警示等程序规范。

任何权利（权力）都应当限定在一定的范围。航空承运人一旦滥用拒载权，势必会侵犯旅客的合法权益，航空承运人对此应当承担相应的法律责任，此即拒载权滥用的法律后果。造成不必要的损失，因而可能引发相应的法律责任。实践中，航空承运人在行使拒载权的依据除了法律法规外，最重要的就是公司的民航旅客运输总条件的相关规定，这也是航空承运人最有可能滥用拒载权之处，因此，在探讨拒载权滥用之后果时，有必要对航空公司民航旅客运输总条件相关规定的法律效力进行分析。

航空公司民航旅客运输总条件是旅客运输合同的重要组成部分，航空承运人业通常会在其民航旅客运输总条件中明确拒载旅客的条件或情形。以国航为例，其《旅客运输总条件》第 7 条规定，"根据我们的判断，我们可以在通知您后拒绝承运您或您的行李。由于下列一种或多种原因，我们也有权拒绝承运您或您的行李；承运您或您的行李，违反了国家适用的法律、法规或命令；承运您或您的行李，可能危及或者影响其他旅客或者机组人员的安全、健康、便利或舒适；您的精神或身体状况，包括您受酒精或药物的影响,使您可能对您本人、旅客、机组人员或财产造成危险或危害;您以前在航班上有过不良行为,并且我们有理由相信此种不良行为仍有可能再次发生;您拒绝接受安全检查;您没有支付相应的票价、税款或费用等;您未能出示有效身份证件,或者您出示的有效身份证件与您购买电子客票时使用的不是同一证件;您的客票不是合法获得的,或不是从我们或我们的授权代理人处购买的,或是已挂失或被盗的,或是伪造的,或您不能证明自己就是客票上载明姓名的人;您未能遵守本条件关于客票按顺序使用的规定,或者您出示的客票不是由我们或我们的授权代理人填开或更改的,或者客票已被损毁;您没有遵守我们有关安全或安保方面的指令;您未能遵守机上禁烟或使用电子设备的规定;您未能或拒绝遵守机组人员的指示"。其他航空公司也有类似规定。从这些规定,不难发现,航空承运人《旅客运输总条件》中关于拒载的规定,一是范围相当宽泛,远远超出了法律规定的范围;二是内容相当"主观",实践中难以把握。简言之,航空承运人《旅客运输总条件》中的拒载条款,可能排除了旅客的主要权利,也存在拒载权被滥用的重大风险。

我国《民法典》第497条规定:"有下列情形之一的,该格式条款无效:(一)具有本法第一编第六章第三节和本法第五百零六条规定的无效情形;(二)提供格式条款一方不合理地免除或者减轻其责任、加重对方责任、限制对方主要权利;(三)提供格式条款一方排除对方主要权利。"《民用航空法》第46条规定:"飞行中,对于任何破坏民用航空器、扰乱民用航空器内秩序、危害民用航空器所载人员或者财产安全以及其他危及飞行安全的行为,在保证安全的前提下,机长有权采取必要的适当措施。飞行中,遇到特殊情况时,为保证民用航空器及其所载人员的安全,机长有权对民用航空器作出处置。"对比这两条规定,不难发现,《民法典》第497条的相关规定文义过于宽泛、效力过于绝对,应当进行目的性限缩。[①] 换言之,应当从立法目的出发,对格式条款的免责内容作出具体分析,如果格式条款的免责内容属于一般过失责任,或者轻微违约责任,或者属于企业合理化经营中的必要行为,且格式条款的提供者履行了必要的提请注意义务,那么提供格式条款一方免除其责任、加重对方责任、排除对方主要权利的,该条款无效。这就需要我们在认定拒载权条款的效力时,协调《民用航空法》和《民法典》的规定,根据不同的情况,针对法律的规定和拒载权条款进行认定。《民用航空法》第46条就拒载权的行使条件已经做了限定,要求该权利

① 崔建远:《合同效力规则之完善》,载《吉林大学社会科学学报》2018年第1期。

的行使应是必要的和适当的。相较之下,崔建远教授指出,《民法典》第497条(原《合同法》第40条)规定的文义涵盖过宽,依据立法目的,此类免责条款若系企业的合理化经营所必需,或免除的是一般过失责任,或是轻微违约场合的责任等,并且提供者又履行了提请注意的义务,则该格式免责条款应当认定为有效,否则,应当认定为无效。因此,应当对航空承运人中的拒载条款作出类型化分析,并对其法律效力作出分别认定。

以国航《旅客运输总条件》为例,第一类,航空承运人提出其在任何条件下单方即可以决定是否予以拒载,如"根据我们的判断,我们可以在通知您后拒绝承运您或您的行李"。由于该格式条款,未对航空承运人的拒载权作出任何限制,也未附加任何条件,完全置旅客的合法权益于不顾,属于典型的格式合同霸王条款,应属无效。第二类,航空承运人提出的行使拒载权条件,且该条件符合合同的目的以及法律价值,如"承运您或您的行李,违反了国家适用的法律、法规或命令""您拒绝接受安全检查""您没有支付相应的票价、税款或费用""您未能出示有效身份证件""您出示的有效身份证件与您购买电子客票时使用的不是同一证件等。这些格式条款符合法律价值以及航空运输合同目的,应当认定为合法有效。第三类,航空承运人提出的行使拒载权条件,存在违背合同目的和法律价值的可能性,如"承运您或您的行李,可能危及或者影响其他旅客或者机组人员的安全、健康、便利或舒适""您的精神或身体状况,包括您受酒精或药物的影响,使您可能对您本人、旅客、机组人员或财产造成危险或危害;您以前在航班上有过不良行为,并且我们有理由相信此种不良行为仍有可能再次发生""您未能或拒绝遵守机组人员的指示"。这些格式条款具有一定的合理性,但存在泛化滥用可能性,不宜简单地认定其有效或者无效,而应当结合个案具体分析。

如果航空承运人滥用拒载权,应当由谁承担法律责任?就运输合同成立前的拒载权(旅客黑名单)而言,拒载是由承运人直接做出的,其责任当然由承运人承担。就运输合同生效后的拒载权而言,《东京公约》等国际法以及我国法律法规都将拒载权授予机长行使。无论是机长还是其他机组人员,都是航空承运人的雇员,他们履行职务的行为代表航空承运人的行为。当他们滥用拒载权时,从合同法的角度看属于违约,应当由合同当事人即航空承运人承担违约责任;从侵权责任法的角度看,机长和其他机组工作人员作为雇员在履行职务过程中滥用拒载,那么,如果机长或机组人员在滥用拒载权时存在明显的过错,如机组人员在向机长报告旅客的情况时故意夸大行为的违法性和危害后果，机长在未加谨慎审核的情况下甚至在明知没有必要拒载而作出拒载决定，能否追究机长或者其他机组人员的法律责任？从道义上讲，机长及其他机组人员滥用拒载权的行为具有强烈的道德非难性和可谴责性。但是，我国《侵权责任法》对雇员的责任并没有作出明确规定。如果机长及其他机组人员滥用拒载权而无须承担任何法律责任，当然不利于促使其审慎地履行职务，也不利于保护旅客的合法权益。《最高人民法院关于审理人身损害赔偿案件适用法律若干问题的解释》对原《侵权责任法》作出了细化解释，确认在一定条件下雇员要承担法律责任。该解释第9条第1款规定："雇员在从事雇佣活动中致人损害的，雇主应当承担赔偿责任；雇员因故意或者重大过失致人损害的，应当与雇主承担连带赔偿责任。雇主承担连带赔偿责任的，可以向雇员追偿。"

从民事责任的四个构成要件出发，追究机长或其他机组人员的法律责任要具备"存在加害行为"（滥用拒载权）、"具有主观过错"、"导致损害后果"以及"加害行为与损害后果之间具有因果关系"四个要件。其中第一、第三、第四个要件比较容易理解和判断，难点在于如何认定机长或者其他机组人员存在主观过错。笔者认为，对于机长和其他机组人员滥用拒载权主观过错的认定，要严于一般侵权行为中对于主观过错的认定。换言之，法律要对机长和机组人员的主观过错持一定的宽容态度，如果存在一般的过失则不应当追求其法律责任，只有当存在严重过失或故意时，才应追求其滥用拒载权的法律责任。原因在于，保障航空安全以及良好的航空秩序具有极其敏感性和时间紧迫性，受这一客观情况的影响，机组工作人员在留意、发现旅客不轨行为并对不轨行为作出判断，以及最终汇报给机长并由其作出决定的时间非常有限、形势非常紧迫，存在一定的瑕疵是正常的，法律应当包容这种瑕疵。但是，如果机长及其他机组人员故意夸大旅客行为的违法性即改变了旅客不轨行为的性质，如把大声辩论定为吵架或者把推搡定为斗殴，然后将其遣离飞机，则明显超出了法律宽容的范围，应当承担法律责任。

因此，在航空承运人滥用拒载权时，首先应当由航空承运人承担法律责任，机长及其他机组人员对于其一般过失不应承担法律责任，只有存在重大过失（故意）情形时才应当追究其法律责任。至于航空承运人滥用拒载权承担的法律责任形式，可适用《民法典》关于违约责任或者侵权责任的一般规定，要求航空承运人承担补救措施、赔偿损害、赔礼道歉等法律责任。

第三节　民航旅客的权利

民航旅客与航空承运人之间不仅是简单的民法中的合同当事人关系,也是经济法中的消费者与经营者之间的法律关系,航空承运人负有保护旅客消费者权利的法律义务。[①] 民航旅客黑名单所涉及的消费者权利主要包括自主选择权、人格尊严权、隐私权等,1999 年《蒙特利尔公约》修改了《华沙条约》的相关规定,确立了民航旅客的消费者弱势地位,并在过错责任原则基础上采取了举证责任倒置,给予旅客更多的倾斜保护,减轻了旅客的举证责任。[②] 另外,民航旅客黑名单还涉嫌侵犯旅客作为公民所享有的出行自由权。因此,本部分就围绕民航旅客的上述权利展开研究。

一、民航旅客的自主选择权

自主选择权是一项重要的消费者权利,对此我国《消费者权益保护法》第 9 条明确规定了消费者享有自主选择权。[③] 民航旅客黑名单是否侵犯了旅客的自主选择权? 这涉及民航旅客黑名单的合法性问题。

(一)旅客自主选择权的内涵

在现代化大生产环境下,无论是消费者群体还是消费者个人,其在经济财力、社会地位、议价能力、缔约能力、维权能力、信息能力等方面,都很难与经营者相比。经营者往往利用契约自由这一原则与消费者签订不平等合同,甚至拒绝与特定消费者签订合同。国家通过制定消费者权益保护法等形式干预市场交易制度,确立了消费者的自主选择权,即消费者有权决定是否签约、与谁签约以及决定签约内容的权利。换言之,消费者有权自主选择经营者,有权比较、鉴别和挑选商品(服务)。

相应地,民航旅客自主选择权,是指民航旅客享有的选择何种方式出行、是否选择乘机出行,以及乘机出行时选择乘坐哪个航空公司及哪个航班的权利。换言之,旅客作为消费者可以自主选择出行的方式、提供运输服务的航空公司、具体航班以

---

① 马俊驹、童列春:《私法中身份的再发现》,载《法学研究》2008 年第 5 期。

② 袁发强:《从契约到身份:航空旅客权益保护法律的演变》,载《江西社会科学》2015 年第 4 期。

③ 《消费者权益保护法》第 9 条第 1 款规定:"消费者享有自主选择商品或者服务的权利。消费者有权自主选择提供商品或者服务的经营者,自主选择商品品种或者服务方式,自主决定购买或者不购买任何一种商品、接受或者不接受任何一项服务。"

及航空运输服务的种类和内容。

(二)民航旅客黑名单是否侵犯旅客的自主选择权

从表面上看,航空公司作为公共运输承运人,其承担提供公共运输服务职能,无权限定服务对象,无权拒绝旅客缔约请求,因而,民航旅客黑名单剥夺了消费者的自主选择权。尤其是根据民航局或中航协制定的行政黑名单,被列入黑名单的旅客将不得乘坐任何航空公司的航班出行,旅客出行方式的选择变少了,旅客的自主选择权似乎是被侵犯了。实际上这种看法有失偏颇,具体分析如下。

首先,从消费者选择自主权的本意来看,消费者自主选择不等同于经营者必须接受消费者的选择要求。消费者的自主选择权主要体现在《消费者权益保护》第9条的规定中,其核心精神在于:消费者享有自由意志与自主选择权,他人不得不正当地干涉。换言之,消费者自主选择权是从"消费者"的角度出发,强调其缔约自由,做出自主选择与经营者必须接受其承诺是两个概念。质言之,旅客在出行消费时,只要其能够自主决定出行方式,能够自主选择航空公司、某个具体航班及其服务,那么,旅客的自主选择权就没有被侵犯。

其次,航空公司应承担强制缔约义务,但并不意味着其不享有任何选择权。前已述及,航空公司属于公共运输承运人,其应承担强制缔约义务,不得随意选择消费者。但这并不意味着其不享有任何选择权。换言之,虽然航空公司的选择权受到法律的严格限制,但其作为市场主体仍享有一定的选择权。航空公司可以基于安全的考虑拒载特定旅客,这种拒载是保障航空安全和航空秩序的保障。航空公司还可以通过运输总条件等决定旅客运输合同的内容,对于超出其运营能力和运输条件的旅客,可以拒绝与其缔约。只不过,从法律角度考量了旅客与航空运输企业之间不平等的地位,而对航空运输企业的选择权作出了适当限制。正因如此,有人认为,消费者的自主选择权是"保证得到可供商品和服务"之权利,即凡是经营者投放于市场的商品和服务,只要消费者接受经营者提出的条件,购买商品和接受服务,经营者便不得拒绝提供。[①] 因此,出于维护航空安全的考虑,航空公司会在自己的运输总条件中明确载明拒载事项,以明示方式部分限制了旅客的自主选择权,但这并不违反法律的禁止性规定,旅客被列入黑名单的原因是实施了法律法规所禁止的行为。

---

① 郭琛:《论消费者选择权的边界——对"谢绝自带酒水"的思考》,载《广西政法管理干部学院学报》2009年第4期。

最后,从权利义务的相对性来看,消费者享有自主选择权并不意味着经营者当然具有强制缔约义务。权利和义务具有相对性、一致性,没有绝对的权利,亦无绝对的义务。质言之,消费者的自主选择权与经营者的强制缔约义务都是相对的,有限度的。经营者基于保守商业秘密或者保障消费安全等考虑,在销售商品或者提供服务时,可以限制甚至取消消费者的某些自主选择权,如"禁止拍照""谢绝参观""严禁逗留"等,这些告知限制消费者自主选择权的内容明示、明确、清楚,且不违背法律强制性规定,不违背公认商业道德或商业惯例,就是合法有效的。[①] 换言之,旅客作为航空运输合同的一方当事人,负有遵守安全规则、不妨碍安全飞行之义务,否则承运人可以拒绝为其提供承运服务,这也是权利义务一致性的必然要求。对于承运人而言,安全保障义务是承运人的最主要义务,如果承运人没有任何选择权,航空安全就难以保障,甚至其正常的经营活动都可能会受到严重影响。因此,承运人具有选择权,但是应当被限制于合法、合理的限度之内。据此,我们可以得出以下3点结论。

其一,如果旅客被某航空公司列入了黑名单,其仍享有一定的自主选择权。在航空公司制定旅客黑名单的背景下,航空公司之间并不共享旅客黑名单,如果某旅客因为其不轨行为被某一航空公司列入黑名单,并不意味着该旅客当然地被其他航空公司也列入黑名单,所以该旅客仍然享有一定的自主选择权,还可以选择其他航空公司的航班乘机出行。其二,如果旅客被民航局或者中航协列入行政黑名单,其将不能乘坐任何航空公司的航班出行,其自主选择权从表面上看是被"侵犯"了。其三,上述第二种情形下,旅客的自主选择权受到限制是合理的。一方面,旅客的自主选择权是消费者权利的一部分,其针对的是经营者而非政府。《消费者权益保护法》是从经营者强势地位、消费者弱势地位这一基本逻辑出发的,主要是针对市场经营者而言的,即防止经营者滥用市场优势地位而给予消费者以特别权利保护并增加经营者义务。另一方面,消费者权利的特殊保护并不针对行政主体,行政旅客黑名单并不涉及消费者的自主选择权问题。退一万步讲,即使将行政主体纳入消费者权利保护所针对的对象范围,行政旅客黑名单也仍然具有合法性。理由在于,航空安全、公共安全、公共利益与消费者的自主选择权、个人自由、个人利益相比,属于位阶更

① 韦益万、谭彩艳:《消费者自主选择权研究》,载中国法院网,http://www.chinacourt.org/article/detail/2015/06/id/1657628.shtml。

高的价值。[①] 基于安全需要，制定旅客黑名单，赋予航空公司拒载权具有合法合理性。我国《宪法》第 51 条规定："中华人民共和国公民在行使自由和权利的时候，不得损害国家的、社会的、集体的利益和其他公民的合法的自由和权利。"因此，消费者行使自主选择权应当以不威胁航空安全为前提，制定旅客黑名单并未侵犯消费者的自主选择权。上述 3 点结论可以归纳为一点，即民航旅客基于消费者身份获得的法律特殊保护以及享有的自主选择权并不是绝对的，基于航空安全需要制定的民航旅客黑名单并未侵犯旅客自主选择权。当然，这一结论有个前提：民航旅客黑名单制度是完善的、科学的，否则，这一制度有被滥用的嫌疑，旅客的自主选择权也会受到侵犯。

二、民航旅客的人格权

人格权是消费者享有的重要权利之一。民航旅客作为航空运输服务的消费者亦享有人格尊严权，即旅客在接受航空运输服务时，其人格尊严和民族风俗习惯应得到尊重，其个人隐私和信息应依法得到保护。

（一）人格权的概念

"在民法中，人格尊严是人格权的基石。"[②]我国 1982 年《宪法》从宪法高度确认了公民的人格尊严受到严格保护，体现在第 38 条之规定："中华人民共和国公民的人格尊严不受侵犯。禁止用任何方法对公民进行侮辱、诽谤和诬告陷害。"1986 年《民法通则》从民法角度进一步明确了公民的人格尊严受到法律保护，体现在第 101 条之规定："公民、法人享有名誉权，公民的人格尊严受法律保护，禁止用侮辱、诽谤等方式损害公民、法人的名誉。"1993 年制定、2013 年修订的《消费者权益保护法》从经济法的角度规定了消费者所享有的人格尊严，体现在第 14 条之规定："消费者在购买、使用商品和接受服务时，享有人格尊严、民族风俗习惯得到尊重的权利，享有个人信息依法得到保护的权利。"由此可见，从国家的根本大法——宪法，到民法、经济法等部门法，我国已经构建了人格尊严法律保护体系。

隐私权，是指自然人依法所享有的对其与公共生活无关的私人信息、私人活动和私人空间自主支配并有权排除他人干涉的人格权。我国关于隐私权的立法保护

---

① 安东：《论法律的安全价值》，载《法学评论》2012 年第 3 期。

② 王利明：《人格权法中的人格尊严价值及其实现》，载《清华法学》2013 年第 5 期。

在原《民法总则》第11条、《侵权责任法》第2条中都有所体现，规定了自然人享有隐私权，任何人不得侵犯。

人格尊严，是指作为民事主体的自然人所享有的最起码的作为“人”所应有的社会地位以及应当受到社会和他人最起码的尊重的权利。受到社会、他人的平等对待是公民最基本的人格尊严。博登海默提出，当那些认为自己同他人是平等的人在法律上受到了不平等的待遇时，他们就会产生一种挫折感，亦即产生一种他们的人格和共同的人性遭到了侵损的感觉。① 因此，平等对待是人格尊严的核心要义。从人格权的角度看，其包括一般人格权和特定人格权两类，具体包括生命健康权、人格自由、人格尊严、隐私权、名誉权等内容。在近代民法向现代民法转型的过程中，民事主体也从“一元”转变为“二元”体系，即从“意思自治个人”的单一主体模式转变为“形式平等个体”与“特殊保护的‘弱者’”并存的二元主体模式。相应地，民法的价值功能也从彰显“意思自治”向突出“他治”转化。② 消费者权益保护法等经济法，更是从法域变迁的角度，确立“社会本位”的立法理念，并在此基础上构建倾斜保护消费者等法律制度。

（二）民航旅客黑名单是否侵犯了旅客的人格权

航空公司拒绝与被列入黑名单的旅客缔约（售票），将列入黑名单的旅客排除在航空服务范围之外，这种做法是否涉嫌侵犯旅客的人格权？从表面来看，旅客似乎受到了航空公司的不公平同等对待，没有获得同其他旅客一样的航空运输服务，其人格权受到了侵犯。但是，如果我们对其深入分析，就会得出不同的结论。

人与人所享有的权利范围并非完全一致，法律上对不轨旅客与普通旅客的态度亦不完全一样。由于旅客的不轨行为会对航空安全、航空秩序以及其他旅客的人身和财产等合法权益造成危害，因而不轨旅客不应当享有与普通旅客平等的法律地位。《东京公约》从国际法角度首次对不轨旅客权利作出了明确限制，其在第1条就开宗明义地将其适用范围确定为“无论是否构成犯罪，可能或确已危害航空器或者机上人员或财产安全，或者危害航空器上良好秩序与纪律的人”。换言之，国内外的法律都已经普遍认识到，不轨旅客具有特殊性，应当对其权利作出适当限制。

旅客被列入黑名单，不可避免地会导致对其社会评价的降低。人格尊严虽然与

---

① ［美］E. 博登海默：《法理学：法律哲学与法律方法》，邓正来译，中国政法大学出版社1999年版，第288页。

② 朱岩：《社会基础变迁与民法双重体系建构》，载《中国社会科学》2010年第6期。

名誉权都属于社会评价的一种，都是对人的价值的评价，但是，人格尊严不是对人褒贬内容的评价，而是对人做人资格的评价。换言之，人格尊严具有客观性，是他人和社会对人作为人最起码的尊重。在实践中，判断某特定主体的人格尊严是否受到侵害，要从客观角度即一般观念判断人作为"人"所享有的最起码尊重是否受到贬损，而不能仅从该特定主体的主观感受出发。在我国特有的传统文化和社会环境下，旅客被列入"黑名单"必然会导致社会对其形成负面评价，这也是黑名单制度发挥警示作用的基础和体现。以我国民航旅客黑名单第一案即"厦航范某军案"为例，该案中，至于厦航有没有充分的证据证明范某军对航空安全造成潜在危险先姑且不论，但在其将范某军列入黑名单后进行了公告，同时给各航空公司发送"商请函"，无疑是在告知媒体、其他航空公司及社会范某军具有极强的"危害性"以及其人格存在"重大缺陷"，其结果当然是大大降低了范某军的社会评价，严重损害了范某军的人格尊严——这种损害无须特殊论证，仅凭普通大众的生活常识即可作出判断。实际上，因莫须有的"潜在威胁"导致范某军一次又一次地被拒载后，对范某军的各种歧视、各种困扰纷至沓来，同事的形同陌路，朋友的无端指责，家庭的分崩离析，范某军社会评价的贬低以及其人格尊严的毁损，都与其被厦航列入"黑名单"密切相关。

但需要说明的是，被列入民航旅客黑名单必然会导致旅客的社会评价降低，但不意味着民航旅客黑名单一定侵犯了旅客的人格权，而是说，只有在旅客被错误地列入黑名单时才构成法律上的侵权，合法的旅客黑名单制度并不侵犯旅客的人格权。当旅客的不轨行为危害到航空安全和航空秩序时，其不应当享有与普通旅客同等的自由权利，航空运输企业有权拒绝与其缔约并将其列入黑名单。此时，将不轨旅客列入黑名单不是对其人格尊严的侵犯，而是对其不轨行为的惩戒。

当然，如果黑名单公布不当，则有可能侵犯旅客的隐私权和个人信息权。如果黑名单涉及旅客的姓名、单位、联系方式等属于个人隐私的信息，那么黑名单就侵犯了旅客的隐私权。因此，旅客黑名单的设置条件要明确，[①]公布内容要严格，不能任意扩大旅客黑名单的适用范围。

三、民航旅客的自由出行权

民航旅客黑名单是否侵犯了旅客作为公民的自由出行权，即黑名单是否导致旅

---

① 曾祥华：《消费品黑名单制度与人的尊严》，载《江南大学学报（人文社会科学版）》2016 年第 6 期。

客的自由出行权的限制或者丧失，这一问题引发学界对民航旅客黑名单是否违宪的讨论。

(一)自由出行权的概念

自由出行权通常被认为属于公民基本权利范畴。公民基本权利，则是“人作为人而应当享有的基本权利”。从外延来看，公民基本权利涵盖的范围非常广泛，既包括生命权、人身权、财产权，也包括人在经济、政治、社会、文化等各方面的自由平等权利，难以穷尽列举，学理上通常把其分为规定的公民基本权利和推定的公民基本权利两类。①

公民基本权利具有天然的道德属性，一个人是否享有公民基本权利以及享有哪些公民基本权利，与是否有法律的明文规定并没有直接关系。如果某项公民基本权利被明确列入法律，那么仅仅意味着法律以明示方式确认了该公民基本权利；反之，如果某项公民基本权利没有被明确列入法律，也并不意味着其就不受法律保护。就自由出行权而言，虽然《世界人权宣言》《经济、社会及文化权利国际公约》《公民权利和政治权利国际公约》等国际公约都没有将其列入其中，但这并不是说其不属于公民基本权利的范畴，只是说其不属于规定的公民基本权利，而属于推定的公民基本权利。

我国宪法没有明确规定自由出行权，并且我国不能像判例法国家那样通过“法官造法”将自由出行权上升到宪法中规定的公民基本权利层面。然而，这并不意味着自由出行权不能视为一种公民基本权利。其一，前已述及，公民基本权利作为一种道德性权利其外延非常宽泛，宪法无法也没有必要对其进行穷举，只需规定生存权、发展权、劳动权等最基本的权利即可。其二，我国《宪法》已经明确规定尊重和保障公民基本权利，体现在第33条第3款之规定：“国家尊重和保障人权。”在这一前提下，自由出行权理应包含在公民基本权利之中，这也符合国际公约的惯例表达。其三，自由出行权是公民自由权或者人身自由权的应有之义。理论上，人身自由有狭义和广义之分。狭义的人身自由，通常是指人的身体活动的自由，包括身体活动积极作为的自由和消极不作为的自由；②广义的人身自由，通常是指具有主观目的且伴有一定物质精神需求的自由活动，包括出入境自由、迁徙自由。我国《宪法》第37

① 徐显明：《人权的体系与分类》，载《中国社会科学》2000年第6期。

② 汪进元：《人身自由的构成与限制》，载《华东政法大学学报》2011年第2期。

条第1款明确规定:"中华人民共和国公民的人身自由不受侵犯。"因此,无论是将自由出行权纳入广义的人身自由范围,还是作为狭义的人身自由范畴,其都受到宪法的保护。

(二)民航旅客黑名单是否侵犯了旅客出行自由权

对于民航旅客黑名单是否侵犯了旅客出行自由权这一问题,学界有不同的看法。有人持否定态度,其理由在于,如果旅客仅被某一航空公司列入了黑名单,那么其还可以选择其他航空公司出行;如果旅客是被民航主管部门列入黑名单,其仍然可以选择其他交通方式出行,宪法并没有赋予公民以最便捷方式出行的权利,因而,民航旅客黑名单并没有侵犯公民的自由出行权。也有人持肯定态度,其理由在于,航空运输作为最便捷高效的运输方式,尤其是对于跨国交流、工作、学习而言,旅客一旦被列入黑名单,必然会极大地降低其在全球劳动力市场上被雇佣的可能性,因此,民航旅客黑名单侵犯了公民的自由出行权。

笔者认为,一般而言,如果旅客被某一航空公司列入黑名单(企业黑名单),但其仍可以选择其他出行方式或者其他航空公司的航班出行,那么不应当认为旅客黑名单侵犯了旅客自由出行权;如果旅客被所有航空公司列入黑名单(行政黑名单或者行业黑名单),旅客不能通过航空运输方式出行或者不能用等量的时间通过其他出行方式出行,则可以认为公民的自由出行权受到了一定限制。

但是,自由出行权并不是绝对的,遵守"社会公德"是每一个公民享有权利的基础。换言之,虽然目前国内外宪法普遍保护基本权利,确立了公民权利保护原则,但并没有排除在某些特定情形下可以适当限制公民的某些权利。《公民权利和政治权利公约》第12条规定:"上述权利,除法律所规定并为保护国家安全、公共秩序、公共卫生或道德、或他人的权利和自由所必需且与本公约所承认的其他权利不抵触的限制外,应不受任何其他限制。"我国《宪法》第51条也有类似规定:"中华人民共和国公民在行使自由和权利的时候,不得损害国家的、社会的、集体的利益和其他公民的合法的自由和权利。"可见,如果是为了国家安全、公共秩序、集体利益,就可以对公民权利加以限制。具体到航空运输而言,民航旅客在享有自由出行权时,也负有遵守航空机上良好秩序、维护航空安全秩序的义务。当旅客的不轨行为危害到航空安全和航空秩序时,其乘机出行自由应当受到一定限制,即可以将其列入黑名单。对此,《蒙特利尔公约》第27条规定:"本公约不妨碍承运人拒绝订立任何运输合同、放弃根据本公约能够获得的任何抗辩理由或者制定同本公约规定不相抵触的条件。"

民航旅客之所以被列入民航旅客黑名单,是因为其可能实施的不轨行为会威胁到航空安全,民航旅客黑名单对其出行的权利加以限制,是为了保护大多数旅客的权利,并没有侵犯旅客的自由出行权。然而,当民航旅客因黑名单的主管部门工作失误被误列入黑名单,导致其不能乘坐飞机出行,造成出行不便,在这种情况下,应认定民航旅客的自由出行权受到了侵犯。

由此,可以得出一个基本结论:自由出行权作为宪法性基本权利应受到尊重和保护,而乘机自由出行是自由出行权的应有之义。在旅客被错误地列入黑名单的情况下,旅客不能够自由地乘坐飞机出行,旅客的自由出行权显然受到了侵犯,即旅客自由出行权因为政府主管部门或者航空公司的过错而被错误地限制或剥夺。问题在于,如何判断旅客是否被错误地列入黑名单?这亦需要民航旅客黑名单制度的建立健全。

第四节 权利义务冲突之消弭

本质上,旅客与航空运输承运人之间是互享权利、互负义务的双务合同关系。然而,航空运输承运人的公共属性决定了民航旅客运输合同不同于一般的民事合同。民航运输承运人负有强制缔约义务,安全、正点运输的义务,民航旅客作为消费者享有知情权、选择权、人格权、隐私权。这是分析民航公共运输基本法律关系的前提和基础。但是,任何权利义务都有一定的限度,当旅客做出不文明行为时,民航运输承运人能否拒载?民航旅客黑名单是否导致了双方权利义务的冲突?这种冲突如何缓解直至消弭?

一、合同法视角下的权利冲突

从合同法角度看,航空公司作为公共运输承运人负有两种法定义务:一是强制缔约义务,二是安全保障义务。前者主要体现在《民法典》第810条之规定,即“从事公共运输的承运人不得拒绝旅客、托运人通常、合理的运输要求”。后者主要体现在《民用航空法》第95条第1款之规定,即“公共航空运输企业应当以保证飞行安全和航班正常,提供良好服务为准则,采取有效措施,提高运输服务质量”。这两种法定义务代表了两种不同的法律价值,有时会发生一定的冲突。质言之,如果航空公司基于强制缔约义务运输特定旅客有可能无法保证飞行安全,那么航空公司应当如何取舍从而更好地平衡各方利益?

基于航空安全考虑而适当豁免公共运输承运人的强制缔约义务已成为国际社会的共识。首先,航空安全代表的是一种公共利益,其关系到不特定多数旅客的根本利益和长远利益;旅客的缔约自由代表的是一种个人利益,其与个人福祉相关。公共利益的相对优位性要求,当旅客缔约自由与航空安全相冲突时,可以适当限制旅客的缔约自由,这也符合当今社会的普世价值观。其次,片面强调旅客的缔约自由以及航空承运人的强制缔约义务,不符合权利义务对等原则。如果一味强调航空公司的强制缔约义务,而忽视旅客的不轨行为对航空安全造成的威胁,则必然导致航空公司为防范风险而投入巨额成本,这对航空公司而言是极其不公平的。最后,从民航业发展的角度看,随着我国民航业改革的深化以及向民营资本开放的扩大,民航业已经发展为一个充分竞争行业,甚至是竞争极为惨烈的领域,各民航运输企业争相提高服务质量,争取更多旅客客源。而旅客黑名单,不仅直接将列入黑名单的旅客拒之门外,而且会对其服务品牌产生不可预知的影响。在这一背景下,航空运输企业在制定旅客黑名单时会慎之又慎,强制缔约义务的立法初衷已大大淡化。

前已述及,强制缔约的立法目的在于促进和实现契约正义,是为了倾向保护旅客作为弱势群体的合法权益,从这个角度看,航空运输承运人的强制缔约义务与安全保障义务并不冲突。航空运输极其注重安全问题,为了保障航空器安全、其他旅客生命和财产安全,以及其他社会民众的安全,应当赋予航空运输承运人一定程度的拒绝与特定旅客缔约的自由和权利。对此,国内外法律都有相关规定。只不过,航空运输承运人这一拒绝缔约的权利应当受到严格限制。至于如何限制,目前法律体系尚缺乏明确规定。质言之,关于旅客危害航空安全和航空秩序的不轨行为,仍缺乏明确可行的事前预防规范。我国《民法典》第810条,在明确公共承运人强制缔约义务的同时也确认了该义务之例外情形。[①] 但是,在旅客提出要约请求(订票)时,航空运输承运人很难证明该旅客是否会危害航空安全或者扰乱航空秩序,哪怕是对具有“前科”的不轨旅客,亦很难判断其是否存在安全威胁,从而导致难以适用《民法典》第810条之例外规定——旅客的缔约要求是不是“不通常、不合理的”,相反,只能履行强制缔约义务。因而,强制缔约的例外规定无法彻底解决预防难题。

民航旅客黑名单解决了这一预防难题。航空运输承运人对“所有”旅客负有安

① 朱岩:《强制缔约制度研究》,载《清华法学》2011年第1期。

全准时送达义务，而这一义务的实现依赖于民航运输有序安全之环境。在强制缔约义务与维护公共安全义务的法益价值发生冲突时，民航旅客黑名单赋予了航空公司基于安全因素拒载乘客的权力，以优先保护公共安全，而免除了强制缔约义务。民航旅客黑名单作为一种事先防范措施，从危险源上比较精准地避免了将潜在的航空安全威胁转化为实际损害。不难看出，民航旅客黑名单是航空运输承运人强制缔约义务与安全保障义务平衡的产物，具有较强的合理性和较好的风险预防效果。换言之，民航旅客黑名单是航空运输承运人拒绝为某些特定旅客提供运输服务，其本质上属于拒载权的一种。① 这一制度设计是一种保障航空安全的事前预防规制，是对有"前科"的不轨旅客的区别对待，有利于精准降低航空运输中的不安全风险。

总之，民航旅客黑名单赋予了航空运输承运人一定条件下的拒载权，貌似与旅客的自由缔约权发生了冲突，但实际上是旅客个人利益与社会公共利益平衡的结果。但是，民航旅客黑名单这一制度价值的彰显，需要完善民航旅客黑名单立法，建立科学合理的民航旅客黑名单制度。

二、消费者权益保护法视角下的权利冲突

就民航旅客黑名单与消费者自由选择权的冲突而言，前已述及，单纯地从旅客出行方式被限制、无法自主选择的角度看，民航旅客黑名单似乎是侵犯了旅客的自主选择权。但从法律保护的价值位阶来看，涉及公共利益的航空安全和消费者的自主选择权都是法律保护的对象，法的基本价值理念就是生命权优于财产权，当公共安全与民航旅客的财产利益发生冲突时，我们应当把航空安全放在第一位，优先于消费者的自主选择权得到保护。因此，为了保障航空安全而制定的民航旅客黑名单，虽然对消费者的自由选择权产生了一定影响，但是这种限制乃至剥夺具有一定的道义基础和法律基础。

就航空公司拒载权与旅客人格权的冲突而言，人格尊严是现代文明社会人之所以称为人而应当享有的基本权利和最低标准，旅客一旦被列入黑名单必然会被区别于其他旅客对待，这明显侵犯了旅客的人格尊严。但是，旅客黑名单作为多方利益主体博弈的结果，如果是基于保障航空安全或者维护航空秩序制定，则属于正常的权利冲突；否则，有可能是制定主体滥用民航旅客黑名单制度，将其作为维护行业利

① 林诚二：《民法债编各论》（中），中国人民大学出版社2007年版，第341页。

益乃至企业利益、个人利益治之工具,涉嫌对旅客人格尊严的侵犯。

就航空公司拒载权与旅客隐私权的冲突而言,隐私权保护的客体范围包括私人信息、私人活动、私人空间,其中私人信息是包括自然人的所有个人信息资料。法律对隐私权的保护应当受到社会公共利益的限制,当隐私权和社会公共利益发生冲突时,隐私权应让位于社会公共利益。换言之,我们可以认定隐私权所保护的是与社会公共利益无关的个人信息。为了保障航空运输安全而获取、审查民航旅客的个人信息不会侵害民航旅客的隐私权。但是,对名单信息应建立内部保密制度,避免泄露被列入黑名单相关人员的姓名、单位、联系方式等隐私信息。

另外,就航空公司拒载权与旅客自由出行权的冲突而言,由于自由出行权属于公民基本权利的范畴,属于人身自由权的一部分,民航旅客作为公民在享有自由出行权时仍负有维护航空安全之义务,所以,将实施不文明行为的旅客列入黑名单,从而确保航空安全,并不是对旅客自由出行权的干涉和限制,除非该民航旅客是由于黑名单制定主体的过错而误纳入。

三、反垄断法视角下的权利冲突

私人财产所有权、契约自由与自由公平竞争被视为市场经济的三大基石。从宏观交易秩序的角度看,市场竞争是维护契约自由之必要条件,是市场调节功能发挥之主要途径。垄断作为自由竞争的"对立面",严重影响了消费者的议价能力和缔约能力,使消费者与经营者的博弈地位完全不对等,当然不利于市场调节功能的发挥。在反垄断法层面,需要研究制定旅客黑名单的航空运输企业是否涉嫌垄断问题。本章从以下两个方面展开:一是从理论角度,研究垄断的适用范围、合同法与反垄断法的关系,以及强制缔约与反垄断问题;二是从实践角度,分析民航公司制定旅客黑名单是否构成垄断,以及黑名单共享机制是否损害旅客权益问题。

(一)垄断的适用范围

现代经济理论的研究表明,一个充分的完全的自由竞争市场是不可能存在的,而不完全竞争则是市场经济的常态。在我国,垄断通常包括行政垄断和经济垄断两大类。根据《反垄断法》第3条的规定,垄断行为包括经营者达成垄断协议、经营者滥用市场支配地位以及具有或者可能具有排除、限制竞争效果的经营者集中三类。中国的社会主义市场经济体制是从传统计划经济体制脱胎而来,经济垄断尚不明显,但行政垄断现象比较严重,且主要存在于能源供应、公共交通、电信通讯、邮政服务等行业。

反垄断法的核心在于通过禁止歧视原则保障市场的自由活动,从而保障市场的开放性以及维护良性的市场竞争环境。市场经济视野下的歧视,是指不同的市场经济主体在同样的经济条件下受到了不同的市场待遇。当然,并非任何一种事实上的区别对待都构成歧视,只有那些滥用市场垄断地位的企业影响市场开放性环境的区别对待才为法律所禁止。禁止歧视原则是民法平等原则向以反垄断法为代表的经济法领域的渗透,也是经济法所追求的实质正义的表现形式。

通常而言,判断某企业是否具有市场垄断地位需要经过两个步骤:一是确定该企业所处的具体行业,二是判断该企业在该具体行业中的优势程度。进而,判断某企业是否存禁止歧视原则之情形,可以从以下三个方面入手:其一,禁止歧视原则只适用于市场交易领域,对那些纯粹私人领域以及公共领域事务无法适用;其二,该市场领域是开放的,存在充分自由竞争之客观情形,即任何企业或者个人都可以平等地进出该市场领域;其三,不存在不平等地对待其他经营者的其他充分理由。上述关于垄断的基本认识,是理解民航旅客黑名单是否涉嫌垄断而侵犯消费者合法权益的前提和基础。

(二)强制缔约与反垄断

强制缔约与反垄断关系密切。缔约人享有选择交易相对人的权利和自由是合同自由原则之前提,而反垄断是确保这一前提之关键。质言之,市场交易主体在缔约时,只有存在替代选择,合同自由才有可能。但是在垄断环境下,合同的"正确性保障机制"不复存在,缔约人只有接受或者不接受的选择,而没有合同磋商、博弈的空间。反垄断法基于维护社会整体利益的考虑,从结构性角度对垄断行为作出规制,从而维护自由竞争之环境和市场良性之秩序,彰显了契约自由的理性价值。我国《反垄断法》所针对的三种垄断行为,都不同程度地规定了禁止性义务,都是强制缔约的集中体现。《反垄断法》第 13 条第 1 款第 5 项规定,禁止具有竞争关系的经营者达成有关"联合抵制交易"的垄断协议。《反垄断法》第 17 条第 1 款第 3 项规定,滥用市场支配地位的经营者不得"没有正当理由,拒绝与交易相对人进行交易"。这些强制缔约的相关规定,是反垄断法禁止歧视原则的具体体现,它要求具有市场垄断地位或者具有市场强制地位的经营者,承担强制缔约义务,不得阻碍正常交易,不得不公平地对待交易方,不得排除同样交易条件下的替代选择。

从某种程度上讲,强制缔约制度与反垄断制度的价值追求是一致的,都是为了克服市场失灵。市场竞争的理想状态是,多个经营者自由竞争,不断向市场提供更优惠更优质但可以替代的商品和服务,消费者可以自由地选择经营者及其产品和服务,这正是市场调节机制发挥作用的前提或结果。然而,这种理想状态在现实生活中并不常见,限制竞争、不正当竞争现象普遍存在,市场失灵在所难免。此时,迫切需要"有形之手"——国家调节机制——发挥作用。强制缔约制度是从民法的角度重新调整合同自由的空间,限制处于强势地位的经营者契约自由的范围,这是民法应对社会经济生活的变化而做出的调适。契约自由是现代合同法的基本原则,也是民法配置市场资源的基本手段。近代民法,将法人、自然人等民事主体,视为在经济力量、政治地位、智识能力方面都平等的法律主体,并在这一基础上构建具体的法律制度。① 应当说,这种建立在"真空"下的法律秩序具有重要的意义,至今仍然是法律制度的根基。但是,其忽略了被这种形式平等所掩盖下的实质不平等,在社会分工日益细化的现代经济社会,这种不平等日益凸显。如果仍坚守合同自由理念,那么就会走向合同自由的反面。为了克服市场失灵,民法不再单纯追求契约自由,而转向追求契约正义,强制缔约制度正是这一制度变迁的结果。

反垄断制度,则是从外部为合同自由原则的实现创造空间,保障交易主体通过选择替代交易与处于垄断地位的经营者进行博弈的可能性。换言之,强制缔约制度的功能在很大程度上与合同自由、竞争自由形成相互补充的关系。纵观强制缔约法律制度体系,其主要存在于以下三个领域:一是在重要的民生领域规定绝对强制缔约,从而保障社会主体之基本生存条件;二是在反垄断法领域规定处于垄断地位或者强势地位的市场主体强制缔约义务,从而保障市场的开放性,维护市场竞争秩序;三是从消费者权益保护以及人格平等角度,规定在违反公序良俗原则时可以适用强制缔约制度,从而维护良好的法律秩序。由此可见,强制缔约的适用范围较广,不仅适用于市场垄断企业,而且拓展到非市场垄断企业。相对而言,反垄断法基于禁止歧视原则,其适用范围较窄。对此,我国《反垄断法》第 17 条第 1 款第 3 项规定,"禁止具有市场支配地位的经营者从事下列滥用市场支配地位的行为:……(三)没有正

---

① 近代民法在很大程度上受到自然法法哲学思想的影响,例如,《德国民法典》的法哲学基础就存在于康德有关自由的思想中,萨维尼在构建民法体系时在很大程度上是用"民法的规范"再现了康德的法哲学思想。此种民法体系的主体原型是一个完全没有历史和社会经济关系的"抽象的人",因此在返回到现实的法律关系中之后,规范与现实之间已经存在了不可逾越的"鸿沟"。纵观当代民法的历史,跨越该鸿沟成为其根本任务。参见朱岩:《社会基础变迁与民法双重体系建构》,载《中国社会科学》2010 年第 6 期。

当理由,拒绝与交易相对人进行交易;……"由此可见,法律所禁止的"拒绝与交易相对人进行交易"需同时符合两个条件:其一,拒绝与相对人进行交易的一方必须是具有市场支配地位的经营者;其二,具有市场支配地位的经营者必须是在没有正当理由的情况下拒绝与相对人进行交易。

(三)《民法典》与《反垄断法》的适用

从反垄断法视角研究民航旅客黑名单问题,必须回答《民法典》和《反垄断法》的效力范围问题。《合同法》第289条(现《民法典》第810条)规定,从事公共运输的承运人不得拒绝旅客、托运人通常、合理的运输要求;《反垄断法》第17条第1款第3项规定,禁止具有市场支配地位的经营者在没有正当理由的情况下拒绝与交易相对人进行交易。

有人认为,《合同法》是在我国尚未出台《反垄断法》的背景下,针对具有市场垄断地位的公共运输承运人而专门设计的反垄断条款,所以如果某航空运输承运人不具有市场支配地位即不具有垄断性质,那么其拒绝与旅客缔约的行为是合法的,不得依据《合同法》第289条的规定处理。[①] 笔者认为,这种看法有一定道理,对此,下文详述。

从文字表述上看,两个法条的出发点是完全不一样的。《合同法》是从旅客即消费者的角度出发规定,只要旅客的运输要求是正常的、合理的,那么从事公共运输的承运人就不得拒绝。而《反垄断法》则是从经营者的角度出发规定,只要具有市场支配地位的经营者没有正当理由,都不得拒绝与交易相对人进行交易。

由此可见,《反垄断法》的规定对经营者更加有利,而《合同法》的规定对旅客、承运人更加有利,由此造成了法律适用上的冲突,那么,在公共运输领域究竟应该援引哪一条的规定更加合法、合理?笔者认为,在反垄断法体系下,《反垄断法》是一般规定,而《合同法》第289条的规定则是针对公共运输领域制订的反垄断条款,是特别规定。根据特别规定优先适用的基本原理,对于具有市场支配地位的公共运输承运人拒绝与旅客、托运人缔约的行为是否违法的认定应适用《合同法》第289条的规定。从立法机关来看,《合同法》是第九届全国人民代表大会第二次会议通过的,而《反垄断法》是第十届全国人民代表大会常务委员会第二十九次会议通过的,《合同

① 唐芳、吴伟民、谢爱兵:《试论民航旅客黑名单制度合法性与合理性》,载中国航空新闻网,http://www.cannews.com.cn/2010/1227/90919.html。

法》无疑具有更高的效力层级。

(四)民航公司出台旅客黑名单不构成垄断

具有市场垄断地位或者强势地位的经营者如果滥用自身的优势地位,以拒绝缔约(拒绝提供商品或者服务)作为竞争手段,显然违反了自由竞争之原则,排除了市场在自由和良性竞争中发挥作用的可能。在判断市场主体是否具有优势地位以及是否滥用了优势地位时,可以参考以下因素:该市场主体提供的产品或服务是否影响到交易相对人的生存基础,交易相对人是否对该市场主体存在依赖关系,该市场主体是否不公平地妨碍了交易相对人自由选择。

固然,《合同法》第289条的规定是在特定的社会环境和立法背景下的产物,但是对该条的理解不能只停留在条文本身的字面表述上,而是应该把握其精神实质。国内航空公司在一定的条件下实施黑名单制度并不违反《合同法》第289条的规定。其理由分析如下。

一方面,《合同法》的立法本意决定了不具有市场支配地位的航空公司可以拒绝与旅客缔约。《合同法》第289条之规定与《反垄断法》第17条第1款第3项之规定相比,虽然措辞不同,但同样也包含了两层意思:一是从事公共运输的承运人具有市场支配地位;二是从事公共运输的承运人可以拒绝旅客、托运人非"通常、合理的"运输要求。在此有必要回顾一下原《合同法》制定时的社会背景。原《合同法》是由第九届全国人民代表大会第二次会议于1999年3月15日通过,当年10月1日起施行。在1999年之前,与之最近的中国民航业第三阶段改革是在1987年,改革的主要内容之一是将原民航北京、上海、广州、西安、成都、沈阳6个地区管理局的航空运输和通用航空相关业务、资产和人员分离出来,组建了中国国际航空公司、中国东方航空公司、中国南方航空公司、中国西南航空公司、中国西北航空公司、中国北方航空公司6家国家骨干航空公司,由国家民航总局直接管理。直到2002年,中国民航业第四个阶段的改革完成后,新组建的六大国有航空业集团公司才与民航总局脱钩,交由国务院国有资产监督管理委员会管理。① 而在城市公交领域,建设部于2002年12月27日发布的《关于印发〈关于加快市政公用行业市场化进程的意见〉的通知》提出了开放市政公用行业市场,建立包含公共交通在内的市政公用行业特许经营制

---

① 参见《中国民用航空局行政体制沿革》,载中国民用航空局网,http://www.caac.gov.cn/dev/zcfgs/MHGG/200707/t20070702_6034.html。

度，鼓励包括外国资本在内的社会资金参与市政公用设施建设，促进形成市场公用行业的多元化投资结构。

2003 年，湖北十堰发生全国首例公交全面民营化事件。可以说，在 2000 年之前的公共运输企业，无论是民用航空运输企业还是城市公共交通运输企业，基本都是国企，而且是“一家独大”，具有市场垄断地位。在民用航空领域，划分区域成立航空公司在民航总局的统一管理下运作使这种问题显得尤为突出。所以，原《合同法》第 289 条暗含了这样一个时代背景：当时从事公共运输的承运人具有市场垄断地位。同时，从我国市场经济体制改革的历程来看，2003 年党的十六届三中全会通过的《关于完善社会主义市场经济体制若干问题的决定》提出，允许非公有资本进入法律法规未禁入的公用事业领域；2005 年《国务院关于鼓励支持和引导个体私营等非公有制经济发展的若干意见》提出，非公有资本进入垄断行业和领域，允许非公有资本进入公用事业领域，支持非公有资本积极参与公共交通等市政公用事业。换言之，在 2003 年之前，只有公有企业才有可能经营公共产品和服务。因此，从这个角度可以说，原《合同法》第 289 条是我国在尚未出台《反垄断法》的情况下制订的针对具有市场垄断地位的公共运输承运人的反垄断条款。实际上，全国人大常委会法工委编写的《中华人民共和国合同法释义》一书对原《合同法》第 289 条的释义是，公共运输合同的格式化产生的原因是公共运输的承运人一般都具有垄断性质……该释义已经很明确地指明了原《合同法》立法时从事公共运输的承运人的垄断性特征，直接说明了原《合同法》第 289 条的适用对象是具有垄断性的从事公共运输的承运人。何为“垄断性质”，虽然原《合同法》并没有给出明确的规定，但是《反垄断法》作为反垄断领域的基本法，其第 18 条和第 19 条对“具有市场支配地位”的规定是对“垄断性质”予以解释的，即“垄断性质”和“具有市场支配地位”具有同一性。《反垄断法》第 18 条列举了认定经营者具有市场支配地位应当依据的因素，包含该经营者在相关市场的市场份额、该经营者控制销售市场或者原材料采购市场的能力、其他经营者对该经营者在交易上的依赖程度等 6 个方面。第 19 条规定了可以推定经营者具有市场支配地位的情形，包含一个经营者在相关市场的市场份额达到 1/2、两个经营者在相关市场的市场份额合计达到 2/3、三个经营者在相关市场的市场份额合计达到 3/4 的三种情形。据此，如果某航空公司不具备《反垄断法》第 18 条、第 19 条规定的市场支配地位，就不具有垄断性质，因而可以通过黑名单方式拒绝向特定旅客提供航空运输服务。

另一方面,从目前我国各航空公司的旅客运输量来看,单个的航空公司并不具有垄断优势,其制定旅客黑名单并不违反《反垄断法》。从我国社会主义市场经济体制改革以来,民营资金以及外国资本采取独资、合资、合作等方式已经进入公用行业市场,公用行业市场主体已经从单纯的国有企业转变为国有企业与民营企业、外资企业并存,市场竞争已经相当充分。实际上,如今坐飞机已经和住酒店在性质上没有什么区别,航空公司的增多、电子客票的推出大大方便了旅客的选择。相反,面对"僧多粥少"的局面,各航空公司都在各尽所能地推出花样翻新的营销手段,以便在市场竞争中不被淘汰。在航空公司失去往日的支配地位优势和话语权的同时,旅客则有了更多的选择余地。根据每年民航总局对各航空公司旅客运输量的统计,无论是南航、东航,抑或是国航、海航,还是其他航空公司,都没有达到《反垄断法》第19条规定的具有市场支配地位的三种情形。在这种情况下,即使某个旅客被某个航空公司列入黑名单,也不会影响这位旅客自由选择乘坐其他航空公司飞机的权利。

总之,当前我国民航运输业已向民营资本开放,航空运输竞争十分激烈,任何一家航空运输企业所占有的市场份额都尚未达到垄断程度。如果航空公司并不具有市场支配地位,或虽具有市场支配地位但仅是拒绝旅客超出民航旅客运输合同内容的邀约的,那么以此为前提实施的黑名单制度则并不违法,而且合理。从民用航空运输业的发展来看,航空公司黑名单制度的实施也不会对旅客乘坐飞机出行产生较大的实质性的不利影响。

(五)黑名单共享机制损害旅客权益

在2016年2月1日中国航空运输协会制定的《民航旅客不文明行为记录管理办法(试行)》正式实施的当天,国航、东航、南航、海航、春秋航空代表签署了《关于共同营造文明乘机大环境的联合声明》。该声明宣布,将掌握的扰乱航空运输秩序受到行政处罚、刑事处罚的事件信息通报给民航、旅游等相关行业主管部门和行业协会,对相关旅客采取一定的限制服务措施(列入"旅客黑名单")。

航空公司制定的旅客黑名单与民航局制定的旅客黑名单有着本质不同,前者属于企业黑名单,后者属于行政黑名单。民航局制定行政黑名单,属于国家行政管理权的运用,不涉及垄断问题,因而不受《反垄断法》的约束。民航旅客黑名单在制定和实施过程中,会收集旅客的诸多个人信息。虽然基于维护航空安全的考虑可以将不轨旅客列入黑名单,但这并不意味着民航旅客黑名单的制定主体或实施主体具有当然的道德优势,更不意味着可以任意泄露或者"共享"旅客的个人信息。尽管民航旅客黑名单共享机制有利于提高旅客黑名单的利用效率，也有利于从整体上降低实施黑名单制度的社会成本，但是，民航旅客黑名单共享机制，拓宽了被列入黑名单的旅客个人信息的传播渠道，可能会侵犯旅客的隐私权、个人信息权，并对旅客的人格尊严、名誉权等人格权产生不利影响，甚至导致被列入黑名单的旅客遭受不应有的社会歧视。

在黑名单共享机制下，被列入黑名单的旅客将无法乘坐参与该共享机制的所有航空公司的航班，不可避免地会给被列入黑名单的旅客带来极大不便。国航、东航、南航、海航、春秋航空等一旦联合起来，其共同占有的市场份额大增，在市场中已达到主导地位，占据的运力已达到垄断程度，甚至掌控（独占）着某些特殊航线。如果上述公司联合起来拒绝对被列入黑名单的旅客提供航空运输服务，这对旅客自由出行的影响将是致命的，甚至可能会造成被迫流亡的情形，涉嫌垄断且损害旅客的合法权益。

总之，就目前来看，单个的航空公司如果事先通过运输总条件发布黑名单相关制度，并且在实施中履行了相应的程序，并不涉嫌违法，但存在滥用和扩大化嫌疑。但是，如果多家航空公司共同签署声明实施黑名单制度的行为，则涉嫌违反《反垄断法》。着眼于未来，应当统一我国民航旅客黑名单立法，由航空运输协会统一实施民航旅客黑名单制度，航空公司只有建议权、发起权，并无决定权。

四、权利冲突之化解

航空运输承运人享有的拒载权与其负有的强制缔约义务存在一定的冲突，与旅客享有的自主选择权、人格权、自由出行权也有一定的矛盾。在民航旅客黑名单语境下，这些冲突和矛盾集中体现在黑名单的合理合法问题。基于维护航空安全和航空秩序的考虑，民航旅客黑名单的存在具有相当的正当性。但是，如果对航空安全和航空秩序认定不当，民航旅客黑名单就会存在滥用泛化的可能性，甚至异化为侵犯旅客合法权益的借口和工具。我国实践中，航空公司黑名单具有更多的惩罚性质，并非出于航空安全的价值考量，这也是为什么民航旅客黑名单制度在我国引入时间并不长但争议很大、诉讼很多的原因所在。因此，对制定和落实民航旅客黑名单行为进行适当管理和约束确有必要。民航旅客黑名单的制定，应有科学严格的适用范围和进入标准、公开缜密的认定程序和审核程序，以及完备可行的救济机制和监督机制。换言之，化解承运人与民航旅客之间的权利冲突，有赖于民航旅客黑名单制度的建立健全。[①] 在此,我们仅围绕权利冲突的化解原则展开研究,探讨构建民航旅客黑名单制度应当遵循的基本准则。

(一)公共利益优先

在价值位阶中,公民的人身自由一般高于企业的商业利益,公共利益一般高于个人利益。个别旅客的出行自由与广大旅客的人身安全都是合法权利,公民的个人利益与社会的公共利益也都是法律所保护的合法利益,当他们之间发生冲突时如何进行价值衡量?法律的基本理念和基本取向是,生命权优先于财产权,公共利益优先于个人利益,航空安全优先于出行自由。当运输的特定旅客,如果有可能对航空安全造成威胁,则应当赋予航空运输承运人拒载该特定旅客的权利,从而保障更多旅客更大范围的生命财产安全,这也是民航旅客黑名单的合理性基础。[②] 由此可以得出两点结论:其一,人的社会属性决定了,可以为了航空安全——公共利益——而适当限制乃至剥夺个人利益,即将危害航空安全的旅客列入黑名单;其二,航空运输企业不能为了自身的商业利益而损害旅客的行为自由,即航空公司不能随意制定旅客黑名单。因此,当强制缔约义务与维护公共安全义务的法益价值发生冲突时,此条就可以作为强制缔约义务的豁免条款适用,优先保护公共安全。从义务履行的角度看,对航空运输承运人而言,安全保障义务是第一位义务,强制缔约义务属于次位义务,当实现第一位义务受到威胁时可以拒绝履行其他义务。据此,航空公司可以在一定的条件下拒绝履行强制缔约义务,拒载危害航空安全的旅客,民航旅客黑名单制度赋予了航空公司基于安全因素拒载乘客的权力,不受强制缔约义务的拘束。

从黑名单所保护的法益价值来看,民航旅客黑名单是以牺牲民航旅客个人的利益为代价,保障了社会公共安全利益。航空安全是免除航空运输承运人强制缔约义务的合法理由,也是制定民航旅客黑名单的正当基础。问题在于,对于旅客合法权益的剥夺是否是出于维护航空安全的价值考量?如何进行利益衡量,不仅是影响行政决策的难点之一,也是困扰司法裁决的难点之一。究其原因就在于,其一,衡量者的立场问题。对同一利益事项的评判,如果评判者的立法不同、出发点不同,其结论可能就会有所不同甚至会得出截然相反的结论。就民航旅客黑名单而言,如果是站

---

① 刁伟民:《航空旅客"黑名单"的法律分析》,载《法学杂志》2012 年第 7 期。

② 蔡峰:《民航承运人可以基于安全事由拒载旅客》,载《人民司法》2012 年第 18 期。

在旅客或者消费者的个人立场，对旅客黑名单大都会持反对态度；如果是站在航空公司的企业立场或者是站在旅客整体或者社会公众立场，对旅客黑名单大多会持赞同态度。作为国家公权力机关，其立场应当“超然”，即超出狭隘的企业利益、个人利益、部门利益乃至政府利益，应当从社会公共利益代表者这一身份出发，客观看待民航旅客黑名单。一方面，要认识到旅客黑名单对于维护航空安全的价值作用，尤其是应对当前复杂严峻的安全管理新形势的极端重要性；另一方面，要认识到民航旅客黑名单被泛化滥用的可能性，即航空承运人强制缔约义务的免除不是绝对的，而是且只能是出于航空安全的考虑，不得随意拒载旅客，否则有可能会产生更大的不公平。其二，利益衡量方法问题。航空安全是一种既具体又抽象的价值利益，对是否威胁航空安全缺乏具体标准和考量工具。以“厦航范某军案”为例，人民法院在判决中认定厦航拒载范某军的行为具有随意性，但是这种“随意”属于“重大过错”还是“轻微瑕疵”？是否侵犯了旅客的合法权益？是否需要承担相应的法律责任？遗憾的是，判决未对此作出进一步裁决。实际上，本案是因为劳资纠纷而起，司法机关也是按照劳动纠纷处理的，刻意回避了对航空公司旅客黑名单合法性认定这一关键的难点问题。这起案例给我们最大的警示是：航空公司极有可能假借“公共利益”“航空安全”之名行保护企业利益之实。笔者建议，一方面，通过立法完善，细化民航旅客黑名单的制定主体、适用范围、进入条件、认定程序、审核机制等内容，将对公民出行自由的限制也限制在法定范围内；另一方面，对于旅客不轨行为是否威胁航空安全以及在多大概率下威胁航空安全，采用举证责任倒置，即由黑名单制定主体承担举证责任。

（二）黑名单有限原则

毋庸置疑，民航旅客黑名单制度在拘束旅客不文明行为、保障航空安全以及维持航空秩序方面具有重要作用。当前，民航安全管理形势严峻，恐怖活动与旅客不文明行为相互交织，旅客黑名单的管理价值更加凸显。但是，由民航旅客黑名单所引发的诸多争议以及所产生的负面影响亦不可忽视。航空安全、公共利益固然重要，旅客自由、个人利益亦不可随意剥夺和损害。因此，我们应当对个人自由和个人权利充满敬畏，对民航旅客黑名单应当持谨慎态度，不能夸大其作用，相反，应当秉承黑名单有限原则对其进行法律规制。

首先，应当修订相关的法律法规，提高民航旅客黑名单制度的法律位阶。根据我国《立法法》的规定，对公民权利的限制或剥夺只能由法律（狭义）作出，因此，应当通过《民用航空法》的修改,对民航旅客黑名单作出原则性规定,然后通过行政法规或者部门规章的方式对其作出专门规定。其次,明确将旅客黑名单制定权授予国家机关或者其他法律授权主体行使。由于民航旅客黑名单涉及公民人身自由和个人私权的限缩,只能由国家机关或者其他法律授权的主体行使,航空公司不能制定旅客黑名单,航空公司之间的黑名单共享机制,更是涉嫌侵犯旅客的隐私权和个人信息权。从我国的现实出发,应当将民航旅客黑名单制定权授予中航协行使较为现实,民航局行使黑名单的审核监督权,航空公司行使黑名单的建议权和实施权。最后,通过立法明确民航旅客黑名单的适用范围、认定标准、制定程序等,为黑名单的制定提供法律上的依据,防止旅客黑名单被不当利用。民航旅客黑名单的进入标准和退出机制是整个民航旅客黑名单制度的关键,但我国目前尚缺乏统一而权威的相对客观的进入标准和退出机制。同时,也可以通过《民用航空法》的修改,从公共运输承运人强制缔约义务免除的角度,对法律禁止的旅客不轨行为加以明确规定和类型化列举,即明确在何种情况下对航空公司可行使拒载权。

同时,应从社会诚信体系建设的高度看待民航旅客黑名单制度。制定民航旅客黑名单的目的,并不是简单地拒载不轨旅客,而应当是在拒载规则的指引下,促进旅客良好乘机习惯的形成,将文明出行内化为旅客的自觉行为,从而从根本上确保航空运输安全和良好航空的运行秩序。因此,应当将民航旅客黑名单纳入国家社会诚信体系建设的范畴,使二者相互促进、相得益彰。

(三)正当程序

程序对于保障个人权利、限制国家公权以及促进法治建设的独立价值,已经越来越被人们认识。程序公平是公正的重要内容,也是实体公正的前提保障。民航旅客黑名单具有道义上的正当性和法理上的合法性,但这并不意味着旅客的权益可以受到不适当的限制或者随意被剥夺。保障旅客的合法权益,除了从实体方面对民航旅客黑名单进行制度设计,也需要从程序方面对民航旅客黑名单作出限制,使其符合正当程序原则。

然而,无论是由春秋航空"暂无能力提供服务名单"所引发的争议,还是由"厦航范某军案"所引发的诉讼,无不表明,我国当前的航空公司旅客黑名单并没有统一而严格的程序规范,民航旅客黑名单的认定标准和制定程序并不对社会公布,甚至也不主动告知相关旅客,往往是被列入黑名单的旅客在下次购买该航空公司的机票或者准备乘坐该航空公司航班时才得知自己已经被列入了黑名单,旅客合法权益的保障当然也就无从谈起。即使是在中航协和民航局制定的旅客黑名单中，也难以发现健全的程序规范。如果黑名单缺乏公开透明的运作程序，旅客的知情权、辩解权、举证权也就无法保障，旅客的弱势地位也就相应地固化和加强，从而极易导致黑名单被滥用。

基于程序正义，应当通过立法完善民航旅客黑名单程序制度。其一，公开民航旅客黑名单制度规范，尤其是要细化并公布旅客黑名单的适用范围和进入标准，让旅客了解哪些行为为法律所禁止，哪些行为为法律所允许。在这一基础上，应明确黑名单的设定主体、实施对象和判断标准，完善进入标准和退出机制等，健全和完善民航旅客的救济途径，建立职权滥用监督制度。其二，保障被列入黑名单的旅客事先通知、事中听证和事后救济的权利。其三，建立健全黑名单审核机制。笔者建议，授权中航协行使旅客黑名单制定权，民航局行使旅客黑名单审核权，即中航协在拟定黑名单后提交民航局审核，由民航局进行实质审核后方可发布实施。

（四）充分救济

"有权利必有救济"。实践中，多数旅客直到登机前才获知自己的权利被剥夺或限制，缺乏事前通知程序，就无法通过救济途径维护自己的权利，这在一定程度上加大了维权的难度，导致申诉无门的情况出现。我国目前的民航旅客黑名单主要是由航空承运人制定，两个民事主体之间的纠纷只能通过仲裁或者诉讼解决，由于民航旅客处于弱势地位，取证能力相当有限。目前，无论是中航协制定的旅客黑名单，还是民航局制定的旅客黑名单，都没有明确赋予被列入黑名单的旅客的救济权利，也没有明确其救济渠道；司法实践中也尚未发现一起因旅客黑名单而提起的诉讼案例，实属不正常，其背后的原因值得深思。

笔者认为，在旅客黑名单告知程序的基础上，应当赋予旅客通过听证、复议、诉讼等途径获得救济的权利，明确公共航空承运人错误制定旅客黑名单拒载旅客的责任承担性质、方式及内容等。具体而言，就目前由航空公司制定的旅客黑名单引发的争议，由于双方之间属于平等的民事法律关系，旅客可以通过协商、调解、民事仲裁或者民事诉讼的方式予以解决；就目前由中航协或者民航局制定的旅客黑名单引发的争议，由于双方之间属于管理与被管理的行政法律关系，旅客可以通过行政复议、行政诉讼予以解决。至于救济的方式，可以是停止侵害（从黑名单中将其名字移除）、恢复名誉、赔礼道歉、赔偿损失等。当然，上述民航旅客救济权利的实现，有赖于我国民航旅客黑名单制度的健全和完善。

本章小结

民航旅客黑名单这一制度虽然引入我国的时间并不长,但在实践中引发了远比西方国家更为广泛更为激烈的热议。究其原因,一方面可能反映出我国相关法律制度的缺失,另一方面可能是民航旅客黑名单的正当性始终存疑。民航旅客黑名单制度的正当性与合法性问题关系到该制度的理论根基和法理依据,否则,民航旅客黑名单的制度构建也就成为无源之水无本之木。航空承运人具有公共运输承运人地位,负有强制缔约义务。但当强制缔约义务与保障安全义务发生冲突时,安全因素理应被优先考虑,此时航空承运人的强制缔约义务则得豁免。即如果旅客的要求"非通常"或"不合理",那么航空公司则有权力拒绝承运。当然,航空承运人拒载权有滥用的风险,存在侵犯民航旅客自主选择权、自由出行权、人格权等权益之可能。民航旅客黑名单与航空承运人强制缔约义务以及旅客作为消费者的合法权益可能会产生冲突,为此要确立民航旅客黑名单制度的基本原则和具体规则。

第七章　规则检视：我国民航旅客黑名单的立法及其完善

在法律层面，民航旅客黑名单制度是否有改进空间？对这一问题的探讨，有助于更加深入地理解民航旅客黑名单所保护的法益价值，也有助于更好地探求民航旅客黑名单存在的法治意义。从黑名单所保护的法益价值来看，民航旅客黑名单是以剥夺民航旅客个人利益为代价来保障社会公共利益，这决定了民航旅客黑名单具有道义上和法理上的正当性。当前，我国民航安全管理形势严峻、情况复杂，民航旅客黑名单制度具有现实的必要性和紧迫性。然而，我国民航旅客黑名单制度在诸多方面仍存在争议和缺陷，[①]包括制定主体不明确，实施程序不规范，进入标准不明，监督主体缺失，救济途径不健全，等等。

第一节　我国民航旅客黑名单之立法

一、法律层级较低

行政黑名单作为一种失信惩罚机制，不仅具有行政处罚属性，而且蕴含了一定的行政许可和行政强制色彩。然而，无论是《行政处罚法》中规定的行政机关的行政处罚权，还

---

① 邹开亮、彭洁璇：《民航旅客“黑名单”制度的法律思考》，载《淮海工学院学报（人文社会科学版）》2016年第10期。

是《行政许可法》中规定的行政机关的行政许可权，抑或是《行政强制法》中规定的行政机关的行政强制权，都有明确而严格的限制。“法律从来就没有授予规章以下的规范性文件行政处罚、行政许可、行政强制的设定权。”①但从我国的实践来看，目前规定黑名单制度的立法恰恰集中在部门规章、地方性法规和地方性规章层级。另外，黑名单制度特别是针对严重失信行为采取的后续惩戒措施对相对人的权利义务产生了相当大的影响，非常有必要将黑名单制度上升至高位阶的行政法规乃至法律层面进行统一规定，从而规范操作，起到少用慎用之效果，减少各地各部门随意创设，避免相对人合法权益受到不当限制或剥夺。

就民航旅客黑名单而言，其虽然在惩罚不轨旅客、预防不文明行为、保障航空安全方面具有重要作用，具有相当的存在合理性，但其毕竟涉嫌侵犯消费者的自由出行权、自主选择权、人格尊严权、隐私权等合法权益，理应获得法律法规的明确授权。因此，民航旅客黑名单规则应当由国家法律制定，即通过立法予以严格限制。同时，由于民航旅客黑名单事关旅客的人身自由，应当通过较高层级的立法即法律（狭义）予以规定。

然而，无论是《办法》还是“385 号文”，抑或是其他关于民航旅客黑名单的规定，其立法层级都不高，甚至更多的是航空公司的“霸王条款”。缺乏上位立法保障与协调的民航旅客黑名单制度，无论是在理论上，还是在实践中都存在或多或少的问题。从这角度来说，加快我国民航旅客黑名单法律制度的立法进程应成为当务之急。至少应当从《民用航空法》的高度对民航旅客黑名单作出原则性规定，从而增强民航旅客黑名单制度的法定化和权威性，实现平等保护航空运输合同双方当事人之目的，达到既保障民航运输安全和维护旅客合法权益之双重效果。进而，以国务院行政法规的形式予以细化，至少应当以民航局部门规章的形式制定，不应当由航空公司或者行业协会制定。

二、认定主体不明确

就民航旅客黑名单而言，实践中既有可能由航空公司发布，也可能由中航协发布，也可能由民航局发布，认定主体不明确。

根据《中国航空运输协会章程》的规定，中航协有以下 4 个特点：其一，以民用航

---

① 曾祥华：《食品安全黑名单制度研究》，载《科学·经济·社会》2015 年第 1 期。

空公司为会员主体;其二,属于全国性、行业性、非营利性社会组织;其三,以服务航空运输企业为宗旨,以维护行业和航空运输企业合法权利为目的;其四,主要功能在于为会员单位之间及会员单位与政府部门之间的有效沟通发挥桥梁和纽带作用。由此可见,中航协将维护航空公司的利益放在首位,因此,中航协并非中立的第三方,由其作为旅客黑名单的制定主体,有可能会偏袒航空公司利益,这似乎违背了回避原则,其公正性有待商榷。按照《办法》第3条之规定,中航协有权单方面对旅客的相关行为是否符合黑名单进入标准作出判断,并没有其他独立的权威的部门对该裁定权进行考量、监督或审核,其公正性难以保障。事实上,中航协制定的旅客黑名单确实暴露出较大的随意性和主观性,成为某些服务质量较差的民航运输企业打击甚至是报复有过激行为的旅客的手段和"工具",完全忽略了旅客与民航运输企业相比所处的弱势地位。

笔者认为,由于对个人权利的限制和剥夺一般只能由公权力机关行使,黑名单由法律法规明确授权的国家机关行使较为合适。从应然角度而言,民航旅客黑名单应当由民航局而非由以维护行业利益为己任的中航协制定。当然,航空公司制定旅客黑名单更是缺乏法理基础和法律依据。在航空运输合同中,航空公司作为民事合同的一方当事人,与旅客处于同等的法律地位,其无权拟定黑名单,亦无权对旅客自由出行权进行限制。然而,从实然角度看,处于中国转型期的中航协等社会组织具有"半官半民"性质,担负着重要的社会管理职责。在民航局制定旅客黑名单有可能导致其陷入无休止的行政诉讼的时代背景下,通过立法授权中航协行使旅客黑名单制定权可能是比较现实的选择。至于民航局、中航协、航空公司在黑名单制定中的角色定位和职能分工,下文详述。

三、规则内容不统一

目前,对于民航旅客黑名单的规制对象、进入标准、进入条件、实施程序、发布方式等都缺乏统一而权威的规定。首先,民航旅客黑名单的规制对象不完全一致。惩戒范围和惩戒对象是民航旅客黑名单制度的核心,但《办法》和"385号文"对此规定并不完全一致,缺乏合理具体的统一标准,航空公司对黑名单的规定内容更是容易偏向于考虑自身利益。换言之,《办法》的实施对象侧重于"不文明旅客","385号文"的规制对象侧重于严重失信人。旅客黑名单实施范围的矛盾冲突必然导致整个黑名单制度的不稳定性,其应有的制度功能也必然会大打折扣。其次,民航旅客黑名单的实施程序不统一。进入标准和退出机制是整个民航旅客黑名单制度的关键，目前尚缺乏统一而客观的进入标准和退出机制。《办法》和“385 号文”关于如何制定和实施民航旅客黑名单的规定并不一致，航空公司在没有统一的行业或者法律标准和程序的条件下自行制定的旅客黑名单更是缺乏程序保障，既不对外公布本公司黑名单的制定标准和制定程序，甚至并不主动告知相关旅客其已被列入黑名单，旅客往往是在下次购买该航空公司机票或者乘坐该航空公司航班时才得知自己已经被列入了黑名单，这是我国民航旅客黑名单实践最为常见的现象，也是该制度广遭诟病的原因之一。最后，民航旅客黑名单的前置程序和记录期限不统一。能否将旅客不文明行为涉及行政处罚或刑事处罚作为列入民航旅客黑名单的前置程序，以及将记录期限规定为一年或两年的具体依据，目前法律法规的规定并不统一，从而导致各类不文明行为的惩罚针对性较差。

四、实施程序不规范

从我国民航旅客黑名单制度的实践来看，突出的问题是程序不够规范和细化，使该制度走样或者违背制度设计初衷，产生新的法律障碍或不良社会后果。民航旅客一旦被列入黑名单，其选择乘坐飞机出行的自由就受到了限制乃至剥夺，因此，制定民航旅客黑名单应当交由国家公权力行使且严格遵循正当程序之要求。

如今，正当程序原则已经成为法治的基本原则，并被世界各国普遍接受。我国《行政处罚法》第 31 条明确规定：“行政机关在作出行政处罚决定之前，应当告知当事人作出行政处罚决定的事实、理由及依据，并告知当事人依法享有的权利。”

程序是看得见的正义。出行自由属于法律保护的公民基本权利之一，对公民出行自由的限制理应遵守正当程序原则，民航旅客黑名单的制定、实施应当遵循合理的程序标准。[①] 与前述正当程序原则的内容相对应，民航旅客黑名单制度中的正当程序原则亦应当包括实质性正当程序和程序性正当程序两方面，尤其是要有事先的通知程序和事后的听证程序。履行事先通知程序，不仅可以节省旅客时间、节省旅客时间，避免其不必要的赶赴机场和等候排队，缓解机场安检的压力，而且可以救济旅客的自由出行权利。履行事后听证程序，不仅给旅客提供了提交证据、进行申辩、

① ［荷］I. H. Ph. 迪德里克斯－范思赫：《国际航空法》（第 9 版），黄韬等译，上海交通大学出版社 2014 年版，第 333 页。

提出质疑、维护自身合法权益的机会，而且给国家公权力机关提供了权力监督、纠正偏差的机会。

需要说明的是，民航旅客黑名单制度中的公开原则不适用于基于反恐需要而设立的黑名单。在不同类型的民航旅客黑名单中，法律保护法益的侧重点会有所不同，对正当程序规则的设计亦应有所区别。换言之，基于反恐需要的“禁飞名单”与基于维护民航秩序的旅客黑名单，在运作程序和透明度方面理应有所不同。

五、旅客合法权益保障不足

从我国黑名单的实践来看，无论是在构建我国社会诚信体系方面，抑或是在治理市场失灵方面，行政黑名单都发挥了重要作用。行政黑名单正在逐步改变着人们的诚信观念，优化着社会的诚信环境，促进着我国征信制度不断发展。在国家治理中，行政黑名单具有其他传统手段无法比拟的优势，其有效性亦非常明显，对于提高行政效率、降低执法成本、缓和行政主体与相对人之间的对立关系有着独特价值。即使从企业黑名单的实践看，其作为经营者自我保护的一种手段，本身也无可厚非。如银行对个人信用设置“逾期还贷记录”，作出“良好”或“不良”的评判，将有过贷款不良记录的消费者列入黑名单使其无法再从银行贷款。

但应当注意的是，黑名单的设置不可以随意而为。应当规范黑名单制度，达到其应有的制度目的。[①] 具体到民航旅客黑名单而言，该制度涉嫌侵犯旅客作为公民的出行自由权以及作为消费者的自由选择权、人格权、隐私权等合法权益，应当有健全的旅客权益保障机制。一方面，应严格坚守维护民航安全这一公共利益原则，不能随意设置黑名单进入条件，不能任意扩大黑名单范围。同时，设置的条件要界定清晰，不能出现含义模糊情形。另一方面，不能公布黑名单中旅客的隐私信息。法定主体在制定民航旅客黑名单时能够获取旅客的诸多个人信息，但这并不意味着黑名单制定主体具有天然的道德优势，可以任意泄露旅客的个人信息。详言之，由于黑名单涉及旅客的姓名、单位、联系方式等个人隐私信息，只能将其置于定座系统中，不能对外公布，否则即涉嫌侵犯旅客的隐私权。

然而，《办法》以及“385 号文”均表明“黑名单”人员的相关信息将被通报给行业主管部门、行业协会及旅客本人等相关主体，但是对于信息共享过程中如何保护

---

① 王克稳：《论行政审批的分类改革与替代性制度建设》，载《中国法学》2015 年第 2 期。

名单中人员的隐私权问题则没有作出制度性安排。实践中,航空公司目前在制定黑名单的行为方式上具有更强的随意性,任性设置旅客黑名单现象普遍存在,存在重大的权利滥用嫌疑。“厦航范某军案”所反映的我国航空公司对旅客自由出行权、人格权、隐私权等合法权益的侵害,不断拷问着民航旅客黑名单制度的法律理念和价值追求,引发了社会各界对民航旅客黑名单被滥用异化的质疑以及旅客合法权益被不当限制和剥夺的担忧。

尤其是,黑名单共享机制损害了旅客权益。应当说,信息共享机制可以大大提高旅客黑名单的利用效率,大幅降低旅客黑名单制度的实施成本。然而,这种信息共享机制必然会对旅客合法权益造成不利影响乃至甚至使旅客遭受社会歧视。笔者认为,民航旅客黑名单共享机制拓宽了被列入黑名单的旅客个人信息的传播渠道,涉嫌垄断,对旅客的自由出行影响巨大,应当予以规制。

六、旅客救济途径有待完善

实践中,多数旅客直到登机前才获知自己的权利被剥夺或限制,缺乏事前通知程序,无法通过救济途径维护自身权益,这在一定程度上加大了维权的难度,导致申诉无门的情况出现。我国目前的民航旅客黑名单主要是由航空承运人设置,两个民事主体之间的纠纷只能通过仲裁或者诉讼解决且民航旅客处于弱势地位,难以获取相关的证据。

虽然《办法》规定,旅客若对不文明行为记录即旅客黑名单存在异议,可以通过向中航协提交异议申诉及有关证明材料方式进行维权,并规定了中航协的答复期限。但是这一制度设计明显存在两个问题:一是违背了回避这一基本法律原则;二是在中航协既当“运动员”又当“裁判员”的情况下,其能否维护旅客合法权益值得怀疑。从实践来看,在中航协公布的16批共411名旅客的不文明行为记录后,没有一起提起申诉的案例,这很难说是黑名单制定公平的原因,很大程度上说明我国民航旅客黑名单救济渠道单一和不畅。①

七、强化监督机制

当前,我国民航旅客黑名单制度缺乏相应的独立的监督主体,存在规则制定主

① 邹开亮、彭洁璇:《民航旅客“黑名单”制度的法律思考》,载《淮海工学院学报(人文社会科学版)》2016年第10期。

体、名单确认主体、监督主体混同情况。在制定民航旅客黑名单时,如果缺乏独立的中立的第三方监督机构,以及严格的健全的追责机制,黑名单制定主体极有可能会倾向于保护行业利益、集团利益乃至企业利益,从而违背了民航旅客黑名单制度的立法初衷。

第二节　构建我国民航旅客黑名单制度的基本原则

目前,民航旅客黑名单制度在我国引起了广泛争议,缺乏清晰、透明、一致的旅客黑名单法律体系,是一个重要原因。民航旅客黑名单法律规制研究的关键在于将这一制度纳入法律体系之中,建立健全民航旅客黑名单制度并将其上升至法律层面,其中,最重要的就是确立构建我国民航旅客黑名单制度的基本原则。

一、慎用“黑名单”

前已述及,黑名单制度作为政府治理市场失灵问题的一种管制工具,虽然具有其他传统行政手段不具有的优势,在提高社会管制效率、降低社会管制成本、缓和矛盾等方面具有较强的现实有效性,但是其巨大的威力有可能会给黑名单当事人的名誉权、选择权、知情权等合法权益造成损害。因此,对“黑名单”的适用应当遵循严格谨慎原则。① 尤其是在倡导社会治理新理念的时代背景下,对民航黑名单的使用应把握从严原则,能不用则不用、能少用则少用,防止黑名单的滥用和乱用,避免泛化,这也是新时期建设法治政府、责任政府的内在要求。具体而言,要对旅客不文明行为进行类型化,只对那些对民航安全造成危害的严重行为适用黑名单制度,对没有纳入法律范围内的不文明行为不能使用黑名单手段。

二、法律保留

由于民航旅客黑名单涉及旅客的出行自由,而出行自由权属于宪法性权利,根据我国《立法法》的相关规定,对公民自由的限制应当由法律(狭义)作出规定。在我国,航空公司作为航空运输企业能否制定旅客黑名单尚可讨论,但关于民航旅客黑名单的基本规范应当由法律(狭义)保留。民航旅客黑名单的实体规范和程序规

① 刘平、史莉莉:《行政“黑名单”的法律问题探讨》,载《上海政法学院学报》2006年第2期。

范应当由法律制定和确认,以保证旅客黑名单制定规则的公平公正和权威。因此,应当改变我国目前旅客黑名单立法层级较低、内容较散的状况,统一旅客黑名单立法并提高立法层级。

三、程序与实体并重

构建民航旅客黑名单制度应当程序与实体并重。公正是法的基本价值追求,其包括两层含义,即实体公正和程序公正。就实体公正而言,主要表现为旅客黑名单的适用范围和进入标准要客观公正,只能根据旅客不文明行为的表现、后果及旅客过错等因素考虑是否将其列入黑名单,而不能将制定主体的好恶、情绪或者旅客的种族、民族、性别、籍贯、年龄、职业、教育程度、收入状况等因素作为判断标准。同时,要明确旅客黑名单制定主体的法律责任及承担方式,促使其履行职权时能够秉持审慎态度,降低权力滥用风险,减少黑名单的随意性。就程序公正而言,至少包括四个方面。首先是公开原则,即公开黑名单规则和黑名单的制定程序,充分告知所有旅客,这既是签订民航运输合同内容的必然要求,也是旅客黑名单能够发挥应有作用的基本前提。其次是事先通知程序,即当旅客作出不文明行为有可能被列入黑名单时,应当及时制止旅客的不文明行为,并告知其不文明行为的危害后果以及有可能被列入黑名单的事实与理由。再次是听证程序,即给予旅客事后听证的权利,听取旅客的申辩。听证后,如果认为确有必要列入黑名单,那么应当将黑名单的相关事项告知旅客,包括列入黑名单的旅客应承担哪些义务,何种权利受到限制以及受到何种程度的限制;享有哪些权利,哪些旅客权益仍应受保护。最后是救济程序,即为旅客提供完善的权利救济渠道,包括救济方式、救济途径、救济期限等。

四、安全与权利平衡

安全,是航空运输的第一要务,是民航运输服务的生命线,也是承运人和旅客共同追求的合同目标之一。航空安全主要包括飞行安全和空防安全;航空安全是可控的,即可以通过人的主观努力,认识风险规律、加强安全管理、提升风控能力,尽最大可能降低安全风险发生的概率。当前,我国按照国际民航组织的要求和指引正在推进的民航安全管理体系建设,以及构建的航空安全审计制度和航空安全信息管理制度都是保证航空安全的重要举措。同时,要认识到,航空安全是相对的,不是绝对的。正如国际民航组织对安全所作的定义那样,“航空安全是一种状态,即通过持续的危险识别和风险管理过程,将人员伤害或财产损失的风险降至并保持在可接受的水平或以下"。黑名单的主要作用在于告知旅客航空运输的高风险性,民航对安全的"零容忍"、严管理。然而,不能以航空安全为由,肆意侵犯旅客合法权益,而要以具体的规则确保航空安全维护和消费者权益保护的平衡。

五、社会共治

民航秩序需要社会各方共同维护,对于旅客不文明行为的惩戒亦需要全社会的共同努力。因此,实行黑名单制度,要加强政府、社会组织、民航企业、旅客之间的合作。随着社会的发展,各类社会问题日益复杂,各种社会矛盾相互交织,引入社会共治理念意义重大。一方面,在多元共治理念下,政府管制目标不再是单纯的经济利益,而重点在于社会效益,黑名单滥用的动机大大降低。另一方面,市场主体尤其是一些非政府组织在社会管制中,具有自身优势,能够发挥"桥梁"和"纽带"作用,增强政府社会管制能力和管制效果。政府不仅要加强监管部门之间信息的有效沟通和交流,也要加强与社会组织与个体的合作。就民航旅客黑名单制度而言,笔者认为,航空运输企业、中国航空运输协会、民航局之间应当有着合理的权力分工,形成既互相配合又互相监督的机制。具体而言,黑名单的制定应当由航空公司提起,中航协审核制定,民航局监督并负责进行行政复议,人民法院负责审理旅客黑名单诉讼。

第三节　建立健全我国民航旅客黑名单制度之对策建议

制度经济学告诉我们,制度创新对于经济发展和社会变迁具有至关重要的意义,①我国民航旅客黑名单制度尤为如此。整体而言,应提高我国民航旅客黑名单制度的立法层级;从规范民航旅客黑名单公布行为角度出发,应完善我国民航旅客黑名单的公布机关、公布范围、公布程序、公布内容、公布载体以及监督责任等内容;从保障民航旅客合法权益角度出发,应完善我国民航旅客黑名单的救济途径、撤回程序、救济程序等内容。

---

① 黄少安:《制度经济学中六个基本理论问题新解》,载《学术月刊》2007年第1期。

一、完善民航旅客黑名单的立法

目前调整我国航空运输承运人与旅客之间法律关系的法律主要有《民用航空法》《民法典》《消费者权益保护法》等,在法律层面尚未建立完善的黑名单制度或制定统一的指导标准。安全是民航运输业的生命线,面对日益复杂的民航运行环境,适时通过法律的"废、改、立",将民航旅客黑名单纳入法律框架已势在必行。因此,应尽快通过立法建立起完备统一的民航旅客黑名单制度。

(一)修改《民用航空法》

自由平等权利是由宪法规定并保障的基本权利之一,自由出行权也通常被认为是一项重要的权利,尤其是在民航业已经高度发达的今天,自由乘机出行对个人的工作和生活都有重要意义。因此,对公民自由出行权的限制应当由法律作出明确规定。换言之,承认民航旅客黑名单存在的合理性并不意味着旅客的基本权利可以受到不适当的限制,也不意味着旅客的合法权益可以被随意剥夺,而是意味着民航旅客黑名单要规范化、制度化、法治化。实现这一目标的关键在于,将航空黑名单纳入法律体系中,民航旅客黑名单的制定和运行应当遵循合法的程序与标准。

从广义上看,民航旅客黑名单限制了旅客的出行自由。按照我国《立法法》第8条之规定,只有全国人大及其常委会制定的法律才有权对有关犯罪和刑罚以及限制人身自由的强制措施等事项作出规定。因此,有必要将民航旅客黑名单制度上升至法律层级。具体而言,可以对现行民航旅客黑名单制度规范进行梳理、归纳、整合,在《民用航空法》或者《行政处罚法》中作出原则性规定,以清单方式列明旅客不文明行为,并明确规定可以采取黑名单处罚措施。至于各航空运输企业制定的旅客、行李运输条件,不能与法律法规相抵触,并报经民航局核准备案后予以公示生效,同时,应按照《民法典》及其司法解释对格式条款的规定进行解释、施行。

建议通过修订《民用航空法》,对《民法典》中承运人强制缔约义务的免除情形加以细化规定,明确旅客不文明行为的界定及类型,确认民航旅客黑名单制度的合法性,并确立旅客黑名单制度的基本原则和基本规范。

(二)制定民航旅客黑名单专门法规

民航旅客黑名单专门立法的缺失会带来执法难的问题。实践中,我国民航旅客黑名单比较混乱,制定主体多头,制定标准不一,制定程序随意,救济途径缺失。因此,迫切需要在《民用航空法》的基础上制定专门立法,详细规定旅客黑名单制度的具体内容。笔者建议，由国务院就民航旅客黑名单问题出台专门的行政法规，依据《民用航空法》的基本规定，细化民航旅客黑名单制度。

（三）确立民航旅客黑名单制度的基本原则

法律的基本原则彰显了立法的价值追求，决定了具体规范的宗旨导向，对司法活动亦具有重要的指导意义。因此，确立民航旅客黑名单制度的基本原则，是我国民航旅客黑名单立法的首要任务。笔者建议，民航旅客黑名单制度应遵循以下基本原则。

第一，安全第一的原则。关于民航旅客黑名单的种种争议，归根结底是民航安全与旅客自由、公共利益与个人利益之间的价值衡量问题。毋庸置疑，安全是航空运输首要的价值追求，当旅客个人自由与航空安全发生冲突时，应当允许在一定限度内对旅客自由进行限制乃至剥夺。究其根源，就在于，航空安全代表的是公共利益——不特定多数人的长远利益、根本利益、重大利益，其具有相对的价值优先性。因此，应确立民航旅客黑名单制度安全第一的首要原则。

第二，利益平衡原则。任何制度都是多方利益博弈的结果，民航旅客黑名单亦不例外。在民航运输中，存在航空公司、乘客、国家、社会等多方主体，这些主体之间所追求的商业利益、个人利益、国家利益、社会利益等有时互为表象，有时互相冲突。安全、秩序、效益、自由等都是法律的基本价值追求，价值位阶原则并非意味着某种价值具有绝对的核心或主导地位，只能是在特定环境下的相对优位。对民航运输而言，安全虽然是首要目标，但并不意味着为了安全可以绝对牺牲自由、效益等价值追求，而是在确保航空安全的前提下实现多种价值追求的统一和多方利益主体的共赢。因此，民航旅客黑名单制度在赋予航空公司拒载权的同时，应当通过实体规则和程序规则预防黑名单被滥用，保护旅客的合法权益。

第三，比例原则。黑名单只是社会治理的手段之一，良好的社会秩序才是其真正目的。在设立黑名单时要确保旅客权利损害的最小化，即确保乘客的权益不被过度的损害，从而使民航发展与安全保障达到一个合理的平衡。换言之，要慎用民航旅客黑名单，要明确细化民航旅客黑名单的进入标准，在制定黑名单时要进行利益衡量，能不用则不用，能少用则少用，切不能用“大炮打麻雀”。

第四，公正原则。民航旅客黑名单制度中的公正具有特殊性，其包括两个方面。一方面，从实体公正的角度而言，旅客黑名单的制定应当依据明确的条件范围和进入标准，结合旅客不文明行为的客观表现和危害程度，作出是否列入黑名单的结论，而不能受旅客性别、民族、种族、职业等其他因素的影响;另一方面,从程序公正的角度而言,一是要把民航旅客黑名单进入标准、退出机制、救济渠道等公开,从而更好地发挥旅客黑名单制度的警示作用和教育目的,实现黑名单对违法犯罪活动的特殊预防与一般预防之目的。应当充分宣告旅客黑名单制定的目的、原则和规则,让旅客意识到违法或非法行为的严重代价;通过公开民航旅客黑名单的进入标准,让旅客知道什么可为、什么不可为。在这基础上,应明确黑名单的设定主体、实施对象和判断标准,完善进入标准和退出机制等,健全完善民航旅客救济途径,建立职权滥用监督制度。二是要公开民航旅客黑名单,从而达到警示教育和惩罚之目的。但是在公开民航旅客黑名单时要注重保护旅客的隐私,不得公布旅客的工作单位、联系方式、住址、身份证号码等相关个人信息。

二、健全民航旅客黑名单实体制度

从实体规则角度讲,民航旅客黑名单制度的完善应当从明确黑名单的制定主体,确定黑名单的实施对象,细化黑名单的判断标准,完善旅客权益保护机制等方面入手。

(一)民航旅客黑名单的制定主体

制定主体问题是民航旅客黑名单制度的首要问题。从信用经济学理论出发,社会信用体系的构建应至少包括 3 个要素:一是征信机构的确立,即确立哪些官方的或民间的征信机构可以征信数据;二是征信数据的建立,即征信机构通过一定的方式方法、技术手段采集特定企业和个人的信用数据,建立征信数据库,并对资信调查结果进行分类;三是征信结果的运用,即由法定的监管部门或者授信机构等对失信企业和个人采取相应的征信惩戒措施。① 制定民航旅客黑名单主要是为了保障民航运输安全,确定适格的黑名单制定主体不仅事关民航旅客黑名单的权威性,而且关系到民航旅客的权益保障问题。质言之,确定民航旅客黑名单制定主体具有特殊意义。一方面,黑名单制定主体的确定关系到黑名单的权力来源。由于旅客黑名单限制甚至剥夺了旅客的自由出行权,必须由法律授权的主体依法制定。另一方面,黑名单制定主体的确定关系到旅客维权的相对人。黑名单制定主体是旅客进行申诉的被申请人,也是提起诉讼时的被告。

---

① 林钧跃:《社会信用体系原理》,中国方正出版社 2003 年版,第 49 页。

从更广泛的法律关系角度看,在民航旅客黑名单的制定与实施过程中,至少包括以下主体:发起主体、设定主体、实施主体、救济主体、监督主体等。发起主体也可以称为动议主体,即提出设定民航旅客黑名单的建议主体,解决的是由谁提出进入黑名单的旅客的问题;设定主体也可以称为制定主体,即民航旅客黑名单的确定主体,解决的是由谁调查和确定民航旅客黑名单的问题;实施主体解决的是,由谁执行民航旅客黑名单的问题;监督主体解决的是,由谁对民航旅客黑名单的实施进行监督管理问题;救济主体解决的是,由谁对进入黑名单的民航旅客提供救济的问题。从某种程度上讲,救济主体也属于广义的监督主体。上述主体应当权责清楚、分工合理、相互配合,共同推动黑名单的制定与实施。从我国的实践出发,民航旅客黑名单的制定涉及航空公司、行业协会(中航协)、监管部门(民航局)之间的分工问题。其中最为关键的问题是,谁制定民航旅客黑名单比较合理?关于民航旅客黑名单制定主体的争议,主要集中在民用航空主管部门(我国的民用航空管理局)、航空运输协会(我国的中国航空运输协会)以及航空运输企业(航空公司)三者中。从世界范围来看,由民用航空主管部门或者其他国家机关,以及由航空运输企业作为民航旅客黑名单制定主体的情形比较普遍,二者同时存在的情况也不少见。相对而言,由航空运输协会等社会组织作为黑名单制定主体的例证则比较少。笔者认为,作为黑名单的设定主体,应当具备社会公信力与权威,不受外界因素的干扰,从而保证黑名单的严肃性和权威性,这是确定旅客黑名单制定主体的核心标准,据此我们可以得出以下几个初步结论。

首先,由航空公司制定黑名单的做法是不合适的。虽然有人认为,各国的实践已经证明由航空公司自己设立黑名单并不会造成某些媒体所报道的"任性行为"。①但是,航空公司作为黑名单的利益相关方,其在设定黑名单的过程中难以保证公正、客观的立场,旅客的合法权益很容易被侵犯。然而,航空公司作为提供公共运输服务的承运人,可以并且应当成为民航旅客黑名单的发起主体。航空公司在提供运输服务时,如果发现旅客有不文明或不轨行为,有权将旅客的个人信息、行为事实、损害后果等内容及相关证据材料,连同将该旅客列入黑名单的申请书一并提交有权机关,建议将其列入黑名单。当然,机场也可以作为民航旅客黑名单的发起主体,即机

---

① 《谁有权建立"航空黑名单"》,载新华网,http://news.xinhuanet.com/air/2015-05/26/c_127840008.htm。

场针对机场内发生的民航旅客不文明行为，有权向有权机关提出将其列入旅客黑名单的申请。当然，航空公司是旅客黑名单的最终实施主体，在其收到制定主体发出的旅客黑名单后，应当拒绝向黑名单内旅客出售客票。

其次，由民航局制定黑名单不太现实。黑名单的制定主体应当是独立于民航运输合同的第三方，从而保证黑名单的公平公正，并且该第三方应当具有相当的权威性，是有权限制或者剥夺旅客权利的法定主体。从这个角度看，民航局作为主管民用航空事业的国家行政管理机关，具备黑名单制定主体的资格，由其制定旅客黑名单是合适的。但是，民航局主要负责民用航空事业的管理，其应当主要承担监督者的角色，否则可能会陷入"行政诉讼"的泥沼之中。旅客可向民航局提出重新评估的申请，或由民航局自行重新评估，即通过行政复议的形式履行监督职责。

最后，由中航协制定和发布黑名单更为合适。中航协作为第三方，能相对保障民航旅客黑名单的公平公正，且具有较强的权威性。同时，在社会管理创新的时代背景下，行业协会组织具有诸多行政机关不具有的管理优势，赋予中航协制定旅客黑名单职能也符合我国"小政府，大社会"的发展趋势。因此，由中航协承担旅客黑名单制定职能，并承担黑名单的信用信息采集、审核和发布等基础性工作，是比较合理的安排。具体而言，中航协在收到航空公司提出的黑名单申请材料后进行审慎调查，听取旅客的申辩或者进行听证，确认旅客存在威胁民航安全的潜在风险，然后将旅客被列入黑名单的具体情况通报给本人，并告知其救济途径。对民航安全已不存在潜在威胁或者有理由相信该旅客不再威胁航空安全时，可以将旅客移出黑名单。然而，正如前文所述，制定民航旅客黑名单属于行使国家公权力的行为，而中航协作为行业组织并不享有国家公权力。为此，应当通过法律授权的方式赋予航空运输协会制定民航旅客黑名单的法定权限。

需要强调的是，中航协是维护民航行业利益的行业协会，虽然是当事方之外的第三方，其独立性、公正性、权威性仍有待增强。若由中航协作为旅客黑名单的制定主体，实质意义上的公平公正能否实现存在疑问。为了克服这一弊端，首先，中航协应当加强自身建设增强独立性；其次，民航局和人民法院应当加强监督，做好行政复议和行政诉讼工作；最后，加强民航旅客黑名单的舆论监督。

关于公安机关能否制定民航旅客黑名单问题，值得研究。如果从职权范围角度看，公安机关貌似可以制定民航旅客黑名单，因为根据《治安管理处罚法》的相关规定，公安机关有权对扰乱民航秩序、威胁民航安全的行为作出处罚，①但航空安全不同于社会安全、公共安全、国家安全等其他安全，公安机关在处理民航旅客不文明行为时可能会面临不专业的尴尬。因此，赋予公安机关以民航旅客黑名单制定权并不妥当。是否可以将民航旅客黑名单制定权赋予机场公安呢？机场公安是专门负责航空安全的民航局的内设机构，熟悉航空业务和法律法规，肩负着起草民航安全保卫规范的职责，②因此，由机场公安制定民航旅客黑名单具有一定的合理性。然而，我们认为，机场公安是为机场服务的，在机场内发生的不文明行为，由机场提出比较合理；同时，机场公安是民航局的内设机构，不是独立的法律主体，而前文已经论证民航局作为旅客黑名单的制定机构并不十分合适。因此，我们认为，机场公安不宜成为民航旅客黑名单的制定主体。

司法部门是黑名单争议的最终裁决机构，也是给予旅客救济的最终机构。人民法院对民航旅客提起的行政诉讼（包括一审和二审）进行审理，实现对旅客的救济以及黑名单的监督。

（二）民航旅客黑名单的实施对象

民航旅客黑名单的实施对象解决的是哪类旅客可以被列入民航旅客黑名单的问题。黑名单主要是针对有滋扰行为的不文明旅客，因此，对滋扰行为的判断也就成为旅客黑名单制定中的关键环节。

滋扰行为，通常是指旅客未能遵守民航安全法律法规或者机场/机上行为准则或未能遵从机场/机组人员指示而实施了破坏民航良好秩序、威胁民航安全的行为，包括一般违法行为和犯罪行为。

我国现行立法中，通常用“不文明行为”而非“滋扰行为”。笔者认为，“不文明行为”更多属于道德范畴，而“滋扰行为”更多是法律概念。因此，在我国立法中用“滋扰行为”更为科学合理。但基于研究的需要，本书仍采用“不明文行为”这一概念。在不同的国家和地区以及不同时期，不文明行为的具体情态和外在表现可能会有所不同，但法律规定应当尽量具体统一。然而，在我国《民用航空安全保卫条例》

---

① 《治安管理处罚法》第4条第2款规定：“在中华人民共和国船舶和航空器内发生的违反治安管理行为，除法律有特别规定的外，适用本法。”第7条第1款规定：“国务院公安部门负责全国的治安管理工作。县级以上地方各级人民政府公安机关负责本行政区域内的治安管理工作。”结合以上两个法条可以认为在法律无特别规定的情况下，公安机关对于扰乱航空安全的行为具有管辖权。

② 中国民用航空局主要职责：（十一）管理民航地区行政机构、直属公安机构和空中警察队伍。载中国民用航空局网，http://www.caac.gov.cn/G1/G4/，最后访问日期：2020年12月18日。

《公共民航旅客运输飞行中安全保卫工作规则》甚至《办法》和“385 号文”中,关于不文明行为的规定各不相同。因此,我国应该统一不文明行为,并且通过效力较高的法律规范进行明确。需要注意的是,此处的不文明行为包括犯罪行为,以及轻微的非法干扰行为。即使是不构成犯罪的不文明行为也有轻重之分,应当将其类型化、层级化,即立法应以列举等形式明确界定不文明行为的范围和类别,列出清单进行规制。

从更广阔的视角看,旅客不文明行为可以分为恐怖活动和不轨行为两类。前者由国家安全部门制定黑名单,不予公开;后者由授权中航协制定黑名单,予以公开。但是,笔者建议不使用“黑名单”概念。“黑名单”概念本身具有侮辱、歧视和侵犯名誉权之嫌,建议采取比较温和的名称,否则,容易引起社会的反感,可以用“失信民航旅客名单”代替。

(三)民航旅客黑名单的判断标准

“无规矩,不成方圆”。针对民航旅客黑名单应当制定一套明确的进入标准和退出机制,使民航旅客黑名单制度的实施有法可依。因此,民航旅客黑名单的进入标准和退出机制要做到明确严格,细化到具体行为,才可防范公权力的滥用。

首先需要明确的是,民航旅客黑名单的制度在于保障公共航空运输的安全而非惩罚不文明行为人。制定和实施旅客黑名单的初衷是在维护航空运输的安全和秩序的基础上,满足更多乘客出行的需要,促进民航业的可持续发展。换言之,民航旅客黑名单制度不应当以单方面拒载旅客为目的,而应当在相关规则的指引下规范旅客行为、维护民航秩序、确保航空安全,实现民航运输企业、旅客和社会公众等多方共赢。① 基于此,民航旅客黑名单的设立条件应当明确严格,不能过于随意。有学者建议,我国民航旅客黑名单的进入标准应当是,曾经有严重违反航空法律规范或严重扰乱航空运输秩序或犯罪记录并可能危害当前航空运输的人员。② 笔者认为,民航旅客黑名单应当是针对曾在机上实施不当行为威胁航空运输安全,并且承运人有理由相信有可能再次实施该行为的旅客。换言之,应当从旅客行为的危害性以及再现可能性两个角度确定旅客黑名单的具体判定条件。

就民航旅客不轨行为的危害性方面而言,应当从两个角度进行考量:一是必须

---

① 刁伟民:《航空旅客“黑名单”的法律分析》,载《法学杂志》2012 年第 7 期。

② 曹盼:《航空公司强制缔约义务研究——由航空旅客黑名单引发的思考》,载《才智》2014 年第 3 期。

是不轨行为。法律是行为规范,而不是思想规范;法律不禁止思想,任何人也不应因思想受处罚。是故,公共航空运输中旅客的宗教信仰等价值取向不应受到非难。二是该不轨行为具有危害性。旅客不轨行为的危害性不能仅仅以该行为是否造成具体后果来判断,而应依据该行为自身的危害性来判断。

就民航旅客不轨行为的再现可能性方面而言,其主要涉及该行为的再现概率问题。民航旅客黑名单制度的初衷不是或者主要不是惩罚不文明旅客,而是为了预防类似不轨行为的再次发生。当旅客的不轨行为有再现的可能时,即当航空承运人有理由相信作出不轨行为的旅客仍有可能作出相同或类似的不轨行为,从而威胁航空安全时,可以将其列入黑名单。判断民航旅客不轨行为再次发生的概率,可以从以下两个角度考量:一是该旅客在做出不轨行为时的主观状态,即是否是有意识做出的。如果旅客的不轨行为属于无意识行为,如精神病人或者未成年人,由于其认知能力有限,无法对其行为后果作出准确预判,因而不应列入黑名单,仅需对其监护人进行批评教育。二是该旅客对不轨行为的后果的认知状况,是否属于对航空知识缺乏起码的认知。航空知识的专业性极强,普通旅客尤其是初次乘机的旅客对于航空知识缺乏必要的认知是正常的,在这种情况下,应当对旅客进行批评教育或者采取包括民事诉讼在内的补救措施,而不应当将其列入黑名单。当然,如果旅客不轨行为是在特殊情况下做出的,如在发生航空事故时或者航空承运人故意激怒乘客,旅客在极度惊恐慌乱或者生气发怒时做出的不轨行为,已经阻断被列入黑名单的可能性,因而不宜列入旅客黑名单。

简言之,民航旅客黑名单的进入标准要符合以下条件:第一,判定民航旅客实施的行为是否具有危害性。如若该行为已经危害到航空运输安全,就应认定该不文明行为具有危害性,并列入黑名单中。旅客的正当行为(如正常维权行为)以及其他不具有危害性的行为不应该成为将旅客列入黑名单的理由。第二,判定民航旅客实施的行为的严重程度。从民航旅客的不文明行为和航空安全的直接关联性看,如果民航旅客的行为直接危害其他旅客和机组成员的人身安全及航空安全,那么可以将其归入民航旅客黑名单中;如果民航旅客的不文明行为和航空安全并不具备关联性,但是其行为已经影响航空运输秩序,导致航空安全受到严重威胁,那么也可以认定其达到了民航旅客黑名单的进入标准。但不是所有不文明行为都会被认定达到进入黑名单的标准,如果情节轻微且不具备严重危害性,可以采取其他惩罚性措施。第三,判定民航旅客是否会再次实施该不轨行为。民航旅客黑名单的首要目的是事先预防危害航空安全的行为发生。对于曾经有过不轨行为的旅客,应当判断其是否有再次实施该行为的可能性。如果具备再次实施的可能性,就应当将其列入黑名单中。

需要强调的是,由于黑名单涉及民航旅客的自由出行权、人格权、自主选择权、隐私权等重要权利,在制定黑名单时应当慎之又慎。为防止旅客黑名单制定时的主观性、随意性,从构建社会诚信体系的高度,建议将情节较轻行为与情节较重行为区分开来。对于那些因航空知识缺乏、法律意识不强、后果较轻的旅客不文明行为,不宜采用黑名单制度,而对于那些涉嫌违法犯罪或者受到治安处罚的不文明行为要采用严厉的黑名单制度。另外,笔者建议,可以把构成刑事犯罪或治安处罚作为进入民航旅客黑名单的前置程序,这样可能解决旅客不轨行为危害性的判断问题,对于那些实施危害航空运输安全行为且拒不认错、拒不悔改的旅客,应当列入民航旅客黑名单中。

(四)旅客合法权益的保护机制

旅客黑名单制度是为了保护公共利益而限制或剥夺了个人利益,如果这一制度被滥用,则会成为侵犯公民正当权益的合法借口。正如日本学者盐野宏所言:"关于个人信息的处理如果欠缺适切性的话,就会发生不当的侵害个人的权利利益的事情。"①因此,健全的旅客合法权益保护机制,是民航旅客黑名单制度不可缺少的重要组成部分。

个人信息是旅客享有的重要合法权益,个人信息保护机制是旅客合法权益保护机制的重要内容。民航旅客黑名单制度在实施中,不可避免地会接触和收集诸多旅客个人资料和个人信息,如姓名、性别、身份证号码、家庭住址、工作单位、联系方式等。这些个人信息,一方面,具有较强的人身属性和财产属性,已经成为一种信息社会的重要资源;另一方面,具有较强的识别性,他人很容易通过这些信息识别特定个人的客观信息。② 也正因为此,个人信息的价值极高,已成为大量侵权案件的利益驱动因素。如果在黑名单的制定和实施过程中,旅客的个人信息被泄露,不仅会给旅客的工作生活带来很大困扰,也可能导致旅客的社会评价降低、社会声誉受损,甚至会使旅客遭到歧视和偏见。因此,从这个角度看,不同航空承运人之间建立的黑名

① [日]盐野宏:《行政法总论》,杨建顺译,北京大学出版社2008年版,第231页。
② 洪海林:《个人信息的民法保护研究》,法律出版社2010年版,第34页。

单信息共享机制是不妥的。

当然,强调对旅客隐私信息的保护,并不意味着民航旅客黑名单不应公开。有种观点认为,虽然被列入黑名单的旅客在乘坐航空器时从事了不文明行为,但对于相关旅客的惩罚应当限定在特定航空运输领域,限定在航空运输合同的缔结方面,因而应当对被列入黑名单的旅客的个人信息进行严格保密。① 笔者认为,警示作用是民航旅客黑名单制度的重要功能,这一功能的实现依赖于旅客黑名单的公开。实际上,公开旅客黑名单与保护旅客个人信息并不冲突,只是在公开黑名单时不能公开其姓名、身份证号码、手机号码、单位、住址、联系方式等隐私信息。因此,一方面,要建立被列入黑名单的旅客的内部保密机制,建立健全的隐私监管体系,规范公权力的行使,保障黑名单人员的信息安全,保证民航旅客的个人信息不被泄露,个人信息权得到保护;另一方面,在向社会发布黑名单以及进行新闻报道时,应当对旅客采用化名方式,以最大化地保护被列入黑名单的旅客的个人信息。

需要进一步探讨的是,在黑名单发布后,如果航空承运人仍运载了被列入黑名单的旅客是否应当承担责任以及承担何种责任。也就是说,在旅客被列入黑名单之后航空承运人仍同其签订航空运输合同即售票给该旅客,而后,被列入黑名单的旅客再次从事了不文明行为并造成第三人利益受损时,受害人除了可以追究加害旅客的责任外,能否追究航空承运人的责任?笔者认为,承运人应当承担相应的法律责任。因为航空承运人在明知该旅客已经被列入了黑名单,仍然与其签约,售票给该旅客并提供运输服务,其存在明显过错,应当承担民事赔偿责任以及行政处罚责任。

三、完善民航旅客黑名单的程序

前已述及,现代法治语境下的程序规则具有独立价值,程序正义是实体正义之前提和保障。完善我国民航旅客黑名单制度,亦应当从程序入手,公开黑名单进入标准和黑名单名册,健全事先通知程序,确立事中听证程序等。

(一)民航旅客黑名单的进入程序

平衡航空承运人与民航旅客之间的利益关系,合理的黑名单进入程序不可或缺。民航旅客黑名单的进入程序通常包括公告、警示、核查、制定、通知、备案、准备、公示、通知等必需步骤以及听证特别程序,以下仅择相对重要的程序加以分析。

① 王旭:《论旅客黑名单的法律适用》,载《中国民用航空》2008 年第 8 期。

一是公告程序。由于民航黑名单能直接或间接导致旅客权利的减少和义务的增设,因此需要履行事先告知程序,即通过一定的方式方法将黑名单的列入对象、进入标准、救济程序等黑名单规则告知旅客。从合同法的角度看,航空承运人与旅客之间除了主合同义务外,还应当履行通知、保密、协助等法定的附随义务,这些附随义务并非基于双方的约定而产生,而是基于诚实信用原则而产生。[①] 可以通过航空承运人网站主页、客票销售代理人、订票系统、值机柜台、售票服务柜台等方式方法或技术处理,醒目而充分地告知旅客有关黑名单的实体规则和程序规则,并要求其作出“已阅读理解黑名单条款内容并同意和遵守”的承诺,否则不予售票。

二是警示程序。由于航空运输的特殊性以及旅客乘机规则的复杂性,即使将旅客黑名单规则内容进行公告后,个别旅客仍有可能做出不文明行为,从而破坏民航运行秩序、威胁民航飞行安全。此时,如果立即将其列入旅客黑名单,则有违旅客黑名单制度的教育和预防之初衷。因此,需要履行警示程序,即在旅客做出不文明行为后,航空运输企业应当对其进行告知提醒、批评教育,以及作出如不停止行为或拒不改正有可能进入黑名单的警告。如果旅客认识到自己的错误并作出承诺保证的,则黑名单程序终止,否则,将进入黑名单制定程序。

三是通知程序。在民航旅客确实符合被列入黑名单的标准时,黑名单制定主体将旅客列入黑名单后应当履行通知义务,即将旅客被列入黑名单的事实理由、法律依据、期限以及救济途径等告知相关旅客。旅客有权要求其提出相关证据,提出申诉抗辩,积极地与黑名单制定主体进行沟通,避免自己被错误地列入黑名单。关于通知的方式,笔者建议,应以书面通知为原则。如果在前述程序中,旅客同意以电子邮件作为通知方式并留下准确的电子邮箱的,则可以通过电子邮件方式通知,以便提高通知的快捷性。

四是备案程序。前已述及,现阶段我国比较理想的黑名单制定主体是中航协,为了监督和制约中航协的黑名单制定权,应当要求中航协在制定旅客黑名单之后,向民航局进行备案。民航局对旅客黑名单的制定负有监管职责,备案程序不仅是为了后期黑名单的统一执行,而且是为了增强黑名单的权威性,实现民航局对民航旅客黑名单的监管和制约。

(二)民航旅客黑名单的听证机制

听证是行政法上特有的救济程序。基于种种原因,旅客面临着因随机和武断的

---

① 彭诚信、朱琨:《合同履行中违反附随义务的法律效果》,载《政法论丛》2005年第5期。

程序而被错误剥夺乘坐飞机出行权利的巨大风险,听证程序为解决这一问题提供了全新思路。在旅客被列入黑名单后,基于正当程序原则的要求,应当赋予旅客听证之权利,允许旅客提出申诉和质疑。目前,我国民航旅客黑名单制度中尚未规定听证程序。

听证程序是现代行政法中重要的制度设计。我国《行政处罚法》第42条、《行政许可法》第46条以及《治安管理处罚法》第98条均规定了相对人享有听证的权利。① 究其原因在于,当行政处罚、行政许可、治安处罚等具体行政行为涉及公民重大利益或社会公共利益或影响到公民主要权利时,应当举行听证,听取行政相对人的申辩以及其他利益相关方和专家代表的意见,从而使得作出的行政行为更慎重、更合理。

旅客黑名单极大地限制了相关旅客自由出行的权利,也不可避免地会对相关旅客的生活和工作造成不利影响,因此,有必要赋予其听证的权利。当然,由于民航安全涉及公共利益甚至国家秘密,在听证时向旅客提供黑名单相关信息,尤其是论证影响民航安全的技术信息,有可能会危害航空安全。对此,可以采取委托律师代为听证的做法,从而既确保信息安全又能保障旅客听证权利的行使。

(三)民航旅客黑名单的退出机制

民航旅客黑名单的退出机制,是指民航旅客黑名单的撤除程序。旅客被列入黑名单,并不意味着其永远无法乘机出行,应当给予其在满足一定条件后从黑名单除去的机会和权利。尤其是不文明旅客,与恐怖分子相比,其不轨行为的危害程度较轻,且诸多不轨行为只是轻微的违法行为,应当给予其改过自新的机会。在当今社会,航空运输日益重要,如果旅客因不当行为而被列入黑名单,这将给其工作生活带来极大不便。从保护旅客权益的角度而言,"拒载"应当是有一定时效限制的。因此,应把民航旅客黑名单退出机制作为黑名单的配套制度。在美国,如果有10位参

---

① 《行政处罚法》第42条规定:"行政机关作出责令停产停业、吊销许可证或者执照、较大数额罚款等行政处罚决定之前,应当告知当事人有要求举行听证的权利;当事人要求听证的,行政机关应当组织听证。……"《行政许可法》第46条规定:"法律、法规、规章规定实施行政许可应当听证的事项,或者行政机关认为需要听证的其他涉及公共利益的重大行政许可事项,行政机关应当向社会公告,并举行听证。"《治安管理处罚法》第98条规定:"公安机关作出吊销许可证以及处二千元以上罚款的治安管理处罚决定前,应当告知违反治安管理行为人有权要求举行听证;违反治安管理行为人要求听证的,公安机关应当及时依法举行听证。"

议员联名提出，不轨旅客将被禁飞1年。[①] 春秋航空规定的经过时间为3年，从某旅客被列入黑名单之日起，3年后自动解除拒载。《办法》和"385号文"都只规定了一种移除机制，即过期自然移除，只不过《办法》规定的黑名单期限为1年或2年，"385号文"规定的黑名单期限为1年。鉴于此，应完善我国旅客黑名单退出机制，给当事人改过自新的机会。

民航旅客黑名单的退出机制与黑名单的期限有关。在规定的黑名单期限到期后，售票系统应自动解除拒载，该旅客退出黑名单。至于黑名单期限的长短问题，笔者建议，应从以下两个方面完善：一是统一现有规定；二是细化现有规定，可以根据不同情形对于期限进行分级设计，设置1年、2年以及终生3种期限。

民航旅客黑名单的退出机制，目前只有"时间经过"这样一种路径，即经过规定期限，黑名单自动解除。[②] 时间经过是黑名单最常见也是最为重要的移除机制。除此之外，可以考虑增加另外一种退出机制——"确有悔过表现，足以让航空运输部门相信运载其不会有损航空运输安全和秩序的"。如果旅客深刻地认识到自己行为的错误，作出书面道歉以及不再犯的书面承诺并愿意为此承担更为严重责任的，可以认为这样的旅客不再具有危害航空安全的可能性，经审核后可以将其撤出黑名单。在我国春秋航空公司的实践中即有类似做法，"被列入'暂无能力服务的旅客名单'的旅客知阅并遵守购票协议，公司将表示感谢和欢迎，并立刻从名单中取消旅客的姓名"。在此，我们还可以借鉴刑事诉讼中的保证人制度，即允许被列入黑名单的旅客通过保证人方式退出黑名单。对于保证人的资格条件，应当严格要求，包括具有民事行为能力、自身未被列入黑名单及没有受到人身限制、有固定收入和住处、无违法犯罪记录，等等。

四、建立民航旅客黑名单监督救济机制

"有权利必有救济""无救济便无权利"。救济本身也是一种权利，是相对于实体权利的"第二性权利"，是矫正或补正权利的权利。民航旅客黑名单限制甚至剥夺了旅客的自由乘坐飞机的权利，涉嫌侵犯旅客的自主选择权、人格权、隐私权等消费者权利，因而应当赋予被列入黑名单的旅客充分的救济权利，并保障救济途径的便

---

① 张起淮：《不要曲解国外的"航空黑名单"制度》，载新浪博客2009年11月12日，http://blog.sina.com.cn/s/blog_492a2cb40100fs0p.html。

② 许凌洁：《旅客"黑名单"的合法性研究及制定和实施》，载《中国民用航空》2012年第4期。

利畅通。然而,遗憾的是,无论是《办法》抑或是“385 号文”都没有规定明确的行政复议、行政诉讼等救济程序。

(一)被列入黑名单的旅客的救济途径

制定黑名单属于行使国家公权力范畴,应满足正当法律程序原则的要求,赋予公民充分救济的权利,防止公民的权利被侵蚀。就我国民航旅客黑名单的救济机制而言,主要有以下几个问题需要解决:

一是能否提起行政复议或行政诉讼。无论是从应然层面还是从实然层面,民航局或者其授权的中航协都有权力制定旅客黑名单,制定民航旅客黑名单行为法律上属于具体行政行为。因此,旅客对自己被列入黑名单有异议的,可以以民航局为被申请人或者被告提起行政复议或者行政诉讼。

二是能否提起民事诉讼或民事仲裁。从应然层面讲,民航旅客黑名单应当由中航协制定较为合适,航空公司无权制定黑名单。但是,从实然层面看,目前我国许多航空公都在制定自己的旅客黑名单。那么,在这一背景下,旅客是可以以航空公司为被告向法院提起民事诉讼的。至于管辖的法院,可以是机票上记载的始发地、目的地或者航空公司住所地的基层人民法院(具有涉外因素时,可能为中级人民法院)。根据上述关于旅客能够提起民事诉讼的论证,笔者认为,如果旅客对于被航空公司列入黑名单不服的,其可以以航空公司为被申请人申请仲裁,要求解除航空公司对其的禁飞限制。仲裁与诉讼不同的是,其需要以约定为前提,即旅客与航空公司在签订运输合同时选择以仲裁的方式解决纠纷并对仲裁机构作出了明确约定。旅客购买客票的行为可以视为与航空公司签订了运输合同(一般属于格式合同),格式合同通常会含有争议解决条款。需要说明的是,在我国“或裁或诉”这一纠纷解决模式下,如果争议解决条款规定有关旅客运输合同的争议应由仲裁解决,那么,只能通过仲裁获得救济,而不能通过诉讼解决纠纷。

三是救济的内容是什么。民航旅客黑名单救济机制的内容至少包括以下三个层面:其一,当旅客被不当列入黑名单时,旅客有权请求行政复议机关(民航局)或者管辖法院将自己从黑名单中移除。其二,当黑名单的适用给民航旅客造成不当损失时,有权请求黑名单制定者或实施者给予旅客损失赔偿。一般而言,被列入黑名单的旅客的损失包括因事先未通知被列入黑名单而做出出行计划所导致的以及因个人信息泄露而遭受的人身或财产损失等直接经济损失,也包括自由乘机权利受到限制而产生的间接经济损失。在我国现行民事赔偿规则下,被告一般只承担直接经济损失。其三，当旅客因为黑名单被不当地公开而遭受名誉损害，承受精神伤害时，可请求给予公开赔礼道歉、恢复受害人名誉等判决。

根据以上分析，可以得出以下几个结论：首先，不同属性的民航旅客黑名单决定了不同的救济方式和救济途径。如果民航旅客黑名单由中航协或民航局制定，那么民航旅客黑名单在性质上属于具体行政行为，显然不同于制定法规、规章的抽象行政行为。例如，国务院制定行政法规，①能够成为行政复议和行政诉讼的对象。有的学者进一步提出，惩罚性行政“黑名单”并且具有行政处罚的典型特征——制裁性，是特定的行政主体对违反行政管理秩序而尚未构成犯罪的行政相对人所给予的行政制裁，②因此，最接近具体行政行为中的行政处罚行为。因而，政府部门做出的民航旅客黑名单是具体行政行为，具有可“诉”性。③ 其次，从应然层面看，旅客黑名单应当由中航协制定，对此类黑名单既可以提起行政复议，也可以提起行政诉讼。但是从实然层面看，对我国目前由中航协和民航局制定的黑名单，只能提起行政复议或行政复议；对由航空公司制定的黑名单，只能提起民事诉讼或民事仲裁。然而，实际上，无论是《办法》抑或“385 号文”都没有规定旅客的救济途径，换言之，针对中航协和民航局制定的黑名单无法救济。最后，为保证法律救济的适当性，应当具体区分被列入黑名单的旅客的损失类型和程度，并由此确定相应的救济方式。笼统地说，旅客被错误列入黑名单后可获得复议、仲裁、诉讼等救济途径，至于获得以上哪几种的救济途径，要区分被错误列入行政黑名单和被错误列入企业黑名单等不同情形。

(二)民航旅客黑名单的监督机制

正如前文反复提及，民航旅客黑名单制度不是以拒载为目标，而应当以指引旅客文明举止、防范旅客不轨行为、维护民航运营秩序、确保航空运输安全、平衡各方利益为宗旨。因此，健全的监督机制是民航旅客黑名单制度的应有之义。从我国的

---

① 目前《立法法》所规定的抽象行政行为有三个，一是制定行政法规，二是制定部门规章，三是制定地方政府规章。

② 刘平、史莉莉：《行政“黑名单”的法律问题探讨》，载《上海政法学院学报》2006 年第 2 期。

③ 虽然在我国，具体行政行为主要包括行政征收、行政征用、行政给付、行政奖励、行政裁决、行政确认、行政许可、行政强制措施、行政监督检查，但是具体行政行为并不局限于以上所列举的情形，因为《行政复议法》第 6 条规定：“有下列情形之一的，公民、法人或者其他组织可以依照本法申请行政复议：……(十一)认为行政机关的其他具体行政行为侵犯其合法权益的。”由此可见，学理上对于具体行政行为的列举是不完全列举。

现实出发，民航旅客黑名单监督机制应至少包括以下几方面：

一是备案机制。从本质上讲，备案是一种监督形式，并且是一种上级机关监督方式。我国旅客黑名单的备案中，民用航空局应当采取实质审查而非形式审查方式，强化对中航协旅客黑名单的监督，杜绝航空公司随意设定旅客黑名单的现象。

二是申诉机制。旅客对列入黑名单的情况有异议，或已被列入黑名单，但经过一段时间认为自己表现良好，应当被撤销，应该能够向中航协或者民航局提出申诉，后者根据对旅客的不文明行为或者悔改表现进行认定，继而判断该旅客是否应该列入黑名单或者是否应当退出黑名单。如果旅客对处理意见仍不满意的，可以通过司法途径即向法院提起行政诉讼的方式维护自己的合法权益。为此，应建立相应的申诉机制，给予拟进入黑名单的旅客抗辩、申诉的机会，畅通旅客对黑名单的投诉渠道，以防止发生不合理的拒载乘客的案件。

三是社会监督机制。旅客黑名单关乎公民基本权利，也涉及国家公权力的行使，因而应当接受全社会的监督尤其是媒体的监督。笔者建议，对旅客黑名单的公布应当充分利用网络、微信、公众号等新兴媒体的力量，这样一方面可以起到宣传教育之作用，另一方面可以起到扩大监督之功能，防止黑名单制度被泛化滥用。

本章小结

国际法视野中的民航旅客黑名单主要是针对恐怖分子设立的。欧美国家“禁飞名单”属于二元制度体系，政府制定的用于预防恐怖活动的行政黑名单和航空公司制定的用于规制不文明旅客的企业黑名单并存。二者虽然在制定主体、法律性质、标准依据等方面有所不同，但最终目的都只能是出于有效保障航空飞行安全考虑，且认定过程严格、注重保护旅客隐私、救济途径完善。我国关于民航旅客黑名单的专门规定主要体现在中国航空运输协会制定的《办法》和八部委联合发布的“385 号文”，存在法律层级较低、认定主体不明确、规则内容不统一、实施程序不规范、旅客权益保障不足、旅客救济途径不明、监督机制缺失等问题。创新我国民航旅客黑名单制度，应提高民航旅客黑名单的立法层级，健全实体制度，注重程序保障，建立监督救济机制。

下编　民航旅客黑名单制度的多维重构

第八章　主体之维：谁有权力制定民航旅客黑名单

民航旅客黑名单制定主体的确定，是构建我国民航旅客黑名单制度的关键问题之一。民航旅客黑名单的背后是各种利益的衡量和博弈，笔者以权力分配为视角对我国民航旅客黑名单制度进行研究，并从以下三个角度展开：其一，确定民航旅客黑名单制定主体的考量因素有哪些？这涉及应当由谁界定“不文明旅客”问题；其二，在民航旅客黑名单的实施中，航空公司、中航协以及民航局应分别扮演何种角色？这涉及权力制衡和权力监督问题；其三，如何从立法层面完善我国民航旅客黑名单制定主体制度？这涉及民航旅客黑名单制度的顶层设计问题。

第一节　明确民航旅客黑名单制定主体的重要性

制定主体制度是民航旅客黑名单制度的重要内容。制定主体，即民航旅客黑名单的制定者，其重要性体现在以下三个方面：其一，决定了民航旅客黑名单的权力来源；其二，确定了被列入黑名单的旅客维权时的相对人；其三，关系到旅客黑名单争议的解决机制。简言之，民航旅客黑名单制定主体关系到民航旅客黑名单的合法与否，关系到旅客维权对象和权利救济机制。

一、关系黑名单的权力来源

本质上，民航旅客黑名单是一种权利(力)的再分配。航空公司作为一种公共运输承运人，通常承担着一定的社会责任，法律也一般规定其负有强制缔约之义务。然而，黑名单制度豁免了航空公司的强制缔约义务，即赋予航空公司拒绝运输特定旅客之权力。这种拒载权意味着对被列入黑名单的旅客出行自由以及消费选择权的限制乃至剥夺。换言之，旅客黑名单制定主体的确定不仅关系到这种国家公权力的分配问题，而且关系到公民私权利的增减问题。随着旅客跨地区、跨国家之间交往交流的日益频繁，乘机出行成为旅客重要甚至唯一的选择。一旦上了旅客黑名单，旅客的出行自由必然受到严重限制，尤其是在国家公权力日益膨胀的今天，黑名单的泛化更应当引起警惕。民航旅客黑名单的制定主体问题，归根结底是权利(力)的再分配问题，其决定了黑名单制定主体的法律依据问题，也决定了黑名单的合法与否。质言之，只有法律明确授权的主体才享有民航旅客黑名单的制定权，才能制定民航旅客黑名单，否则，黑名单有可能因为制定主体不适格而不具有法律效力。因此，制定主体问题决定了民航旅客黑名单合法性的法律基础。

二、关系被列入黑名单的旅客维权时的相对人

民航旅客黑名单涉及旅客作为公民所享有的自由出行权等基本权利，也涉及旅客作为消费者所享有的知情权、选择权、人格权等重要权利。所以，如果黑名单制定不当，或者旅客认为自己因被列入民航黑名单而使自身合法权益遭到损害时，有权通过法律途径进行维权，比如诉讼。然而，在旅客进行维权时，确定合适的相对人是首要问题。在我国的诉讼机制中，“明确的被告”是人民法院进行立案的前提条件。维权相对人只能从黑名单制定主体确定。换言之，黑名单主体既是侵害民航旅客合法权益的主体，也是民航旅客寻求救济的相对人。

通常而言，航空运输企业是民航旅客黑名单的实施主体，航空公司等航空运输企业作为旅客运输协议的主体，也是旅客直接接触的合同相对人。当旅客被列入黑名单时，其首先想到的维权对象应当是航空运输企业，其能直接沟通的也是航空运输企业。因此，如果民航旅客黑名单由航空运输企业制定，则其实施主体与制定主体就是一致的，旅客维权的相对人也是明确的，即航空运输企业。然而，在民航旅客黑名单的实施主体与制定主体不一致的情况下，旅客首先要确定黑名单的制定主

体，进而确定自身权益遭受损害的实施主体，最终确定维权的相对人。如此一来，旅客可能就面临着艰难选择：是向拒载的民航运输企业即航空公司进行维权，还是向黑名单的制定主体进行维权？能否先向航空公司进行维权再向黑名单制定主体维权？一般来说，权利义务具有相对性，因为黑名单制定问题引发的争议应当向黑名单的制定主体进行维权。

所以说，民航旅客黑名单制定主体问题，解决了被列入黑名单的旅客维权的对象问题。在民航旅客进行维权、寻求救济时，可以直接以黑名单的制定者即发布者为对象采取相关措施，而无须通过其他证据确定相对人。从这个角度来看，解决了民航旅客黑名单制定主体问题，可以大大降低旅客的救济成本，也有利于旅客维权的顺利进行。

三、关系被列入黑名单的旅客的救济机制

“有权利，必有救济”，然而，不同的侵权类型的救济机制亦不相同。救济机制和救济途径最终是由法律关系的性质决定的，而法律关系的性质则是由行为主体的法律地位决定的。具体到民航旅客黑名单，其制定主体不同，黑名单的法律属性就不同，所产生的法律关系也不同，由此引发的纠纷的解决机制当然也不同。详言之，如果民航旅客黑名单是由国家机关（如民航局）或者法律授权的主体（如中航协）制定，其所形成的法律关系属于行政法律关系，由其引发的争议可以通过行政复议或行政诉讼解决；如果民航旅客黑名单是由航空运输企业（如航空公司）制定，其所形成的法律关系属于民事法律关系，由其引发的争议则可以通过协商、调解、民事仲裁或民事诉讼解决。因此，民航旅客黑名单制定主体的确定，关系到被列入黑名单的旅客的救济机制。

第二节　现行法律关于民航旅客黑名单制定主体的规定及争议

民航旅客黑名单一般针对可能对民航运行安全造成现实危害的违法违规行为，旨在保护社会公共利益及他人合法权益。从外在表现看，民航旅客黑名单针对的是旅客违法违规行为；从内在特征看，民航旅客黑名单针对的是旅客危害航空安全（公共利益）、妨碍航空运营秩序（行业利益）以及给航空公司造成损失的（企业利益）不轨行为，这也是黑名单存在的正当基础。

一、现行法律关于民航旅客黑名单制定主体的规定

在我国黑名单的实践中，黑名单的制定主体非常多，既有具有法律效力的行政黑名单、司法黑名单、行业黑名单，也有不具有法律效力的企业黑名单、个人黑名单。

民航旅游属于旅游业的一部分，所以旅游业的黑名单制度适用于民航旅客黑名单制度。2015 年 3 月 24 日，国家旅游局办公室发布了《游客不文明行为记录管理暂行办法》。该办法第 3 条规定："县、地（市）、省级旅游主管部门负责本区域内的'游客不文明行为'采集报送等工作。国务院旅游主管部门负责全国'游客不文明行为'管理工作。"第 4 条规定："省级旅游主管部门建立本行政区域的'游客不文明行为记录'。国务院旅游主管部门建立全国'游客不文明行为记录'。"可见，旅游黑名单属于行政黑名单，由省级以上国家旅游主管部门制定发布。

《办法》作为民航领域首个直接规定黑名单的法律规范，在第 3 条规定："中国航空运输协会（以下简称中航协）负责建立和管理民航旅客不文明行为记录。中国民航信息集团公司等单位负责提供技术保障。"《办法》将民航旅客黑名单的制定权赋予了中航协，由其制定的黑名单属于行业黑名单。但是需要注意的是，该办法仅规定由中国民航信息集团公司等单位负责提供技术保障，而对民航旅客不文明信息的提供以及黑名单的监督、实施等内容未作出规定。也就是说，《办法》仅规定了民航旅客黑名单的制定主体，没有规定民航旅客黑名单的启动主体、监督主体和实施主体。

"385 号文"在民航旅客相关失信信息采集方面规定，"民航局应当和公安机关、人民法院协调建立信息推送机制。因本意见第一部分第（一）项（旅客在机场或航空器内实施下列行为被公安机关处以行政处罚或被追究刑事责任的——笔者注）所列行为而被公安机关处罚或者被追究刑事责任的，由做出处罚决定的公安机关和做出判决的人民法院将名单推送民航局，由民航局按照规定程序纳入限制乘机名单"。在发布执行和权利救济方面，"385 号文"规定，"民航局按照规定程序，每月第一个工作日在指定的民航网站和'信用中国'网站发布限制乘机名单信息，异议处理部门及联系方式应当同时公布。名单自发布之日起 7 个工作日为公示期，公示期内，被公示人可以向有关部门提出异议，公示期满，被公示人未提出异议或者提出异议经审查未予支持的，名单开始执行。被纳入限制乘机名单的人员认为纳入错误的，可以向有关机关、单位提起复核"。由是观之，"385 号文"不仅规定了民航旅客黑名单

的建议主体、制定主体，而且规定了民航旅客黑名单的发布平台和救济途径。根据“385号文”的规定，民航旅客黑名单属于行政黑名单，由民航局制定发布。需要注意的是，“385号文”是从社会信用体系建设的角度对特定严重失信人乘坐民用航空器作出的规定，不同于一般意义上的民航旅客黑名单规范。并且，“385号文”将旅客受到公安机关处罚或者被追究刑事责任作为列入黑名单的前置程序，并没有规定航空运输企业在旅客黑名单制定中的角色作用。巧合的是，在“385号”发布实施后，中航协就不再公布旅客黑名单了。

许多航空公司通过运输总条件也对旅客黑名单作出了规定。航空运输企业通常会在其运输总条件中“拒绝或者限制运输”条款下规定“拒载”之情形。譬如，《春秋航空有限公司旅客、行李国内运输总条件》第5条“拒绝运输”中的“（十二）旅客曾有航班上的不良行为记录，并且春秋航空有理由相信此种不良行为仍有可能再次发生”。航空运输企业的运输总条件属于航空公司的单方规定，构成了旅客运输合同（格式条款）的一部分。航空运输企业据此制定的民航旅客黑名单属于企业黑名单。

可见，在我国现阶段，民航局、中航协、民航运输企业都可以制定民航旅客黑名单，都可能成为民航旅客黑名单的制定主体。但是，民航旅客黑名单是否应当由国家法律法规予以明确，抑或可以由航运企业通过运输总条件予以规定以及二者之间的关系，这是需要讨论的问题，也是本书研究的重点。各航空公司依据运输总条件的规定发布的民航旅客黑名单则属于企业行为，不属于行政行为，也不发生行政行为法律后果，其合理性与合法性存疑。

二、我国民航旅客黑名单制定主体多元化引发的争议

在我国民航旅客黑名单实践中，形成了多元化的制定主体，既有行政机关即民航局，也有行业协会即中航协，还有航空运输企业即航空公司。这种多元化的旅客黑名单引起了巨大争议，尤其是在民航旅客黑名单第一案即“厦航范某军案”中体现得更为明显。整体而言，目前关于民航旅客黑名单制定主体的争议主要有以下几个方面：

一是制定主体不统一。我国民航旅客黑名单既可能由航空公司发布，也可能由中航协发布，还可能由民航局发布，制定主体比较混乱。就我国目前的实践经验而言，关于民航旅客黑名单制定主体讨论是围绕着航空公司、中航协展开的。但学界关于这一问题的理论争鸣多数支持由民航主管部门作为制定主体。

二是制定主体权威性不够。制定主体权威与否,决定了民航旅客黑名单权威与否。在我国,航空运输企业承担着重大的社会责任,其在制定旅客黑名单时存在很大的随意性,侵害旅客权利的情形并不少见。

三是航空运输企业作为民航旅客黑名单制定主体的合法性。出行自由,被公认为是公民所享有的宪法性权利。根据我国《立法法》第 8 条的规定,对公民政治权利的剥夺、限制人身自由的强制措施和处罚只能制定法律规定。同时,对公民权利的限制或剥夺也只能由国家机关或者法律授权的机关行使。民航旅客黑名单通常被认为属于行政处罚,不仅限制了旅客作为公民享有的出行自由权,也限制了旅客作为消费者享有的知情权、选择权、人格权等,应当由国家行政机关或者授权其他部门行使。航空公司作为航空运输合同的一方当事人,与旅客处于同等的法律地位,二者之间的关系受合同法、民法等私法调整,其不应当成为旅客黑名单的制定主体。因此,航空公司制定民航旅客黑名单的合法性受疑。

四是中航协作为民航旅客黑名单制定主体的公正性。根据中航协官方网站的介绍,其法律地位是以民用航空公司为主体的全国性、行业性、非营利性社会组织,其宗旨是遵守宪法、法律法规和国家的方针政策,按照社会主义市场经济体制要求,努力为航空运输企业服务,维护行业和航空运输企业的合法权利,为会员单位之间及会员单位与政府部门之间的沟通,发挥桥梁和纽带作用。由此可见,中航协是以维护航空公司利益为首要目的。如果由其作为旅客黑名单的制定主体,难免有失公允。同时,《办法(试行)》第 6 条规定:“中航协每月从民航局获取不文明行为旅客信息。中航协每月更新民航旅客不文明行为记录,并告知航空公司、中航信和旅客本人。”那么,民航局从哪里获取不文明行为旅客信息?对此,该办法语焉不详。另外,《办法(试行)》第 7 条规定:“旅客对列入不文明行为记录有异议的,可向中航协提交异议申诉,并提供有关证明材料。中航协自收到旅客异议申诉之日起 15 个工作日内向申请人做出答复。异议处理期间,民航旅客不文明行为记录的管理不受影响。”质言之,中航协既是民航旅客黑名单的制定主体,也是民航旅客黑名单的监督主体,陷入了“自己监督自己”的错误逻辑中。因此,由中航协作为民航旅客黑名单的主体容易引起社会的质疑,尤其是在我国转型期,社会组织尚不发达,其独立性、权威性较弱,“半官半民”属性明显。如果黑名单缺乏健全的制定程序作为保障,其主观性、随意性就会大大增加,权威性、实效性也会大大降低。

五是未明确监督主体。民航旅客的制定主体不是孤立存在的,而是权力分配的结果。在民航旅客黑名单主体制度中,立法主体、建议主体、制定主体、实施主体、监督主体、救济主体等应当分工明确、互相配合。当前我国民航旅客黑名单制度缺乏相应的独立的监督主体,存在规则制定主体与名单确认主体以及监督主体混同的情况,在我国民航旅客黑名单制度创新时应当改变这一状况。

第三节　确定民航旅客黑名单制定主体的考量因素

一、制定民航旅客黑名单的宗旨目的

制定民航旅客黑名单的目的主要有三:一是保障公共航空运输安全;二是维护航空运营秩序;三是充分利用航空运输资源以及提高航空运输效率。但无论民航旅客黑名单的范围如何拓展,安全都是其最重要的价值追求。这里的安全,不仅包括航空运输企业以及其他旅客的人身安全和财产安全,而且更包括社会公共安全。保障航空运输安全是制定旅客黑名单的主要目的,维护航空运营秩序、利用航空运输资源、提高航空运输效率等其他目的,都服务并服从于这一目的。究其原因,就在于,航空运输与其他运输方式相比,其对安全系数的要求更高,危险事故发生的后果更具有灾难性。

换言之,民航旅客黑名单制度的目的不是惩罚恐怖分子和不轨旅客,而在于保障公共航空运输安全。一切偏离于这一目的的旅客黑名单都是不正当的。在我国民航旅客黑名单实践中,许多航空公司从保护自身利益出发,在旅客维权(如航班晚点后索赔)后将其列入黑名单的做法就违背了旅客黑名单制度的初衷。所以,那些容易偏离民航旅客黑名单制度目的的组织或部门(如航空运输企业)就不宜成为民航旅客黑名单的制定主体。

二、民航旅客黑名单制定主体的权威性

民航旅客黑名单的权威性来源于以下3个因素:一是民航旅客黑名单制度的权威性。民航旅客黑名单制度的立法层级越高,民航旅客黑名单就越权威。二是民航旅客黑名单制定主体的权威性。民航旅客黑名单制定主体级别越高、独立性越强,民航旅客黑名单就越权威。三是民航旅客黑名单的公正性。制定民航旅客黑名单程序越透明、实体越公正,民航旅客黑名单就越权威。

我国民航旅客黑名单制度广遭诟病,其中一个重要原因就在于,黑名单的制定

主体的权威性不够。尤其是在制定主体权威性不够的情况下,黑名单的认定标准、制定程序、救济机制等相关制度又相当滞后,民航旅客黑名单的权威性因此而大打折扣。

相比航空公司等航空运输企业以及航空运输协会等社会组织而言,民航运输主管部门(如民航局)的权威性更高。民航运输主管部门的权威来自国家的权威,社会组织的权威来自社会的权威,航空运输企业的权威来自企业自身的权威,通常而言,三者的权威性逐渐降低。从这个角度看,由民航局制定民航旅客黑名单的权威性最高,中航协次之,航空公司再次之。

三、民航旅客黑名单制定主体的利益相关性

任何制度的设计都是利益博弈和平衡的结果,民航旅客黑名单亦不例外。在民航旅客黑名单法律关系中存在不轨旅客、其他旅客、航空运输企业、社会公众、政府等不同利益主体。这些不同利益主体具有不同的利益诉求,如不轨旅客的个人利益、航空公司的企业利益、社会公众的公共利益、政府的行业利益和国家利益等,这些利益形态有时相互冲突,有时互为表征。

民航旅客黑名单虽然以追求民航安全这一公共利益为首要目的,但正如公共利益的优位具有相对性一样,民航旅客黑名单也不能完全置其他利益主体的利益诉求于不顾。换言之,在航空安全与旅客个人权利这两个价值目标的选择上,航空安全具有优先性,当二者发生矛盾和冲突时,旅客个人权利应当让位于航空安全。但是,这种利益平衡不是绝对的,而是应当建立在保障旅客基本权利基础之上的。质言之,旅客黑名单涉及旅客的自由选择权、人格权、自主选择权等重要权利,在制定旅客黑名单时价值的天平会向安全倾斜,免除了航空公司作为公共运输承运人的强制缔约义务,赋予其具有一定限度的选择消费者的权利。

选择民航旅客黑名单制定主体时,应当考虑不同主体同黑名单之间的利益相关性,选择利益关联性最小的主体。确定制定主体与民航旅客黑名单之间利益关联性的大小可以参考以下三个要素:一是利益的直接关联性。制定主体与民航旅客黑名单之间的关联越直接,二者之间的利益关联性越大。由此,航空公司与旅客黑名单之间的利益最为直接和相关,中航协次之,民航局再次之。二是旅客不文明行为损害后果的直接承担者。民航旅客黑名单的目的在于规制旅客不文明行为,旅客不文明行为的损害后果将直接由航空运输企业承担。由此,航空公司与旅客不文明行为

的损害后果最为直接，中航协次之，民航局再次之。三是民航旅客黑名单潜在的利益影响者。民航旅客黑名单制定发布后，最为直接的影响者除了被列入黑名单的旅客外，就是所有的航空运输企业。由此，航空公司和中航协是旅客黑名单最直接的潜在利益影响者，民航局次之。

民航旅客黑名单的权威性来源于其制定主体的权威性，而其制定主体的权威性则来自制定主体自身的中立性、客观性和超然性。由前述分析可知，航空公司与民航旅客黑名单的利益关联性最强，其作为航空运输合同主体的一方，与旅客具有同等的法律地位，不应作为黑名单的制定主体。相对而言，中航协和民航局是独立于航空运输企业和旅客之外的第三方，其制定黑名单理应相对更加公平，作为黑名单的制定主体更加合理。

四、制定民航旅客黑名单的可操作性

制度的可操作性是一个现实问题，其涉及制度的运行成本和运行成效问题。一项制度设计得再完美，如果无法落实，那也是一纸空文。对民航旅客黑名单而言，在确定制定主体时必须考虑该制度的可操作性问题。对此，可以从以下 3 个角度进行考量。

一是信息对称。旅客不文明信息的收集、识别和判断是制定民航旅客黑名单的前提和基础，黑名单制定主体应当充分了解并掌握不轨旅客的信息和资料，然后决定是否将其列入黑名单。例如，旅客是否实施了不文明行为，实施了何种不文明行为，实施不文明行为的动机和目的如何，不文明行为造成了哪些后果或者危害程度如何，以及该不文明行为的再现概率的高低，等等。如果相关主体在获取旅客信息和资料时越准确、越及时、越充分，那么说明该主体越适合作为旅客黑名单的制定主体。从这个角度看，航空公司等航空运输企业最适合作为旅客黑名单的制定主体。

二是效率与公平。民航旅客的流动性较强，旅客不轨行为的危害性较大，如果黑名单制定效率较高则能及时禁止那些有可能再次实施不轨行为的旅客乘机，从而更好地发挥黑名单制度的功效。航空公司等航空运输企业的市场机制灵活，其在制定旅客黑名单时程序简便、效率较高，当然最合适作为旅客黑名单的制定主体。但是，由于某航空公司制定的黑名单不能在其他航空公司适用，所以从整个民航运输业来看，由航空公司制定旅客黑名单的效率并不高。同时，从公平角度出发，民航局作为民航主管部门以及中航协作为民航运输协会，其在制定旅客黑名单时由于程序严格,其黑名单亦应较为公正。

三是对被列入黑名单的旅客的救济。健全的救济机制、畅通的救济渠是民航旅客黑名单制度的应有之义。民航旅客黑名单制定主体的确定不仅涉及黑名单的制定,而且还关系到黑名单制度的实施和被列入黑名单的旅客权利的保障与救济。由于黑名单制度赋予航空公司拒载相关旅客之权力,相关旅客因此而无法购买航空公司的机票,航空公司是“侵害”旅客权益最直接的主体,也应当是旅客直接的维权对象。因此,从表面上看,在黑名单的制定主体与实施主体一致的情况下,被列入黑名单的旅客不需要区分损害自身合法权益的行为主体,可以直接向黑名单实施主体(航空公司)提出维权请求,并由黑名单制定主体(航空公司)直接向旅客承担责任,这样既减少了被列入黑名单的旅客的维权环节,也降低了被列入黑名单的旅客维权的时间成本和经济成本。然而,实际上,由于航空公司所在地不同且有时难以确定,对被列入黑名单的旅客而言,其维权成本救济成本未必低。相反,如果明确且统一规定旅客因被列入黑名单的救济途径为行政复议和行政诉讼,维权主体为黑名单的制定主体(中航协或民航局),那么对被列入黑名单的旅客而言,其维权成本并不会高于向航空公司维权的成本。另外,在确定民航旅客黑名单的制定主体时,还应当考虑相关主体的责任能力,从而确保被列入黑名单的旅客的损害能够得到及时且充分的赔偿。

第四节　民航旅客黑名单有关主体分工的选择及完善

安全是民航运输的生命线。民航旅客黑名单的建立健全并非一蹴而就,选择合适的制定主体成为该制度创新的重要内容之一。

一、各类主体作为民航旅客黑名单制定主体的优劣

结合前文关于确定民航旅客黑名单制定主体的考量因素,对各类主体作为民航旅客黑名单制定主体的优劣作出如下分析。

首先,关于民航局等民航主管部门能否作为民航旅客黑名单的制定主体问题。从域外实践来看,民航主管部门作为国家行政机关,享有国家安全和公共安全执法权。尤其是其与打击恐怖活动和违法犯罪活动的国家安全机关和公安机关联系密切,而后者掌握着最为详细恐怖分子和暴力犯罪分子的信息和动态,因此由民航主

管部门制定危害航空安全的恐怖分子黑名单不仅可行而且必要。但我国民航旅客黑名单主要是针对不轨旅客制定的，其能否成为黑名单的制定主体？如果从权威性、利益相关性等角度来看，由民航局等民航主管部门制定民航旅客黑名单更为合适。但是，从可操作性来看，由民航局等民航主管部门作为民航旅客黑名单的主体容易，使其陷入无休止的行政复议、行政诉讼中，可操作性不强。这也是为什么"385号文"并未赋予其被列入黑名单的旅客救济权力的主要原因，这也从反面说明由民航局制定旅客黑名单并非最佳选择。

其次，关于航空公司等航空运输企业能否作为民航旅客黑名单的制定主体问题。由航空公司制定民航旅客黑名单，是国内外的普遍做法，但实践并非具有当然的正当性与合法性。尤其是对于以公有制为主体的我国当下而言，绝对大部分航空公司都是国有企业，承担着更大更多的社会责任，负有强制缔约义务。虽然，从民法角度看，航空公司作为"独立经营、自负盈亏"的企业法人，有权通过运输总条件将不轨旅客列入黑名单而予以拒载。然而，从经济法方面来看，航空公司作为公共航空运输企业与作为消费者的旅客并非平等的法律主体，前者负有强制缔约义务，不能拒绝旅客正当合理的要约请求，即不能随意制定旅客黑名单。从效率的角度出发，航空公司是民航运输合同的一方当事人，其对民航旅客的不文明行为及其危害后果的了解最为直接、更为详细，由其制定黑名单能避免"烦琐"的认定程序，有利于提高黑名单的效率价值。并且，在我国当前的司法环境下，如果旅客以航空公司为维权相对人而提起民事诉讼，比以民航局为维权相对人提起行政诉讼的胜诉可能性大。但是，笔者仍不赞同将航空公司作为旅客黑名单的制定主体。究其原因就在于，航空公司是黑名单的利益相关方，其在设定黑名单的过程中难以保证公正、客观的立场，旅客的合法权益很容易被侵犯。事实也表明，航空公司极易滥用旅客黑名单的制定权，导致旅客权益被任意践踏。因此，由航空公司设定黑名单的做法是不合适的。

再次，关于中国航空运输协会能否作为民航旅客黑名单的制定主体问题。也许有人认为，中航协是维护民航运输行业和航空运输企业利益的社会组织，由其制定旅客黑名单难免会有偏袒行业利益甚至企业利益之嫌。其作为《办法》即黑名单制度的制定者，由其制定旅客黑名单也违背了回避原则，陷入"自说自话"的矛盾之中。事实上，中航协并不享有国家行政权，其制定黑名单是否具有法律强制力也受到质疑。中航协作为非营利性社会组织，并不直接参与航空运输活动，与黑名单所涉各方的利益相关性最低,其可以作为旅客黑名单的制定主体。关键的问题在于,如何保证中航协的中立性、独立性和客观性,如何使其享有国家行政管理权。针对前者,可以通过社会组织改革以及完善旅客黑名单监督制度来实现;针对后者可以通过法律授权的方式实现。对此,下文将详述。

最后,关于机场以及机场公安能否作为民航旅客黑名单的制定主体问题。相对于公安机关而言,机场公安专司航空安全工作,熟悉航空安全法律法规,由其制定旅客黑名单似乎较为合理。但其毕竟属于民航局的内设机构,接受民航局的管理,①因此,由其制定旅客黑名单可以视为由民航局制定旅客黑名单,上述关于民航局作为旅客黑名单制定主体的合法性合理性问题同样存在于机场公安。对于机场而言,其与航空公司一样都属于航空运输企业,对于发生在机场内的旅客不文明行为(如安检环节的旅客不文明行为)似乎可以制定旅客黑名单,但如同前文关于航空公司的研究分析,机场适合作为旅客黑名单的建议主体,而不宜作为民航旅客黑名单的制定主体。

二、建议授权中航协作为民航旅客黑名单的制定主体

从我国现实国情出发,由中航协作为民航旅客黑名单的制定主体比较现实可行。究其原因在于,中航协作为公益性社会组织,担负着政府与企业之间沟通纽带与桥梁的重任,其在维护航空运营秩序、促进航空业健康发展方面发挥着重要作用。

尤其是,由中航协作为民航旅客黑名单的制定主体符合我国当前社会“共治理念”。在共治理念下,NGO 等各类非政府组织与企业、公民等市场主体一并参与到社会治理中来,强调各部门、各主体之间的沟通协作,有利于提高治理绩效。具体到民航旅客黑名单制度的设计,由中航协作为黑名单的制定主体既能够保证黑名单的权威性,又具有较强的可操作性。因此,应当通过立法授权中航协行使民航旅客黑名单的制定权。

问题在于,如何保证中航协的中立性、公正性和权威性。人们对中航协作为民航旅客黑名单制定主体的担忧在于,其中立性和公益性不足,从而导致其制定的旅客黑名单的公正性和权威性不够。笔者认为,这种担忧不无道理。在我国社会转型

① 中国民用航空局主要职责:(十一)管理民航地区行政机构、直属公安机构和空中警察队伍。参见中国民用航空局网,http://www.caac.gov.cn/G1/G4/,最后访问日期:2020 年 12 月 18 日。

期,由计划经济脱胎而来的社会组织的角色定位不明晰,具有“半官半民”性质,独立性和公益性不强,且普遍存在管理混乱、职能不清、监管不力等弊病,远未发挥其应有的调节职能。对于中航协而言,要改变这一局面,一方面,依赖于我国社会组织改革的深入推进,促使中航协回归到社会组织的本质;另一方面,依赖于黑名单制度的建立健全,即在完善黑名单制定主体制度时,建立黑名单的建议主体、监督主体、实施主体、救济主体等。

三、其他主体在民航旅客黑名单制定上的分工与作用

民航旅客黑名单的规则设定主体即民航旅客黑名单规则的制定主体,民航旅客黑名单的实施主体包括民航旅客黑名单的发起主体(由谁提起民航旅客黑名单)和民航旅客黑名单的确定主体(由谁调查和确定民航旅客黑名单),民航旅客黑名单的监督主体即由谁对民航旅客黑名单的实施进行监督管理,民航旅客黑名单的救济主体即由谁对进入黑名单的民航旅客进行救济。从某种程度上讲,救济主体也属于广义的监督主体。下文仅围绕民航旅客黑名单的其他主体制度展开。

首先,目前由航空公司制定黑名单的做法不合适。航空公司是黑名单的利益相关方,其在制定黑名单的过程中难以保证公正、客观的立场,旅客的合法权益很容易被侵犯。故而,作为黑名单的制定主体,应当具备社会公信力与权威,能够保持公平公正的态度,不受外界因素的干扰。从这一角度出发,民航局作为主管民用航空事业的国家行政管理机关,具备成为黑名单制定主体的资格,应当被赋予旅客黑名单的最终决定权。换言之,政府制定民航旅客黑名单主要是为了保障民航运输安全,制定黑名单的适格主体应当是与民航安全息息相关的国家行政机关。但为了避免使民航局陷入无休止的行政复议和行政诉讼中,建议授权或委托中航协行使旅客黑名单的制定权。其次,航空公司作为提供公共运输服务的承运人,应当成为民航旅客黑名单的建议主体和实施主体。对于发生在本公司航班上的旅客不轨行为,航空公司有权启动旅客黑名单程序,向中航协递交黑名单建议旅客名单并提交相关证据材料。换言之,航空公司在不轨旅客实施不文明行为后,可以将旅客不文明行为的事实、证据、依据以及列入黑名单的建议一并递交给中航协,由中航协在听取旅客的陈述、辩解甚至听证后予以审查、核实,并最终确认是否将该旅客列入黑名单。作为黑名单的实施主体,航空公司的主要职责包括拒绝向旅客出售客票与向旅客通报情况。航空公司在获得黑名单后,就应拒绝向黑名单内旅客出售客票,而不应将禁飞

时间点延迟至登机前。航空公司要将旅客被列入黑名单的具体情况通报给其本人，以方便旅客安排出行。在告知旅客被列入黑名单时，航空公司应同时使旅客知晓救济途径。再次，要赋予民航局对旅客黑名单的监督权。一方面，中航协拟出黑名单建议旅客名单后，应当报民航局进行实质审查，审查同意后方可发布实施；另一方面，在旅客对黑名单有异议时，可以通过行政复议方式向民航局提出重新评估的申请，从而发挥监督职能，防止中航协滥用旅客黑名单的制定权。最后，旅客被列入黑名单之后，要给予旅客充分有效的救济权利，人民法院可以作为黑名单的救济主体。司法救济是最后的救济手段，也是最常用的维权渠道。当列入黑名单的旅客认为自己合法权益受到非法侵犯时，有权以中航协为被告向人民法院提起行政诉讼。当然，从更广泛的意义上讲，媒体、社会公众等也可以对民航旅客黑名单的制定和实施进行监督，因此，应当通过立法使其接受媒体、社会公众、其他旅客及组织内部的全方位监督。

简言之，民航旅客黑名单的发起主体和实施主体应当是航空运输企业，包括航空公司、机场等；民航旅客黑名单的制定主体由中航协承担较为合适，具体可以通过立法授权来实现；民航旅客黑名单的监督主体应当是民航局，即通过行政复议的履行监督职责；民航旅客黑名单的救济主体是人民法院，即对航空运输协会提起行政诉讼（包括一审和二审）的人民法院。上述主体应当权责清楚、分工合理、相互配合，共同推动民航旅客黑名单的制定与实施。

四、专家评审制度

规范化、体系化的民航旅客黑名单主体制度，往往需要其他制度的辅助以便形成“制度合力”，从而保证旅客黑名单在适用中达到确保航空安全与维护旅客利益之间的平衡，专家评审制度便是重要的辅助制度。

所谓专家评审制度，是指在制定民航旅客黑名单发生争议时，相关领域的专家提供智力支持，对旅客是否列入黑名单提出建议并对可能产生的风险进行评估的规范和制度。在制定民航旅客黑名单时，引入专家评审制度有利于黑名单制定的民主化与科学化，有利于确保黑名单的公平与合理，有利于降低黑名单制定不当产生的法律风险与社会风险。

在我国民航旅客黑名单制度中引入专家评审制度时，需要注意完善以下三方面机制：一是专家准入机制。专家的能力和素质决定了专家意见的可行与否，因此要建立健全民航旅客黑名单专家准入机制,严格筛选民航旅客黑名单。因此,要提高专家评审条件,细分专家评审领域,规范专家评审程序。二是专家评审保密机制。由于民航旅客黑名单制定中会涉及旅客的隐私和个人信息以及反恐信息等国家秘密,对此专家评审时应严格保密。为此,可以综合运用现场评审、通讯评审和网络评审相结合的方式,这样既能够提高评审效率也能够保证评审保密。三是专家管理机制。专家的专业性、独立性和公正性必然会对专家评审意见产生重要影响,为此要明确专家的权利义务,减少对专家各种不当干预,提高专家评审的透明度,完善专家回避、监督和淘汰制度。

本章小结

确定民航旅客黑名单制定主体具有重要的意义,不仅关系到黑名单制定主体的权力来源,也关系到确定被列入黑名单的旅客维权时的相对人。我国现行法律法规关于旅客黑名单制定主体的规定存在不统一、不权威的缺陷。确定民航旅客黑名单制定主体应当考虑权威性、超脱性、可操作性等因素。笔者建议,授权中航协为民航旅客黑名单制定主体;民航运输企业作为旅客黑名单的启动主体和实施主体享有制定黑名单的建议权;民航局作为旅客黑名单的监督主体享有黑名单的备案审查权;民航局和人民法院作为旅客黑名单的救济主体,有权通过行政复议和行政诉讼对被列入黑名单的旅客提供救济;媒体和社会公众作为旅客黑名单的监督主体,有权对黑名单进行社会监督。

第九章　范围之维：哪些旅客应被列入民航旅客黑名单

黑名单由于其形式简明、威力巨大，不仅已经普遍应用于行政管理领域，而且已经拓展到社会诚信建设、司法执行、个人生活等各个领域。然而，社会对其大加赞赏者有之，严厉批评者亦有之。民航旅客黑名单制度由于产生较晚，其实施效果仍有待观察，其制度设计仍有待探讨。关于民航旅客黑名单制度，可以从制定主体、进入条件、退出机制、救济途径等方面展开研究。然而，无论如何都绕不开黑名单范围这一核心问题，即哪些旅客的哪些行为是被法律禁止的。基于此，本章对民航旅客黑名单范围展开研究，具体从以下两个思路展开：一是从域外法视野，对域外立法及航空公司的黑名单范围进行比较；二是从国内法视野，对我国目前立法和航空公司关于航空旅客黑名单的范围进行比较，在此基础上提出构建我国民航旅客黑名单范围的制度建议。

第一节　民航旅客黑名单范围的域外立法

我国是国际民航组织的创始成员国，必须遵守和执行国际民航组织提出的标准和建议措施。一般情况下，《国际民用航空公约》等国际法规范要优先于国内法规范适用（保留条款除外）。然而，实际上，无论是国际立法，还是域外其他国家立法，抑或是国外航空公司内部规范，都没有直接明确规定民航旅客黑名单制度，亦没有采用“黑名单”概念，而是从“拒绝运输”（拒载）的角度对“潜在威胁的人”作出强制措施。在研究我国民航旅客黑名单时，不能忽视这一国际惯例。

一、关于民航旅客黑名单范围的国际立法

《东京公约》作为最早规范旅客不文明行为的国际公约，其在第1章第1条规定：“本公约适用于：甲、违反刑法的罪行；乙、危害或能危害航空器或其所载人员或财产的安全，或危害航空器上的良好秩序和纪律的行为，无论是否构成犯罪行为。”可见，该公约的适用范围包括“犯罪行为”和“旅客不文明行为”两类。同时，该公约授权机长在飞行中有权采取一切必要措施制止航空器内的犯罪行为和旅客不文明行为，包括拒载，即有权要求有关旅客在任何降落国离开航空器。但是，《东京公约》并未规定旅客不文明行为的具体表现和类型。

《保安手册》作为《国际民用航空公约》附件17，列举了具体的民航旅客不文明行为，《保安手册》在第4.2.5款规定：“必须授权经营人拒绝运输被认为对航空器存在潜在威胁的人。登上或进入航空器前拒绝接受筛查的任何人必须被拒绝登机。”进而，其在第4.4款，将“潜在威胁”人员限定为被拘押人员、危险犯人、精神病人、被驱逐出境者4类。显然，《保安手册》关于“潜在威胁的人”的范围界定过窄。

《关于不循规/扰乱性旅客法律问题的指导材料》（以下简称“第288号通告”）作为国际民航组织专门制定的针对旅客不文明行为的法律文件，首先对不循规/扰乱性旅客作出了界定，即在航空器上不遵守行为准则或者拒绝听从机组成员的指示从而扰乱航空器上良好秩序和纪律的旅客；同时，对旅客“不循规/扰乱性行为”进行了类型化，即其通过《航空器内实施某些犯罪的示范法律文本》规定了“不循规/扰乱性行为”的3种具体类型：一是攻击和干扰机组人员的行为，二是危害他人和航空器秩序的不法行为，三是对“航空器安全”产生直接的、负面影响的行为（具体内容见表9-1）。“第288号通告”根据旅客不循规行为的危害程度，为各成员国解决不循规旅客问题提供了一个立法范本。

表 9－1 不循规/扰乱性行为的 3 种类型及其具体表现

"不循规/扰乱性行为"的 3 种类型	"不循规/扰乱性行为"的具体表现
攻击和其他危害民用航空器内机组人员的干扰行为	①攻击、胁迫或者威胁，身体上或口头上，危害机组人员，干扰了机组人员职责的履行或者削弱了机组人员履行职责的能力； ②拒绝遵守航空器机长作出的指示，或者为了确保航空器安全，或航空器内人员或者财产的安全，或者为了保持航空器内的良好秩序和纪律，代表机长而由机组人员作出的指示
攻击和其他危害安全或者损害航空器良好秩序和纪律的行为	包括任何人在航空器内实施针对个人的暴力行为、性攻击或者对小孩的骚扰以及消费饮料或者引起沉醉的药品
其他在航空器内实施的行为	①在厕所吸烟，或者以同样的方式在任何其他的地方吸烟，可能危及航空器的安全； ②损害吸烟检测装置或者任何其他与安全有关的装置； ③操作手提电子装置等

二、发达国家或区域关于民航旅客黑名单范围的立法

美国民航旅客黑名单最早可以追溯至 20 世纪 80 年代，但民航旅客黑名单正式登上历史舞台则是在"9·11"事件之后。因恐怖袭击对航空业造成了巨大冲击，迫切需要重拾民航旅客信心，美国国会根据《航空运输安全法》（ATSA）赋予运输安全管理局制定"禁飞名单"（No Fly List）和"飞行受限制名单"（Selectee List）的职权。"禁飞名单"中的人员不得搭乘飞机；"飞行受限制名单"中的人员在机场将受到特别检查。美国《航空运输安全法》第 449 章保安 44902（b）规定："根据局长制定的规章，航空承运人、州内航空承运人或外国航空承运人可以拒绝运输其认定或怀疑对安全构成不利影响的乘客和财物。"

2007 年，加拿大建立了民航旅客黑名单制度，并将其作为旅客保护计划的一部分。① 该计划由两部分构成，一部分是特定人员名单（specified persons list），该名单

① 旅客保护计划（passenger protect program），通常被认为是加拿大的民航旅客黑名单制度，由加拿大政府最初发起，用以鉴别可能威胁航空安全的旅客并禁止他们登机。See Passenger Protect，http://en.wikipedia.org/wiki/Passenger_Protect，最后访问日期：2020 年 7 月 4 日。

中包括被认为会威胁航空安全的人员的姓名、出生时间以及性别；另一部分是身份识别规则（identity screening regulations），要求所有18周岁以上的旅客在登机前出示政府签发的有效身份证件。

2011年，欧盟提议建立旅客信息系统（Passenger Name Record，PNR）以应对恐怖袭击和严重犯罪，但出于黑名单涉嫌侵犯旅客隐私的顾虑而被否决了，直到巴黎恐怖袭击后的2015年才通过了修改之后的PNR方案。

2014年，俄罗斯修改了《航空法典》，允许航空公司建立"旅客黑名单"，即允许航空公司拒绝售票给前5年内有违反乘机规范、危害航行安全记录的乘客。同时，航空公司还有权公开行为不轨乘客的名单。

三、国外航空公司关于旅客黑名单范围的规定

实际上，国外民航旅客黑名单主要由航空公司通过运输总条件予以规定。政府制定的"禁飞名单"属于行政黑名单，主要用于防范潜在的恐怖分子，而航空公司制定的旅客黑名单属于企业黑名单，主要用于规制不轨旅客。需要说明的是，航空公司在自己的运输总条件中规定的拒载情形，有些属于旅客做出了不文明行为，有些则属于旅客的违约行为（如未购买机票），有些则属于旅客自身的其他原因（如旅客身体状况不适合乘机）。笔者撷取了部分国外航空公司有关旅客不文明行为的拒载规定，见表9-2。

表9-2　部分国外航空公司有关旅客不文明行为的拒载规定

航空公司	运输总条件中拒载情形与旅客不文明行为有关的事项
美国联合航空公司（拒载情形18种）	1.实施了扰乱行为、攻击行为或者暴力行为； 2.拒绝遵守或者妨碍机组人员履行职责； 3.攻击航空公司的雇员或者其他乘客； 4.药物沉醉以致威胁其他乘客和机组人员
加拿大航空公司（拒载情形12种）	1.酒精或者药物沉醉； 2.危及航空器安全； 3.在飞机上吸烟
英国航空公司（拒载情形37种）	1.旅客身体状况不适于乘坐飞机； 2.扰乱乘机秩序； 3.危害航班安全

续表

航空公司	运输总条件中拒载情形与旅客不文明行为有关的事项
德国汉莎航空公司（拒载情形6种）	1. 危及旅客的安全、健康或者打扰旅客； 2. 酗酒、使用药物导致的不适，会给乘客自己、他人、机组成员或机上财物带来危害或危险； 3. 在前段航程的航班上有过不良行为，并且公司有理由相信这种不良行为可能再次发生； 4. 拒绝接受安检

从这些国外的规定来看，针对某些特定旅客，航空公司有权拒载，而违反法律、威胁航空安全、危害其他旅客利益的行为通常会成为航空公司拒绝运输的理由。"9 · 11"事件发生后，美国、加拿大等国采用了预先设立旅客"黑名单"的做法，以防止实际威胁。①

四、域外民航旅客黑名单范围的制度

域外民航旅客黑名单制度的目的是有效保障航空飞行安全，这一立法目的决定了其民航旅客黑名单的适用范围。域外设置黑名单制度的初衷是为了保障飞行安全，而不会因旅客的抱怨或索赔就将其列入黑名单，只有当不循规乘客的行为出现扰乱航空飞行秩序或对飞行安全造成安全隐患的情形，才会将这些不守规矩的旅客列入旅客黑名单并拒绝他们登机。因为这些扰乱、威胁行为不仅破坏了飞机的安全稳定性，而且还可能使机上的旅客处于危险中，侵犯到大多数旅客的生命、财产安全。另外，对于具有"恐怖活动"倾向的乘客而言，这类人的行为对航空安全具有潜在的重大威胁，更应该且必须列入黑名单的范围。

第二节　我国民航旅客黑名单的范围

一、我国现有民航旅客黑名单范围的规定

我国的航空保安法规体系主要包括 3 个层面：一是以《民用航空法》为主的法律；二是以《民用航空安全保卫条例》为主的行政法规；三是部门规章层面上的《飞行安全保卫规则》《中国民用航空安全检查规则》等。

① 朱海燕：《民航黑名单考量公民人格权保护力度》，载《中国商报》2009 年 11 月 24 日，第 2 版。

《刑法》从惩罚犯罪的角度对最严重的旅客不轨行为作出了规定，涉及的罪名主要包括劫持航空器罪等7个，相应地，旅客不轨行为表现为劫持航空器等7种。《治安处罚法》从治安处罚角度规定了4种危害民用航空安全行为。1996年国务院发布的《民航安全保卫条例》在第16条规定了机场内禁止的7种行为，在第25条规定了航空器内禁止的5种行为，但其中与旅客相关的旅客不轨行为有8种。2017年交通运输部发布的《飞行安全保卫规则》在第49条对相关术语进行了界定，同时使用了"非法干扰行为"以及"扰乱行为"等概念。《飞行安全保卫规则》把"非法干扰行为"界定为"指诸如劫持航空器、扣留人质、散布虚假信息等危害民用航空和航空运输安全的行为或未遂行为"，有7种表现形式；而把"扰乱行为"界定为"指在航空器上不遵守行为规范，或不听从机组人员指示，从而扰乱航空器上良好秩序和纪律的行为"，有9种表现形式。可见，《飞行安全保卫规则》中的"非法干扰行为"类似于狭义的"旅客不轨行为"即犯罪行为，与《飞行安全保卫规则》中的"扰乱行为"一同构成了广义的"旅客不轨行为"（具体见表9－3）。

这4部法律法规都或直接或间接地规定了旅客不轨行为，但效力层级和侧重点不同。《刑法》和《治安处罚法》属于法律，效力最高，但是从惩罚航空犯罪和维护民航治安角度，并未直接规定民航旅客黑名单。《民航安全保卫条例》由国务院制定，属于条例；《飞行安全保卫规则》由交通运输部制定，属于部门规章，二者是从保卫民航（飞行）安全角度对旅客不轨行为作出了规定。尤其是《飞行安全保卫规则》不仅把旅客不轨行为作了广义和狭义区分，而且界定了内涵、外延。

表9－3　我国法律法规禁止的旅客行为

法律法规	禁止的旅客行为
《刑法》	1. 劫持航空器； 2. 暴力危及飞行安全； 3. 破坏航空器； 4. 破坏航空设施； 5. 非法携带危险物品危及公共安全； 6. 聚众扰乱机场秩序； 7. 编造、传播虚假信息情报
《治安处罚法》	1. 危害航空器秩序； 2. 散布虚假信息； 3. 盗窃、损毁、擅自移动使用中的航空设施； 4. 非法携带枪支弹药或国家禁止携带的管制器具进入航空器

续表

法律法规	禁止的旅客行为
《民航安全保卫条例》	1. 强行登、占航空器； 2. 谎报险情，制造混乱； 3. 扰乱机场秩序的其他行为； 4. 在禁烟区吸烟； 5. 抢占座位、行李舱（架）； 6. 打架、酗酒、寻衅滋事； 7. 盗窃、故意损坏或者擅自移动救生物品和设备； 8. 危及飞行安全和扰乱航空器内秩序的其他行为
《飞行安全保卫规则》	1. 非法劫持航空器； 2. 毁坏使用中的航空器； 3. 在航空器上或机场扣留人质； 4. 强行闯入航空器、机场或航空设施场所； 5. 为犯罪目的而将武器或危险装置、材料带入航空器或机场； 6. 利用使用中的航空器造成死亡、严重人身伤害，或对财产或环境的严重破坏； 7. 散布危害飞行中或地面上的航空器、机场或民航设施场所内的旅客、机组、地面人员或大众安全的虚假信息； 8. 强占座位、行李架的； 9. 打架斗殴、寻衅滋事的； 10. 违规使用手机或其他禁止使用的电子设备的； 11. 盗窃、故意损坏或者擅自移动救生物品等航空设施设备或强行打开应急舱门的； 12. 吸烟（含电子香烟）、使用火种的； 13. 猥亵客舱内人员或性骚扰的； 14. 传播淫秽物品及其他非法印制物的； 15. 妨碍机组成员履行职责的； 16. 扰乱航空器上秩序的其他行为

为维护航空运输秩序，保障航空运输安全，根据民航局《关于加强航空运输秩序管理的通知》的要求，中国航空运输协会制定出台了《民航旅客不文明行为记录管理办法（试行）》，该办法自 2016 年 2 月 1 日起实施。根据该办法，所谓民航旅客不文明行为，是指因扰乱航空运输秩序且已危及航空安全，造成严重不良社会影响，或依据相关法律、法规、民航规章应予以处罚的行为，具体规定了被列入不文明行为记录的 11 种行为。《民航旅客不文明行为记录管理办法（试行）》中列明的 11 种不文明行为比较具有权威性，但没有完全涵盖不文明行为，对现场操作比较模糊，可以再细化。如醉酒乘客，酒后滋事，精神病人、刚动过手术的、高龄老人是否可以拒载甚至

列入旅客黑名单？国家发改委、中国民航局、最高人民法院等八部委联合发布的“385 号文”则把旅客在机场或航空器内实施的被公安机关处以行政处罚或被追究刑事责任 9 种行为视为不轨行为。《民航旅客不文明行为记录管理办法(试行)》和“385 号文”是直接规定“旅客黑名单”的法律规范,内容比较详细具体。尤其需要注意的是,“385 号文”把被公安机关处以行政处罚或被追究刑事责任作为列入民航旅客黑名单的前置条件(具体见表 9－4)。

表 9－4　旅客不文明行为表现相关法律法规

法律法规	旅客不文明行为表现
《民航旅客不文明行为记录管理办法(试行)》	1. 堵塞、强占、冲击值机柜台、安检通道及登机口(通道)的。 2. 违反规定进入机坪、跑道和滑行道的。 3. 强行登(占)、拦截航空器的。 4. 对民航工作人员实施人身攻击或威胁实施此类攻击的。 5. 强行冲击驾驶舱、擅自打开应急舱门的。 6. 故意损坏机场、航空器内设施设备的。 7. 妨碍民航工作人员履行职责或者煽动旅客妨碍民航工作人员履行职责的。 8. 违反客舱安全规定,拒不执行机组人员指令的。 9. 在机场、航空器内打架斗殴、寻衅滋事的。 10. 编造、故意传播虚假恐怖信息的。 11. 其他扰乱航空运输秩序、已造成严重社会不良影响或依据相关法律、法规、民航规章应予以处罚的行为
“385 号文”	1. 编造、故意传播涉及民航空防安全虚假恐怖信息的。 2. 使用伪造、变造或冒用他人乘机身份证件、乘机凭证的。 3. 堵塞、强占、冲击值机柜台、安检通道、登机口(通道)的。 4. 随身携带或托运国家法律、法规规定的危险品、违禁品和管制物品的;在随身携带或托运行李中故意藏匿国家规定以外属于民航禁止、限制运输物品的。 5. 强行登占、拦截航空器,强行闯入或冲击航空器驾驶舱、跑道和机坪的。 6. 妨碍或煽动他人妨碍机组、安检、值机等民航工作人员履行职责,实施或威胁实施人身攻击的。 7. 强占座位、行李架,打架斗殴、寻衅滋事,故意损坏、盗窃、擅自开启航空器或航空设施设备等扰乱客舱秩序的。 8. 在航空器内使用明火、吸烟、违规使用电子设备,不听劝阻的。 9. 在航空器内盗窃他人物品的

《民用航空安全保卫条例》、《民航旅客不文明行为记录管理办法(试行)》和《公共民航旅客运输飞行中安全保卫规则》这3个法律文件都规定了旅客不文明行为,内容有相同的地方。它们之间的区别主要是:一是效力层级不同。3个法律文件分别是由国务院、中国航空运输协会和交通运输部颁布,名称分别是条例、行业规定和部门规章。二是《民用航空安全保卫条例》和《民航旅客不文明行为记录管理办法(试行)》规定的旅客不文明行为包括扰乱机场和航空器,而《公共民航旅客运输飞行中安全保卫规则》规定的主要是发生在航空器内的旅客不文明行为,但是因为制定生效得最晚,所以其中包括的旅客不文明行为比前面的两个法律文件要多,比如猥亵他人和传播淫秽物品就是以前没有的。

我国实务中,很多航空公司在规定《民航旅客、行李国内运输总条件》时,都在"拒绝运输"条款中提到了所谓的黑名单制度。如春秋航空在《春秋航空股份有限公司旅客、行李国内运输总条件》第5条"拒绝运输"中规定,"春秋航空出于安全原因或根据合理的判断,可以拒绝承运旅客和其行李。由于下列一种或多种原因,春秋航空有权拒绝承运旅客和/或其行李:……(十二)旅客曾有航班上的不良行为记录,并且春秋航空有理由相信此种不良行为仍有可能再次发生"。

二、两个层面上的民航旅客黑名单

从我国的现实来看,民航旅客黑名单制度可以定义为:是指由国家有关机关或航空运输协会或航空运输企业制定发布的、为了维护民航安全和运营秩序、针对曾经有过或可能做出对航空运输安全产生危害的旅客、拒绝对其进行运输的规则或制度。

民航旅客黑名单的适用对象是曾经在航空运输活动中有不良行为的记录,并且航空公司有理由相信此种不良行为仍有可能再次发生的旅客。民航旅客黑名单一般针对可能对民航运行安全造成现实危害的违法违规行为,旨在保护社会公共利益及他人合法权益。民航旅客黑名单是一种规制民航旅客行为的复合式手段。如果旅客被列入黑名单,会使旅客的社会信誉产生贬损,旅客的行为能力也将面临一定程度的惩戒或限制。旅客"黑名单"的制定者与对象具有对应性,即某一航空运输企业只能针对曾经在其运输活动中有过不良记录的旅客进行拒载,而且只限自己为承运人的拒载,不能扩大到所有承运人。

第三节　民航旅客黑名单范围的完善

统一民航旅客黑名单适用范围,是我国民航旅客黑名单制度创新的重要内容。

一、民航旅客黑名单适用范围的理论标准

也许会有人认为,航空运输企业作为独立的市场主体,其有权根据自己的需要乃至喜好设定旅客黑名单的适用范围。实际上,这种看法有失偏颇。任何制度都是利益博弈和利益均衡的结果,旅客黑名单条件的设置应该综合考虑各方利益,并且遵循审慎的基本原则,不能任意扩大旅客黑名单的适用范围。

从我国当前的立法来看,民航旅客黑名单的适用对象是实施不文明行为的旅客,即"不文明旅客",如《民航旅客不文明行为记录管理办法(试行)》直接用"旅客不文明行为"进行表述。由此,行为文明与否似乎可以作为民航旅客黑名单范围的界定标准。

从理论来看,通常而言的"旅客不文明行为"有狭义和广义之分。狭义上的"旅客不文明行为",是指有可能危害民航安全和扰乱航空运行秩序,但本身危害性尚未达到犯罪程度的一般违法违规行为,即未能遵守民航法律法规和航空运输承运人内部行为规则或者未遵循机组人员指导,并由此扰乱航空运行秩序、潜在威胁民航安全。① 广义上的"旅客不文明行为"除了上述尚未达到犯罪程度的旅客一般违法违规行为外,还包括《东京公约》《海牙公约》《蒙特利尔公约》《北京公约》等国际航空安保公约中规定的劫持航空器等犯罪行为。

笔者认为,"不文明行为"不宜作为民航旅客黑名单范围的标准。其原因在于:法律不宜使用"不文明旅客""不文明行为"等概念。人不宜定性,但行为可以定性。"不文明旅客"等概念属于道德范畴,易引起歧义和标签化,建议使用"不轨行为"或"不文明行为"代替。

旅客的行为举止文明与否,不仅代表着其个人素质的高低和形象的好坏,而且还往往代表其国家文明程度的高低。相较于其他交通工具,飞机对于安全的要求更

---

① 中国民用航空局政策法规司、中国民航科学技术研究院政策法规研究所:《恐怖主义行为的国际法律控制——国际航空安保公约体系:现状、问题和前景》,中国政法大学出版社2012年版,第234页。

高,干扰性事件对民航安全的危害性更大,旅客不文明行为已经成为威胁民航运输安全不可忽视的因素。因此,应该以"危害民航安全"作为民航旅客黑名单范围的标准。

不文明旅客法律拘束机制涉及民航安全与旅客自由、公共利益与个人利益之间的价值平衡问题。民航旅客黑名单制度亦涉及不同利益主体的不同利益诉求,只有把"安全"作为首要的价值诉求,才能平衡各方利益,防止黑名单被泛化滥用。从价值冲突的角度看,民航安全作为公共利益的代表,权利保护作为个人利益的代表,二者时为表征,时而冲突。当民航公共利益与旅客个人利益发生价值冲突时,公共利益享有有限的优先地位,即公共安全应当优先于个人利益得到保护,但这种优先地位不是绝对的而是相对的。因此,民航旅客黑名单适用范围的确定应严格以"危害民航安全"作为标准。

具体而言,民航旅客黑名单的设定要符合以下条件:第一,民航旅客所实施的行为具有危害性;第二,民航旅客所实施的行为严重/直接危害到其他旅客或机组成员的人身安全或者航空安全,如果情节轻微且不具备严重危害性,可以采取其他惩罚措施;第三,民航旅客可能再次实施危害人身安全或航空安全的行为。而旅客的以下3种行为不应当列入黑名单的适用范围:一是旅客的正当行为,如旅客正常的维权行为。当然,为了维权而做出的严重干扰航空运行秩序或者威胁民航安全的行为除外,如"霸机"行为。二是旅客不具有危害性的不当行为,如抱怨行为。三是旅客的"无知行为"。如果旅客由于航空知识缺乏以及没有意识到不当行为的危害性,就首先对旅客进行批评教育并告知其行为危害后果,而非直接采用黑名单惩罚方式。

当然,民航旅客黑名单适用范围的界定要清晰无歧义,避免出现含义模糊之情形。在国外民航实践中,航空公司会把某些不文明旅客纳入"不受欢迎"之列而拒载。笔者认为,"不受欢迎"并非法律概念,其语义难以确定不宜作为民航旅客黑名单制度的法定表述。

二、民航旅客黑名单适用范围的立法建议

概括而言,民航旅客黑名单的进入标准要符合以下条件:第一,判定民航旅客所实施的行为是否具有危害性。如若该行为已经危害到航空运输安全,就认定该不文明行为具有危害性,并将有关旅客列入"黑名单"。第二,判定民航旅客所实施的行为的严重程度。从民航旅客的不文明行为和航空安全的直接关联性看,如果民航旅

客的行为直接危害到其他旅客和机组成员的人身安全及航空安全，那么可以直接将有关旅客列入民航旅客黑名单中；如果民航旅客的不文明行为和航空安全并不具备关联性，但是其行为已经影响航空运输秩序，导致航空安全受到严重威胁，那么也可以认定其达到了民航旅客黑名单的进入标准；如果情节轻微，且不具备严重危害性，可以采取其他惩罚式措施。第三，判定民航旅客是否会再次实施危害航空安全的行为。民航旅客黑名单是为了事先预防危害航空安全的行为发生，如果曾经做出过危害航空安全行为的旅客，应当考虑其是否有再次实施的可能；如果有再次实施的可能，就应当将其列入"黑名单"。

笔者建议，在修改《民用航空法》时，对民航旅客黑名单制度作出原则性规定，进而民航局可以通过出台航空运输行为指导意见或不文明旅客行为指导办法，以列举等形式明确界定不文明行为的范围，并列出旅客不文明行为清单进行规制。具体包括如下行为（见表9－5）。

表9－5　民航旅客不文明行为类别及表现

民航旅客不文明行为类别	民航旅客不文明行为表现
恐怖主义或恐怖活动行为	1. 编造、故意传播涉及民航空防安全的虚假恐怖信息； 2. 劫持航空器； 3. 在航空器上或机场扣留人质
直接危及航空器安全行为	1. 强行登（占）、拦截航空器； 2. 强行冲击驾驶舱、擅自打开应急舱门； 3. 盗窃、损毁、擅自移动航空器内设施设备； 4. 暴力危及飞行安全
干扰机组人员有效履行职责行为	1. 对机组（威胁）实施人身攻击、殴打、辱骂； 2.（煽动）旅客妨碍机组工作人员履行职责； 3. 违反客舱安全规定，拒不执行机组人员指令
不配合安检或携带违禁品行为	1. 随身携带或托运国家法律、法规规定的危险品、违禁品和管制物品； 2. 在随身携带或托运行李中故意藏匿国家规定以外属于民航禁止、限制运输的物品； 3. 妨碍或煽动他人妨碍安检，实施或威胁实施人身攻击； 4. 拒不配合安检

续表

民航旅客不文明行为类别	民航旅客不文明行为表现
严重危害机场秩序行为	1. 堵塞、强占、冲击值机柜台、安检通道及登机口(通道); 2. 违反规定进入机坪、跑道和滑行道; 3. 强行闯入机场或航空设施场所; 4. 对机场工作人员(威胁)实施人身攻击、殴打、辱骂; 5. (煽动)旅客妨碍机场工作人员履行职责; 6. 盗窃、损毁、擅自移动使用中的机场设施设备; 7. 在机场内打架斗殴、酗酒、寻衅滋事的; 8. 聚众扰乱机场秩序; 9. 在禁烟区吸烟或饮用酒精饮料; 10. 进入机场安全管理禁止进入的地区
破坏机上良好秩序和纪律行为	1. 强行闯入航空器; 2. 在航空器内打架斗殴、酗酒、寻衅滋事; 3. 抢占座位、行李舱(架); 4. 吸烟(含电子香烟)、使用火种; 5. 猥亵客舱内人员或性骚扰; 6. 传播淫秽物品及其他非法印制物; 7. 在航空器内盗窃他人物品; 8. 机上虐待儿童; 9. 在机上消费及服用违禁药物; 10. 不按要求随处走动
其他不文明行为	1. 使用伪造、变造或冒用他人乘机身份证件、乘机凭证的; 2. 谎报险情,制造混乱; 3. 攻击、威胁、骚扰其他旅客; 4. 盗窃、故意损坏或者擅自移动救生物品和设备; 5. 违规使用手机或其他禁止使用的电子设备的; 6. 其他扰乱航空运输秩序、已造成严重社会不良影响或依据相关法律、法规、民航规章应予以处罚的行为

三、民航旅客不文明行为的类型

民航旅客不文明行为形式多样,可以依据不同的标准对其进行类型化处理,进而设置不同的拒载时限以及黑名单的退出条件。

从大的方面讲,旅客不文明行为可分为恐怖活动和不轨行为两类。前者由国家安全部门制定黑名单,不予公开;后者由民航管理部门或者其授权其他组织制定黑名单,予以公开。

依行为实施主体人数的多少,可以分为个体性不文明行为和群体性不文明行为。实践中,群体性不文明行为主要是旅游团队,诱发原因主要是航班延误,即由于航班延误原因解释不清楚、不及时,以及航班延误赔付标准不统一、过低,从而导致群体性维权时做出"冲击值机柜台""霸机"等不文明行为,背后不排除导游推波助澜的作用。笔者认为,应当对个体性不文明行为与群体性不文明行为进行区分。群体性不文明行为往往危害更大,对其首要分子、主要分子要从重处罚,对其他旅客则可以从轻处罚。

依行为的危害大小,可以把旅客不文明行为分为刑事犯罪行为、治安违法行为、一般违法行为、其他违法违规行为等类别。建议采用分级管理的方式,将严重行为列入黑名单,即将受到行政处罚以及刑事处罚(或被采取刑事强制措施)作为列入黑名单的前置程序。从构建社会诚信体系的高度,建议将情节较轻和情节较重的区分开来。对于那些因航空知识缺乏、法律意识不强、后果较轻的旅客不文明行为,不宜采用"黑名单"制度,对于那些涉嫌违法犯罪或者受到治安处罚的不文明行为要采用严厉的黑名单制度。旅客不文明行为大致可以分为 4 级:一是直接危及航空器安全的不文明行为,如冲击跑道、未经许可打开机舱门;二是干扰机组人员有效履行职责的行为,如殴打、攻击、辱骂、恐吓机组人员;三是攻击、威胁、骚扰其他旅客的行为,如机上打架斗殴;四是破坏机上良好秩序和纪律的行为,如大声喧哗、醉酒、占用他人座位等。对于严重程度较高的不文明行为,如前三类不文明行为,可以直接列入旅客黑名单;对于严重程度较低的不文明行为,如第四类不文明行为,建议慎入旅客黑名单。

四、民航旅客黑名单适用对象的识别

民航旅客黑名单的惩戒对象和惩戒范围是民航旅客黑名单制度的核心,惩戒对象是从主体角度而言的,惩戒范围是从行为角度而言的。因此,研究民航旅客黑名单,亦应当对民航旅客黑名单对象识别问题进行分析。

就黑名单适用对象的识别主体而言,应当归属于黑名单制定主体。当前,我国民航旅客黑名单制定主体混乱,民航局、中航协和航空公司都在制定旅客黑名单。但着眼于未来,我们建议法律授予中航协统一行使黑名单制定权,即由中航协对黑名单适用对象进行识别。但是,航空运输企业作为民航运输合同的直接当事人,也是旅客黑名单的最终执行主体,其对实施不文明行为的旅客是否应当列入黑名单应当具有相当重要的“发言权”。因此,我们建议,有航空公司、机场等航空运输企业对民航旅客黑名单的适用对象进行初步识别,然后向中航协提出是否列入黑名单的建议,最终由中航协作出决定,报民航局备案实施。

就黑名单适用对象的识别时间而言,一般包括两个阶段:一是列入黑名单阶段。从发生时间的角度,可以把航空公司的拒载分为缔约前拒载和缔约后拒载。缔约前拒载,即航空公司在航空运输合同缔约前拒绝与旅客签订合同;缔约后拒载,即航空公司在航空运输合同履行过程中拒载旅客。民航旅客黑名单属于事先防范手段,是缔约前拒载。二是履行黑名单阶段。在黑名单制定生效后,所有的航空运输企业都应当执行,一旦发现旅客处于黑名单限制期的,应当拒载;否则,航空运输企业有可能会受到监管部门的处罚,如果因此而发生安全事故,航空运输企业有可能会承担民事责任。

本章小结

黑名单范围是民航旅客黑名单制度的核心问题。无论是《东京公约》《保安手册》等国际立法,还是发达国家立法,抑或是国外航空公司的内部规范,都没有明确规定民航旅客黑名单制度,而是从“拒绝运输”(拒载)的角度对“潜在威胁的人”实行强制措施。我国《刑法》、《治安处罚法》、《民航安全保卫条例》以及《飞行安全保卫规则》或直接或间接地规定了旅客不轨行为,但效力层级和侧重点不同。《民航旅客不文明行为记录管理办法(试行)》和“385 号文”是直接规定“旅客黑名单”的法律规范,但内容并不完全一致。统一民航旅客黑名单适用范围,是我国民航旅客黑名单制度创新的重要内容。不文明行为不宜作为民航旅客黑名单范围的标准,应以危害民航安全作为民航旅客黑名单范围的标准,并以类型化方式对民航旅客黑名单的适用范围作出明确规定。

第十章　标准之维：哪些行为应被列入民航旅客黑名单

民航旅客不轨行为伴随着民航业的快速发展而日益增多，严重扰乱了民航运输运营秩序，亦给民航安全管理带来严重挑战。在民航安全管理新常态下，如何从法律角度拘束旅客不轨行为成为亟待破解的一个难题。正是在这一背景下，我国民航旅客黑名单应运而生，部分航空公司称其为"暂无能力提供服务"名单，中国航空运输协会则称其为"民航旅客不文明行为记录"，中国民航局则称其为"民航限制乘坐民用航空器严重失信人名单"。然而，无论是中国民航局出台的《加强民航法治建设若干意见》，抑或是中国航空运输协会发布的《民航旅客不文明行为记录管理办法（试行）》，还是国家发改委、中国民航局、最高人民法院等8部委联合发布的"385号文"，都没有明确规定健全而完善的民航旅客黑名单的进入机制和退出机制。

第一节　现有民航旅客黑名单进入标准

我国民航旅客黑名单作为确保航空安全的事前预防措施，也是我国其他领域中的黑名单在民航运输行业中的具体运用。然而，黑名单效用之发挥毕竟是建立在限制乃至剥夺旅客出行自由基础之上的，若运用不当则极有可能形成新的法律障碍，即侵犯旅客作为消费者所享有的自由选择权、人格尊严权、知情权、隐私权等，也违反了航空公司作为公共运输承运人应当履行的强制缔约之义务。因此，如何平衡航空公司、旅客、社会公众等民航运输各方的利益则成为设计民航旅客黑名单制度的出发点和落脚点。对此，可以从实体制度和程序制度两个角度着手，但无论如何，最为关键的一环在于，设定民航旅客被列入黑名单的进入条件和退出情形，即应当明确民航旅客在何种情形下将被列入黑名单以及在何种情形下可以退出黑名单，这样可以避免黑名单制定主体随意设置旅客黑名单，防止公民私权利被国家公权力侵犯。

一、民航旅客黑名单进入标准的立法规定

理论上的旅客不轨行为有广义和狭义之分。狭义的旅客不轨行为，特指旅客做出的影响航空运输秩序、可能危害民航安全但尚未达到犯罪程度的违法违规行为，即旅客未能遵守机场、航空器内的行为规则或者未遵循机场、机组人员的指示，并由此扰乱航空运输良好秩序的行为。[①] 广义的旅客不轨行为，是指除了上述狭义的旅客不轨行为外，还包括《东京公约》《海牙公约》《蒙特利尔公约》《北京公约》等国际航空安保公约规定的劫持航空器等犯罪行为。

从我国现有立法来看，关于民航旅客不轨行为的法律规范主要体现在《中华人民共和国刑法》（以下简称《刑法》）、《中华人民共和国治安管理处罚法》（以下简称《治安处罚法》）、《中华人民共和国民用航空安全保卫条例》（以下简称《民航安全保卫条例》）、《民航旅客不文明行为记录管理办法》、《公共航空旅客运输飞行中安全保卫工作规则》（以下简称《飞行安全保卫规则》）、《关于在一定期限内适当限制特定严重失信人乘坐民用航空器推动社会信用体系建设的意见》（以下简称“385 号文”）等法律法规中。

《刑法》从惩罚犯罪的角度对最严重的旅客不轨行为作出了规定，涉及的罪名主要包括劫持航空器罪等 7 个，相应地，旅客不轨行为表现为劫持航空器等 7 种。《治安处罚法》从治安处罚角度规定了 4 种危害民用航空安全行为。1996 年国务院发布的《民航安全保卫条例》在第 16 条规定了机场内禁止的 7 种行为，在第 25 条规定了航空器内禁止的 5 种行为，但其中与旅客相关的旅客不轨行为有 8 种。2017 年交通

① 中国民用航空局政策法规司、中国民航科学技术研究院政策法规研究所：《恐怖主义行为的国际法律控制——国际航空安保公约体系：现状、问题和前景》，中国政法大学出版社 2012 年版，第 234 页。

运输部发布的《飞行安全保卫规则》在第 49 条对相关术语进行了界定，同时使用了“非法干扰行为”以及“扰乱行为”等概念。《飞行安全保卫规则》把“非法干扰行为”界定为“诸如劫持航空器、扣留人质、散布虚假信息等危害民用航空和航空运输安全的行为或未遂行为”，有 7 种表现形式；而把“扰乱行为”界定为“指在航空器上不遵守行为规范，或不听从机组人员指示，从而扰乱航空器上良好秩序和纪律的行为”，有 9 种表现形式。可见，《飞行安全保卫规则》中的“非法干扰行为”类似于狭义的“旅客不轨行为”即犯罪行为，与《飞行安全保卫规则》中的“扰乱行为”一同构成了广义的“旅客不轨行为”。

这 4 部法律法规都或直接或间接地规定了旅客不轨行为，但效力层次和侧重点不同。《刑法》和《治安处罚法》属于法律，效力最高，但是从惩罚航空犯罪和维护民航治安角度而言的，并未直接规定民航旅客黑名单。《民航安全保卫条例》由国务院制定，属于条例；《飞行安全保卫规则》由交通运输部制定，属于部门规章，二者是从保卫民航（飞行）安全角度对旅客不轨行为作出了规定。尤其是《飞行安全保卫规则》不仅把旅客不轨行为作了广义和狭义区分，而且作出了内涵式界定，以及外延列举界定。

2016 年 2 月 1 日起实施的《民航旅客不文明行为记录管理办法（试行）》规定了将被列入不文明行为记录的 11 种行为。“385 号文”则把旅客在机场或航空器内实施的被公安机关处以行政处罚或被追究刑事责任 9 种行为视为不轨行为。《民航旅客不文明行为记录管理办法》和“385 号文”是直接规定“旅客黑名单”的法律规范，内容比较详细具体。尤其需要注意的是，“385 号文”把被公安机关处以行政处罚或被追究刑事责任作为列入民航旅客黑名单的前置条件。

另外，部分航空公司通过运输总条件设置了黑名单条款，研究这些条款可以得出两点结论：其一，“拒绝运输”不等同于“被列入黑名单”，前者的范围要远远广于后者。换言之，旅客被拒绝运输，有可能是因为曾经的不轨行为（并且有理由相信这种不轨行为有可能再次发生），也有可能是因为旅客乘机当天的违法违规行为（如拒绝接受安全检查），也有可能是因为旅客的违约行为（如未支付适用的票价、费用），还有可能是因为旅客自身身体的原因（如旅客年龄、精神或身体状况不适合航空旅行）。其二，航空公司对“被列入黑名单”的具体原因即黑名单的进入条件规定的不甚明确，享有较大的自主决定权，也存在滥用黑名单的重大风险。

二、民航旅客黑名单进入标准的实践类型

从旅游现状来看，中国游客不文明乘机事件五花八门，各种“奇葩”行为频频上演。随着我国经济社会的飞速发展以及人民生活水平的大幅提高，越来越多旅客选择乘机出行。然而，与此相伴的是，近年来发生在航班或机场的令人“眼花缭乱”“瞠目结舌”的中国游客不文明事件。譬如，中国游客大闹亚航航班、热水泼空姐扬言炸飞机、殴打辱骂民航工作人员、新婚夫妇大闹机场、中国游客蜂拥而上抢座位、餐后组团“顺”刀叉、只因嫌对方吃饭声大中国游客持刀叉互殴、中国游客因误会斗殴、大陆游客大闹桃园机场、内地游客香港机场违例吸烟、挥拳打保安被逮捕、两乘客因琐事引发多人互殴险致飞机返航、拉动应急舱门把柄、偷偷拿走机上航空救生衣、谎称飞机上或机场里有炸弹、只因座椅调整问题中国乘客在瑞士航班上互殴……这些行为，对于旅客而言，造成了心理的恐慌和出行时间的耽误，甚至可能引发一系列的后续不良影响；对于航空公司而言，造成了巨大的经济损失；而对于不轨旅客而言，则有可能触犯了法律的底线，被列入旅客黑名单。

《办法》自2016年2月1日开始实施以来，中航协从2016年4月8日至2018年5月31日共公布了16批共411名民航旅客的不文明行为记录。这些旅客不轨行为涵盖了本办法规定的9类表现形式。这些旅客不轨行为已造成严重社会不良影响但未受到行政处罚的，旅客不文明行为记录期限为1年；受到行政处罚的，旅客不文明行为记录期限为2年。

“385号文”自2018年5月1日开始实施以来，民航局从2018年6月1日始通过官方网站开始公布“民航限制乘坐民用航空器严重失信人名单”，截至2018年12月12日已发布了6期共4209名严重失信人。但这些“严重失信人”主要集中在以下三类不轨行为：一是随身携带或托运国家法律、法规规定的危险品、违禁品和管制物品的；在随身携带或托运行李中故意藏匿国家规定以外属于民航禁止、限制运输物品的。二是使用伪造、变造或冒用他人乘机身份证件、乘机凭证的。三是妨碍或煽动他人妨碍机组、安检、值机等民航工作人员履行职责，实施或威胁实施人身攻击的。另外需要注意的是，不轨旅客收到罚款或行政拘留等治安处罚以及刑事拘留等刑事处罚是该旅客被列入黑名单的前提条件。换言之，不轨旅客被公安机关处于行政处罚或被追究刑事责任是旅客黑名单的前置程序。

从我国实践来看，民航旅客黑名单呈现不断扩大趋势。仅从数量上看，中航协

在26个月内一共公布了16批民航旅客不文明行为记录,共411名;而民航局在7个月内则公布了6期“民航限制乘坐民用航空器严重失信人名单”,共4209名,呈几何倍数增长。这一趋势与国外民航旅客黑名单的实践发展相吻合。在国外,近年来民航旅客黑名单的数量也在呈爆发式增长,适用范围也从旅客扩展至机场工作人员。究其原因就在于,在当今恐怖主义活动“全球化”“信息化”“基地化”的时代背景下,民航安全管理压力不断增大。

民航旅客黑名单的这一发展趋势值得引起警惕。民航旅客黑名单的泛化滥用,不仅极有可能侵犯旅客作为公民的基本权利以及作为消费者的重要权利,而且可能会导致政府公信力下降。尤其是将民航旅客黑名单的适用范围扩大到机场工作人员,这违背了该制度的设计初衷。因为,旅客黑名单制度的目的在于防止恐怖主义活动或者旅客不轨行为从而确保民航运输安全,机场工作人员不是“旅客”,属于地面工作人员,不会登上航空器,当然也就不会威胁到航空安全,因此不应当被列入黑名单适用范围。

由于旅客与航空运输企业之间利益的不平衡性以及旅客的弱势地位,决定了民航旅客黑名单极易被泛化滥用,倾向于保护航空运输企业的利益。尤其是在民航旅客黑名单进入条件不甚明了的情况下,民航旅客黑名单存在不公之嫌,这不利于民航旅客黑名单制度的实践运行,当然也不利于黑名单对确保航空安全以及维护秩序功能的发挥。法律规则内容确定性与否直接决定了法律制度的稳定性与否,民航旅客制度同样如此,为此,迫切需要明确民航旅客黑名单的进入条件,并将其规范化、制度化、体系化。笔者认为,应当从旅客不轨行为的危害程度、再现概率以及旅客的主观恶性作为民航旅客是否被列入黑名单的主要标准,下文将围绕这三个方面展开研究论述。对于不轨行为危害程度的衡量,可从以下三个方面考虑:一是不轨行为本身的严重程度,二是不轨行为是否已经造成严重后果,三是不轨行为可能造成的后果。民航是旅客出行的重要途径,航空公司对不文明旅客“说不”的规则要明确,“不文明旅客”的范围应缩小,并获得公众认可。尊重旅客,让旅客参与制订标准,才能提升航空公司服务,便于规则执行。

三、中航协16批民航旅客不文明行为记录的具体分析

2016年2月1日,《民航旅客不文明行为记录管理办法(试行)》开始实施,中航协从2016年4月8日公布首批民航旅客不文明行为记录,到2018年5月31日共公布了16批共411名民航旅客的不文明行为记录。具体如图10-1所示。

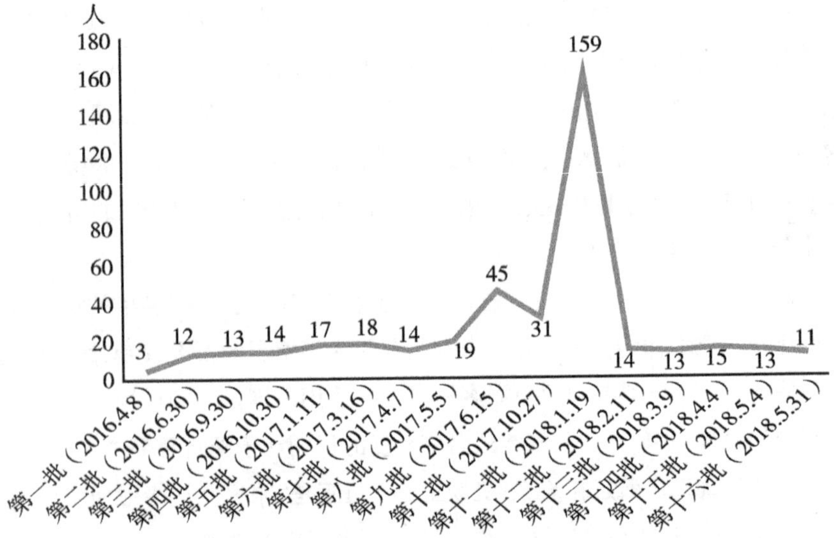

图 10－1　中航协公布的民航旅客不文明行为记录数量统计

从旅客不文明行为发生的环节来看，发生在航空器内的最多，占比约43%；发生在安检环节的次之，占比约25%。另外，发生在值机环节的占比约9%，发生在候登机环节的占比约8%，发生在下机后环节的占比约2%。从公布的民航旅客不文明行为记录的信息来看，还有占比约10%的无法判断发生环节，以及占比约3%的属于不乘坐飞机情形（比如谎称飞机上有炸弹）。具体如图10－2所示。

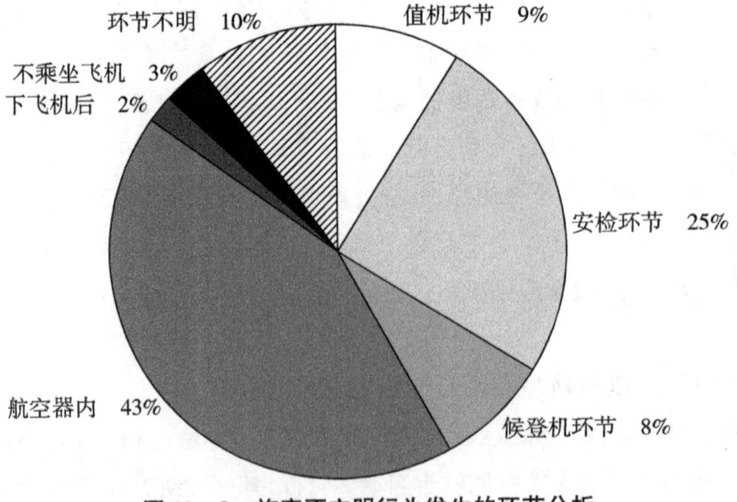

图 10－2　旅客不文明行为发生的环节分析

第一,从具体原因来看,违反客舱安全规定,拒不执行机组人员指令的最多(共94例,占比约20%);第二,对民航工作人员实施人身攻击或威胁实施此类攻击(共82例,占比约18%);第三,妨碍民航工作人员履行职责或者煽动旅客妨碍民航工作人员履行职责(共61例,占比约13%);第四,违反客舱安全规定,拒不执行机组人员指令(共52例,占比约11%);第五,在机场、航空器内打架斗殴、寻衅滋事(共49例,占比约11%);第六,堵塞、强占、冲击值机柜台、安检通道及登机口(通道)(共32例,占比约7%);第七,故意损坏机场、航空器内设施设备(共21例,占比约5%);第八,强行冲击驾驶舱、擅自打开应急舱门(共17例,占比约4%);第九,违反规定进入机坪、跑道和滑行道(共13例,占比约3%);第十,强行登(占)、拦截航空器(共3例,占比约1%);第十一,其他扰乱航空运输秩序、已造成严重社会不良影响或依据相关法律、法规、民航规章应予以处罚的行为(共33例,占比约7%)。具体如图10-3所示。

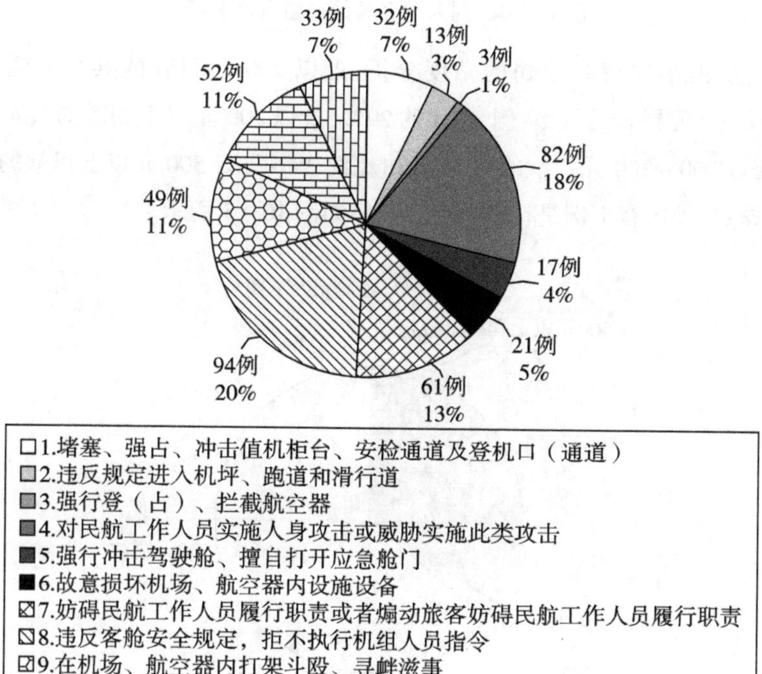

图10-3　旅客不文明行为发生的原因分析

从列入黑名单的前置程序看,被行政拘留的共201例,占比约87%;被行政拘留并罚款的20例,占比约9%;被采取刑事强制措施(刑事拘留或逮捕)的共10例,占比4%。具体如图10-4所示。

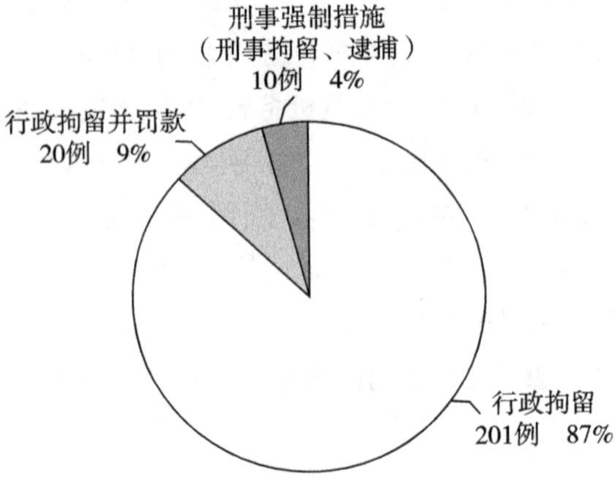

图10-4 列入黑名单的前置程序分析

进而,从被采取行政处罚的角度分析,处以200元罚款的共118例,占比约66%;处以500元罚款的共29例,占比约29%;处以200元以下罚款的共4例,占比约2%;处以200~300元罚款的共3例,占比约2%;处以500元以上罚款的共2例,占比约1%;另外还有1例是行政调解。具体如图10-5所示。

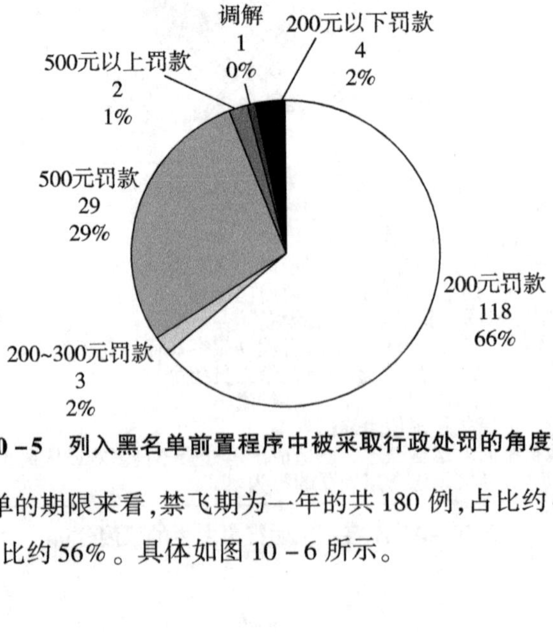

图10-5 列入黑名单前置程序中被采取行政处罚的角度分析

从列入黑名单的期限来看,禁飞期为一年的共180例,占比约44%;禁飞期为两年的共231例,占比约56%。具体如图10-6所示。

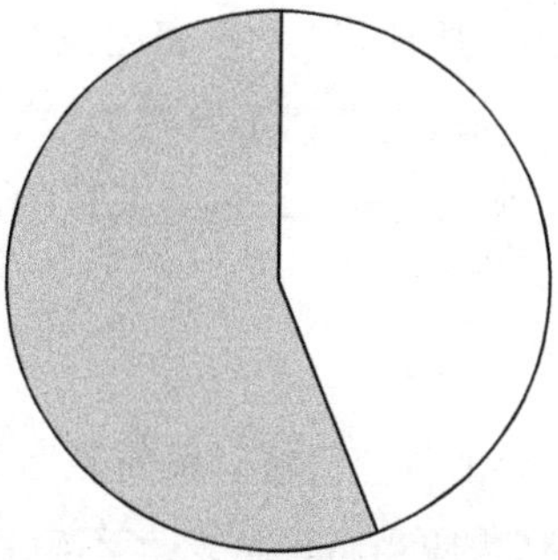

图 10－6　列入黑名单的期限分析

第二节　民航旅客不轨行为的危害程度

黑名单作为预防旅客不轨行为的管理手段具有道义的正当性和现实的紧迫性，其所针对的不轨行为在外部上表现为一种违法违规行为，在内在本质上则是侵害公共利益、行业利益、企业利益和其他旅客个人利益的行为。[①] 因此，应当把不轨行为的危害程度作为旅客是否列入黑名单首要考虑的因素。

一、不轨行为

不轨行为，即旅客做出的违法违规的不当行为，其包括两层含义：一是旅客做出了某种行为，二是该行为具有法律上的否定性。

"道德诛心，能弭乱于未然；法律论事，能制裁于已然。"与道德、宗教等其他社会规范不同，法律规范属于行为规范，不同于思想规范。法律不规范人的思想，任何人也不因为思想而受到惩罚。换言之，如果一个人仅有违法犯罪的想法，而未付诸行动，其不应当受到处罚。因为，人的内心思想如果不通过外在行为表现出来，就不具有危害性。具体到民航运输领域，判定旅客是否列入黑名单的依据首先在于"行为"，单纯的民航旅客思想状态不应作为列入黑名单的认定基础，旅客不能因为宗教信仰、价值取向而受到非难，被列入黑名单。

民航旅客列入黑名单不仅是因其做出了某种行为，而且该行为应当具有法律上的否定性。民航旅客黑名单主要针对旅客的不文明行为，"不轨行为""滋扰行为"

① 刁伟民：《航空旅客"黑名单"的法律分析》，载《法学杂志》2012 年第 7 期。

"不当行为""不文明行为""违法违规行为"等表述虽有所差别,但都属于否定性评价,具有法律的非难性。不过,相对而言,"不轨行为"这一概念更具法律严谨性。因此,可将"不轨行为"作为将旅客列入黑名单的重要依据。

二、危害程度

安全,是民航旅客运输首要的价值目标。民航旅客黑名单制度的目的在于保障航空安全、维护民航秩序。因此,应当将民航旅客不轨行为的危害程度作为列入黑名单的重要依据。

旅客不轨行为有可能给民航安全带来威胁,如在飞机飞行过程中使用手机,其辐射的电磁波会干扰飞机上利用无线电波的导航设备和操作系统,可能导致自动操纵设备因接收错误信息而作出错误操作,进而引发重大险情甚至会导致机毁人亡的严重后果。所以,在适用民航旅客黑名单时,应当对旅客不轨行为的危害程度进行判定。不具有危害性的行为,无论是正当行为还是不轨行为,都不应当给予黑名单制裁。

对于民航旅客不轨行为的危害程度,可以从以下两个层面进行判定:一是不轨行为已经造成严重后果。如果旅客不轨行为造成严重后果,不论该行为本身是否严重,都应当列入旅客黑名单。如擅自打开应急舱门或者往飞机发动机扔掷硬币。二是不轨行为本身的危害性,以及是否可能造成严重后果。如"霸机"行为,无论"霸机"是因为航班延误、旅客权益得不到维护,还是由于其他原因,都不可避免会影响航班的正常飞行、航线资源被浪费,"霸机"旅客应当列入黑名单。因此,民航旅客黑名单的进入标准之一应当是旅客做出了危害航空安全的不轨行为,不轨行为可能已经造成了严重后果,也可能由于行为本身的严重性给航空安全造成潜在威胁。

中外对于旅客不轨行为的处罚形式和规制内容大同小异,都是处以刑事处罚或者治安处罚。但是,由于各国社会经济发展水平以及法律文化传统不同,在旅客不轨行为的犯罪认定以及处罚力度方面有所差异。在我国,采用刑事犯罪和一般违法并存的违法行为二元惩罚体系,轻微违法行为被排除在犯罪之外,并采取"立法定性+立法定量"一阶段犯罪化模式。质言之,在我国,旅客不轨行为通常不被视为犯罪,而仅仅是一般违法行为。然而,在其他很多国家,采取"立法定性+司法定量"二阶段犯罪化模式,刑法立法把绝大部分违法行为都视为犯罪,最终是否构成犯罪则由司法机关裁定。[①] 在我国,不轨行为的治安处罚拘留期限最长为15天,罚款的最高限额为5000元人民币,而在美、英、韩等国,旅客不轨行为的监禁处罚最长可达5年,罚金最高金额可达1万美元。[②]

"385号文"将旅客受到行政处罚或者被采取刑事强制措施作为列入黑名单的基本条件,这一规定值得肯定,其不仅体现出列入民航旅客黑名单审慎的思想,而且直接将旅客不轨行为的危害程度的判定简单化、可操作化。

反过来,如果旅客的不轨行为不会威胁航空安全的,则不应当被列入黑名单。如旅客的穿着打扮比较怪异,或者旅客在机场内有不穿鞋袜、随处走动等不文明举止的,都不会对航空飞行安全造成威胁,亦没有对航空运输秩序造成严重破坏,不能将有关旅客认定为行为恶劣而列入黑名单。对于上述行为,可以通过提醒、批评、教育等方式加以规制。一般而言,民航旅客黑名单的规制行为与航空器及其安全有关,对于机场内发生的不轨行为,要严格区分严重性。质言之,航空器内发生的旅客不轨行为的认定要从宽把握,机场等其他场所内发生的旅客不轨行为的认定要从严把握。

第三节 民航旅客不轨行为的再现概率

行政黑名单的主要目的不是惩罚,而是预防。民航旅客黑名单的目的并不仅是对做出不轨行为的旅客进行处罚,而在于防止做出不轨行为的旅客及其他旅客在以后乘机时做出相同或者类似行为,从而对航空运输造成损害。因此,旅客不轨行为是否具有"可反复性"以及再现概率的判断,就成为旅客黑名单进入标准的重要考量因素。

一、行为的"可反复性"

所谓行为"可反复性",是指民航旅客做出的不轨行为在客观上具有反复再现的可能性。民航旅客黑名单制度免除了航空公司强制缔约义务,究其原因在于,担心旅客再次做出不轨行为从而给航空安全造成威胁。质言之,只有民航旅客黑名单制

---

① 梁根林:《刑事法网:扩张与限缩》,法律出版社2005年版,第22页。

② 刘耀彬:《不文明旅客扰乱行为法律规制比较研究》,载《南京航空航天大学学报(社会科学版)》2018年第4期。

定主体认为,不轨行为旅客在下次乘坐航班时仍有可能做出相同或类似的不轨行为,才能将其列入黑名单。可见,民航旅客黑名单的进入条件之一就是旅客不轨行为具有“反复性”,如果某一不轨行为在客观上不可能重复出现,那么该旅客就不应当被列入黑名单。如此一来,不轨行为再现概率的判断就成为民航旅客黑名单进入标准中的重要考量因素。

对民航旅客不轨行为再现概率的判断,可从以下两个方面着手:一是民航旅客在实施不轨行为时的主观状态,即是否具有故意、重大过失等过错;二是民航旅客在实施不轨行为时的客观情况,即不轨行为的发生有无其他特殊原因。第一个方面与旅客的主观恶性程度有关,将在第四节详细论述,下文将围绕第二个方面展开分析。

二、再现概率的判断

判断旅客不轨行为再现概率时,应当考虑到“当时”的客观情况。至少存在以下两种特殊情形时,民航旅客不轨行为的再现概率较低,存在阻断被列入黑名单的现实可能性。其一,民航旅客不轨行为是在航空运输过程中发生了突发情况下做出的。航空运输环境极其复杂,飞机因遭遇强对流天气、鸟击等突发状况而剧烈颠簸,从而导致机上乘客极度惊慌并做出影响飞行安全或者扰乱航空秩序的行为,如乱跑乱撞导致飞机配载失衡。旅客此类不轨行为虽然可能会造成严重后果,但属于旅客在紧急失控下自我保护反应或者迫不得已采取的措施,不宜列入旅客黑名单。其二,民航旅客不轨行为是在航空承运人有意激怒旅客的情况下做出的。如在个别情况下,机组工作人员错误引导、态度较差、沟通不畅、言语不当甚至态度恶劣,导致旅客产生不满情绪甚至诱发旅客在失去理智的情况下做出不轨行为。这种情况下,由于航空公司过错在先,旅客不轨行为再现概率较低,将其列入黑名单有航空公司报复之嫌,有失公允。

也许有人会认为,仅凭旅客过去的行为就对其未来表现作出判断并禁止其乘机出行是不公平的。笔者认为,这种观点忽略或者忽视了航空运输安全的特殊性。民航运输环境密封性极强,对安全的要求极高,一旦发生危险,后果极其严重。因此,对于航空安全而言,旅客的不轨行为是否已经造成了实际损害后果并非为是否列入黑名单的唯一标准,只要该行为对航空安全造成潜在威胁并且还有再次发生的可能性,该旅客就应当被列入黑名单,这也正是黑名单制度预防功能的体现。

当然,对列入黑名单的旅客并非“一棍子打死”,可以通过退出机制的完善给予列入黑名单的旅客救济的机会。如借鉴刑事诉讼中的保证制度,对于部分被列入黑名单的旅客,通过缴纳保证金或者提供保证人的方式,设立一定的考察期,考察期过后,则将其从黑名单中除去。

第四节　民航旅客的主观恶性

法律虽然不惩罚思想犯,但并不意味着不考虑行为人的主观状态。相反,无论是刑法中的故意犯罪、过失犯罪,抑或是民法中的过错原则、无过错原则,都说明行为人的主观状态在行为的法律定性以及责任追究等方面具有重要作用。确立民航旅客黑名单进入标准,应当将旅客的主观恶性程度作为重要考量因素。

一、慎罚少用的基本原则

行政黑名单作为行政处罚中的"声誉罚",其对行政相对人的名誉、信誉和社会评价都会产生不利影响,给行政相对人的学习、工作和生活带来很大困扰。行政比例原则要求,要慎用行政黑名单,要考虑行政相对人的主观恶性大小。那些主观恶性较小的行政相对人,不应列入黑名单。

民航旅客黑名单同样需要坚持慎罚少用的基本原则。民航旅客黑名单制度的目的,一方面,在于免除航空运输承运人强制缔约义务,赋予其拒载不轨旅客之权利;另一方面,在于明确黑名单的界限,防止国家公权力的滥用。民航旅客不轨行为的发生原因可能多种多样。有些旅客故意为之,有些旅客则缺乏良好的旅行习惯或者必要的航空知识,有的不轨行为则因航空运输企业所致。如果不对不轨旅客的主观状态加以分析,直接将其列入黑名单则有失偏颇。质言之,只有那些故意做出不轨行为且教育后仍不思悔改的旅客,才能列入黑名单;对那些无意识的旅客,则不应采用黑名单处罚手段。

二、不轨行为的无意识

不轨行为的无意识会抑制旅客不轨行为的再现概率。换言之,如果旅客在实施不轨行为时在主观上是无意识的,那么旅客重复这种不轨行为的概率通常较低。实践中,民航旅客不轨行为的无意识主要包括两个方面:

一是旅客行为能力欠缺。如未成年人或者成年精神病人,其民事行为能力有限,无法意识到自己行为的性质也无法预见到自己行为的后果,其乘机时做出不轨行为并非有意。此时,不应当将其列入黑名单,而应当要求其监护人严加监管,若监护人未能尽到监护职责,则可以将监护人列入黑名单。

二是旅客航空知识缺乏。现代社会分工的细化以及航空知识的高度专业化,决定了旅客普遍缺乏航空知识,进而导致旅客对其不轨行为缺乏必要的认知。在这种情况下,首先应当对旅客进行提醒、教育和警示,并告知其行为的危害后果以及有可能被列入黑名单的惩罚处理,旅客拒不改正的,才被列入黑名单。

第五节　民航旅客黑名单进入机制的立法

一、民航旅客黑名单进入机制立法的基本要求

首先,民航旅客黑名单的进入标准应当由国家法律明确规定,航空公司不得随意设立。由于民航旅客黑名单涉及公民基本权利和消费者基本权利,其进入标准应当由效力层级较高的法律规范作出规定。根据我国《立法法》第 8 条的规定,有关限制公民人身自由的事项,只能由全国人民代表大会或者全国人民代表大会常务委员会制定法律。鉴于旅客黑名单限制甚至剥夺了旅客的乘机自由,有必要在法律层面规定旅客不轨行为及其处罚措施。笔者建议,通过《民用航空法》的修改,对民航旅客黑名单作出原则性规定,列出旅客不轨行为的表现及类型;通过国务院制定《民航旅客不轨行为管理办法》对民航旅客黑名单制度进行具体规定,明确旅客黑名单的适用对象、进入条件、制定主体、设立程序、异议处理等。

其次,民航旅客黑名单的进入标准应当严格审慎,不能任意扩大旅客黑名单的适用范围。民航旅客黑名单以维护民航安全为宗旨,其进入标准不应过于宽泛;同时,其设置条件要清晰明确,不能出现语义模糊情况。可以参考民航旅客不轨行为的危害程度、再现概率以及旅客的主观过错,合理确定旅客黑名单进入标准规范,防止黑名单被泛化滥用。

再次,民航旅客黑名单的进入标准应当对外公布。民航旅客黑名单的目的并非“拒载”旅客,而是为了构建民航旅客诚信体系,实现航空运输企业、旅客和社会公众等多方利益的均衡。因此,要让旅客知道哪些行为是可以做的,哪些行为是不能做的,以及违反民航行为规则有可能产生的不利后果,这也是基于保护旅客知情权的考虑。

最后,将扰乱航空运营秩序、危害航空安全并且受到行政处罚或者刑事强制措施的旅客,直接列入旅客黑名单,对此,应该异议不大。但实践中,航空公司自设旅客“不文明记录”的做法,可能更多地出于保护企业利益、行业利益目的,难免陷入“自说自话”的尴尬境地,其公正公允性值得商榷。笔者建议,民航旅客黑名单的立法主体、制定主体、监督主体和发起主体应当分开,由第三方评定旅客的行为性质是否达到进入黑名单的标准。具体而言,民航旅客黑名单的立法主体和监督主体应当由民航局承担,制定主体应当由中航协承担,发起主体由航空公司承担。

总之,应统一民航旅客黑名单立法,不能任意设置条件,且应当对外公布。民航旅客黑名单法律制度由民航局及以上立法部门制定较为合适,黑名单的认定和发布由协会作为第三方制定更为合适。航空公司不适宜制定或发布黑名单。

二、明确民航旅客黑名单进入机制

明确旅客黑名单的进入机制和退出机制,即明确航空公司拒载旅客和解除拒载的情形或条件是完善民航旅客黑名单制度的重要内容。概括而言,民航旅客黑名单的进入标准要符合其中条件:第一,判定民航旅客所实施的不轨行为是否具有危害性。如若该不轨行为已经危害到航空运输安全,就认定该不轨行为具有危害性,并列入黑名单之中。第二,判定民航旅客所实施的不轨行为的严重程度。从民航旅客的不轨行为和航空安全的直接关联性看,如果民航旅客的不轨行为直接危害到其他旅客和机组成员的人身安全及航空安全,那么可以直接将其归入民航旅客黑名单之中;如果民航旅客的不轨行为和航空安全并不具备关联性,但是其行为已经影响航空运输秩序,导致航空安全受到严重威胁,那也可以认定其达到了民航旅客黑名单的进入标准。但不是所有不轨行为都会被认定达到黑名单的进入标准,如果情节轻微,且不具备严重危害性,可以采取其他惩罚式措施。第三,判定民航旅客是否会再次实施不轨行为。旅客黑名单属于事先防范措施,如果曾经有过危害航空安全行为的旅客,应当考虑其是否有再次实施的可能性。如果具备再次实施的可能性,就应当将其列入黑名单之中。

在具体的判定条件上,应当从旅客所进行的不轨行为的危害程度、再现概率和主观恶性三个方面考虑。借鉴域外发达国家关于“禁飞名单”的规定,并结合我国民航运输实际,可以将以下情形作为进入旅客黑名单的条件:一是旅客曾经有“霸机”、占机、冲击机场隔离区等不轨行为;二是旅客曾经有不听从机组人员安排,导致客舱秩序混乱或延误发生或其他严重后果的不轨行为；三是旅客曾经有刻意刁难、辱骂殴打、干扰机组人员工作的不轨行为；四是旅客曾经有违反我国民航法律规范规定的犯罪或违法行为并受到行政处罚或者被采取刑事强制措施的。当然，以上情形还需要满足旅客拒不认错，拒不悔改的情节。

问题在于，发生在安检、候机以及下机后等环节的旅客不轨行为，譬如旅客与机场工作人员或者值机人员之间的冲突，应否被列入旅客黑名单？我们认为，这些环节的旅客不轨行为，虽然不是发生在航空器内，也不是发生在飞行途中，但仍然有可能会对航空安全造成潜在威胁，譬如不服从安全检查、殴打辱骂值机人员、航班晚点后因为补偿问题“机闹”等行为，可以而且应当列入黑名单。

问题还在于，存在“航空安全潜在威胁”应该由谁来判断以及如何来判断？前已述及，民航旅客不轨行为的判断应当由第三方即中航协完成，但航空运输活动毕竟专业性极强，民航运输企业的感受和体验最为直接，其也最有发言权，因此，应当赋予民航运输企业黑名单的启动权，就民航旅客不轨行为的表现及其潜在后果提供证据并提出建议。

三、明确民航旅客黑名单退出机制

“无规矩，不成方圆”。民航旅客黑名单应当制定一套标准的进入及退出机制，也应当制定相关的法律法规，做到有法可依。

从移除机制来看，“385 号文”只规定了一种移除机制，即过期自然移除，并且将期限定为 1 年。该条过于死板，可以规定长期乃至终身不得移除，还可以规定其他移除机制，如通过志愿服务等方式来修复或退出，明确退出黑名单（解除拒载）的情形或条件。具体而言，“黑名单”的退出情形至少可以包括以下两种：

一是时间经过，即经过一定时间，旅客黑名单自动解除。我国当前关于经过的“时间”的规定过于单一，可以根据旅客不轨行为的性质和后果，规定为 1 年、2 年、3 年甚至终身等多种时间期限，给予旅客足够的冷静期，促使其了解民航运输安全规则，预防不轨行为的再次发生。

二是旅客确有悔过行为并提供担保的。有些不轨行为确实是在旅客冲动下做出的，如果旅客确有悔过行为如提供社区服务等，作出书面道歉以及不再做出不轨行为的书面承诺，在提供保证金或者保证人的前提下，可以有条件地暂时允许其退出黑名单。当然，如果旅客在保证期内再次做出不轨行为，应当从重处罚乃至终身“禁飞”。

本章小结

对于不轨不行危害程度的衡量，可从以下三个方面考虑：一是不轨行为本身的严重程度，二是不轨行为是否已经造成严重后果，三是不轨行为可能造成的后果。对于不轨行为再现概率的判断，主要考虑行为客观上是否“可反复”，以及再现概率之高低。对于不轨行为旅客主观恶性的确定，要结合行为是旅客由于缺乏航空知识，还是良好的旅行习惯尚未形成，抑或是故意为之具体判断。在立法上，应对民航旅客黑名单进入机制作出回应，明确民航旅客黑名单进入机制和退出机制。

第十一章　程序之维：依据什么程序制定民航旅客黑名单

民航旅客黑名单所引发的实践争议以及理论争鸣，归根结底，是由评价者所处的立场、分析的视角以及评价的方法造成的，民航旅客黑名单涉及国家公权力与公民私权利，企业利益、行业利益、公共利益与个人利益之间的矛盾与冲突。我国民航黑名单制度在被广泛运用的同时也存在一些问题。在技术层面，主要表现在相关立法层级过低、专门立法缺位、实施主体的规定缺乏可操作性、启动事项缺乏统一标准、失信惩戒方式和内容缺乏一致性、失信行为的等级分类和列举缺乏合理标准等方面；在程序层面，主要表现在黑名单发布程序随意失范、发布机关限制较少、公布方式千差万别等方面；在救济层面，主要表现在缺乏有效的行政救济制度，缺乏监督、撤销程序等方面。因此，需要对制定民航旅客黑名单进行必要约束，在民航安全与出行自由方面达致平衡，实现航企与旅客的共赢。民航旅客权益的保护既需要从制定主体、对象范围、进入标准等实体法角度进行立法完善，更需要从进入程序、救济途径、监督机制等程序法层面进行完善。基于此，本章围绕民航旅客黑名单的正当程序进行研究，并主要围绕以下3个层次展开：一是黑名单程序控制的价值基础，主要分析程序正义与制度正义之间的关系、旅客合法权益双重保护机制以及我国民航旅客黑名单的程序失范；二是民航旅客黑名单程序控制的基本要素，主要从事前通知、事中听证、事后救济三个方面予以分析；三是从公告、警示、通知、备案、公布、撤回、救济、监督等角度，提出完善我国民航旅客黑名单程序制度的对策建议。

第一节　黑名单程序控制的价值

安全，是民航运输首要的价值追求，亦是旅客、航空运输承运人以及社会公众利益实现之基础。民航运输风险后果的严重性，决定了必须对旅客不轨行为采取“零容忍”态度，这也是民航旅客黑名单产生以及存在之根基。然而，民航旅客黑名单的目的不在于惩罚，而在于预防，即通过该制度的评价、教育、引导等功能，对旅客不轨行为作出否定性评价，告知社会公众哪些行为可为、哪些行为不得为。民航旅客黑名单制度的有效发挥，有赖于该制度的逻辑自洽和成熟完善。

一、程序是制度正义的重要因素

程序正义与否是评价制度正义的重要维度，对民航旅客黑名单制度亦是如此。基于保护航空安全以及维护民航运营秩序的考虑，制定旅客黑名单，对于那些“不轨旅客”予以处罚，具有一定的正当性、合理性和必要性。但制定旅客黑名单属于国家公权力的范畴，应当满足正当程序法律原则的要求，从而防止公民权利受到非法侵蚀。换言之，只有国家民航管理部门即民航局或者法律授权的中航协才能制定旅客黑名单，其他主体尤其是航空公司不能自行制定旅客黑名单。而且，旅客黑名单的出台应遵循严格的法定程序。

因此，程序正义是民航旅客黑名单制度正义的应有之义。应从正当程序的宪法高度和行政法原则的高度，审视民航旅客黑名单制度实施过程中是否蕴含公开透明的标准化程序、严格规范的审核监督机制以及充分完善的救济机制。

二、程序不当是行政黑名单的主要问题

黑名单，被视为治理社会失信行为的一大利器，已普遍运用于社会各个领域、各个行业，包括金融信贷、食品安全、环境保护、司法执行等。制定主体也是从国家行政机关到司法部门，从行业协会到公司企业乃至公民个体，从中央部门到地方机关，不一而足。然而，无论是从社会诚信体系构建的角度看，抑或是从法律制度体系构建的角度看，我国黑名单制度都缺乏上位法统领，尚未形成系统而完善的制度体系，

从而导致各地、各行业黑名单规定内容不一,实施效果差异巨大。

仅就行政黑名单而言,普遍存在黑名单制定主体复杂多样、黑名单启动事项标准不统一、黑名单公布方式杂乱无章等一系列问题,最关键的是程序机制不健全,普遍缺乏救济途径和监督机制。行政黑名单伴随着我国改革开放的进程而逐步发展,其在克服市场失灵方面确实发挥了不可忽视的重要作用,但其在被广泛运用的同时亦日益暴露出更多的制度缺陷。这些制度缺陷可以分为三个方面:一是实体规则方面,行政黑名单存在立法层级过低、专门立法缺位、进入标准粗糙、实施主体冲突、启动事项标准不一、退出机制单一等问题。二是程序规则层面,行政黑名单存在程序随意失范突出问题,主要表现在是行政程序的缺失,已有的行政程序得不到有效遵守,发布黑名单的机关限制较小,黑名单的公布方式千差万别。三是救济层面,行政黑名单存在缺乏有效的救济机制、撤销程序和监督机制。

良法善治是我国当前行政改革之方向,依法行政是实现良法善治之基础,而依法定程序行政则是依法行政的应有之义和重要内容。行政行为在程序上合法与否、公正与否,将直接决定着行政行为合法与否、公正与否,也直接影响着行政行为实施的效果。正当程序原则要求,任何行政行为都要遵循法定的方式方法、步骤顺序、时间限制等。反观当前我国行政黑名单实践,在程序方面至少存在以下三个问题。

其一,缺乏必要的行政程序。行政机构黑名单无论是在发布前,抑或是在发布中,还是在发布后都应当遵循规范而严格的程序。然而,现实中由于上位法的缺失,导致种类繁多的行政黑名单缺乏统一的程序规定,黑名单发布行为混乱、可操作性强也就不足为怪了。其二,已有的行政程序未被严格遵守。在我国社会转型期,执法人员的法治观念还有待加强,“重实体、轻程序”思想仍然普遍存在,加之执法人员个体素质差异较大,以及权力寻租的动机需求,使得黑名单制定程序随意性较强。以“农夫山泉砒霜门”事件为例,海口市工商局在对农夫山泉产品的抽检、复检等环节以及黑名单的告知、制定、发布等环节均违反了国家相关规定,更没有履行黑名单的申诉、听证及复议等程序,未赋予行政相对人完善的救济权利,在黑名单制定程序中存在严重瑕疵,其结果不仅给行政相对人造成了难以弥补的损失,而且极大地降低了政府公信力。其三,缺乏完善的监督程序。百密一疏,行政黑名单在制定过程中难免存在疏漏乃至错误,此时需要健全的监督机制和科学的撤销机制予以补救。然而,无论是在制度设计上还是在法治实践中,我国行政黑名单都缺乏完善的监督程序。上述这些行政黑名单程序不当的种种问题在民航旅客黑名单实践中都或多或少地存在。

三、旅客合法权益的双重保护机制

从法治的角度看,旅客合法权益的保护需要双重机制:一是实体机制,这有赖于民航旅客黑名单制定主体、对象范围、进入标准等制度的建立健全;二是程序机制,这有赖于民航旅客黑名单制定程序、救济途径、监督机制的建立健全。

制定程序随意失范,是我国民航旅客黑名单制度存在的主要问题之一,程序不公问题不仅存在于航空公司制定的企业黑名单中,而且存在于中航协制定的行业黑名单以及民航局制定的行政黑名单中。

以告知程序为例,目前法律对于民航旅客黑名单制定中是否告知旅客、如何告知旅客、在多长期限内告知旅客以及告知旅客什么内容等方面都缺乏系统、详细而全面的规定,更遑论旅客的知情权和申诉权。再以公布程序为例,无论是谁,一旦被列入民航旅客黑名单,虽然其部分权利会受到限制,但并不意味着其他方面的合法权益如隐私权就不应再受到保护。因此,应当对黑名单公布程序进行严格限制,不能公布旅客的身份证号码、工作单位、联系方式等个人信息。然而,当前我国黑名单制度对于公布方式、公布内容、公布期限等都语焉不详。

我国民航旅客黑名单实践迫切呼唤正当程序。实施程序的不规范,不仅会侵犯旅客的合法权益,而且会导致民航旅客黑名单制度"走样",违背该制度设计的初衷,甚至导致旅客与航空运输企业之间的对立,降低政府公信力,从而走向该制度目的宗旨的反面,产生新的不良社会后果以及新的法律障碍。因此,应当将民航旅客黑名单制定程序系统化、规范化、可操作化,①实现民航运输企业、旅客、社会公众等多方利益的平衡。

第二节　民航旅客黑名单程序控制的基本要素

程序控制是实现民航旅客黑名单制度正义的重要保障。民航旅客黑名单的程序控制,应从事前通知、事中听证以及事后救济三个角度入手。这是行政法上程序

① [荷]I. H. Ph. 迪德里克斯 – 范思赫:《国际航空法》(第9版),黄韬等译,上海交通大学出版社2014年版,第333页。

控制的基本要素，也是我国民航旅客黑名单相关立法或者法律修改时制度设计的重点。

一、事前通知程序

从行政黑名单角度看，无论是警示性黑名单，还是备案性黑名单；无论是外部具体行政行为，还是内部行政行为，都会直接或间接地对行政相对人的权利义务产生重大影响，且往往是义务的增设或者权利的消减。因此，应当有明确的告知程序，即事先告知行政相对人被列入黑名单的事实、依据和理由，尊重和保护行政相对人的知情权；允许行政相对人通过陈述、申辩、举证等方式自我救济，防止被错误列入黑名单。

民航旅客黑名单关系到航空安全，虽然有可能涉及国家秘密，如果公开所有信息可能会给恐怖分子带来可乘之机，但是黑名单的制定程序是应该公开的，至少是黑名单的进入标准、认定条件以及退出机制等相关程序要求应当向全社会公开；当旅客被列入黑名单时，应当及时告知。通常而言，事前通知程序包括黑名单规则制度的公告程序、旅客有可能被列入黑名单的警示程序以及即将列入黑名单的通知程序。

公告程序是针对民航旅客黑名单规则本身而言的。从合同法的角度看，旅客与航空承运人作为航空运输服务合同的平等主体，既要履行主合同义务，又要履行附随义务。对于航空承运人而言，其主合同义务即是将旅客安全、准时送达约定目的地，其附随义务即是法律规定的义务。附随义务是为保障履行给付义务或保护当事人的人身或财产利益，在合同履行过程中基于诚实信用原则而产生的义务。① 具体到民航运输合同，航空承运人向旅客公告黑名单制度规则是其履行附随义务的应有之义。

民航旅客运输业务技术含量极高、专业性极强，机组人员都是经过严格训练、具备专业素养的工作人员。民航旅客鲜有接受航空专业知识和旅客行为准则学习的机会，对于绝大多数旅客而言，乘机旅行经验并不丰富，对机上行为准则亦不熟悉。在这种情况下，由于旅客的“无心之失”而导致不轨行为发生；以此为由，将其列入“黑名单”，显然有失公允。实际上，民航旅客黑名单制度的主要目的不是为了惩罚，

---

① 彭诚信、朱琨：《合同履行中违反附随义务的法律效果》，载《政法论丛》2005年第5期。

更不是为了拒绝旅客,而是为了引导旅客言行举止,确保航空安全。因此,有必要通过告知旅客黑名单制度,使旅客掌握民航常识、熟悉飞机行为准则,让旅客充分了解哪些行为可以做、哪些行为不能做、哪些行为禁止做,从而最大限度减少旅客不轨行为。[①] 这是履行附随义务的需要,也是落实民航旅客黑名单制度的需要。

在旅客做出不轨行为并符合黑名单的进入标准时,黑名单制定主体应当及时履行通知义务,将旅客列入黑名单这一事实告知旅客,这是旅客作为消费者所享有的知情权的要求。知情权在消费者权利体系中处于核心地位,也是其他消费者权利的前导性、先决性和基础性权利。[②] 消费纠纷的产生很大程度上是由于消费者与经营者之间信息不对称导致的,消费者知情权如果得到充分保障,其他权利才有可能充分实现,民航旅客的知情权同样如此。

二、事中听证程序

听证制度是现代行政决策的特别程序制度,是程序正义的重要组成部分。民航旅客黑名单关系航空安全这一公共利益,关系航空运输资源利用这一行业利益,关系旅客出行自由这一个人利益,应当听取航空运输企业、旅客、利益相关人、行业专家等社会各方意见。当然,并非所有的旅客黑名单制定都需要进行听证,而是主张应当赋予旅客听证权利,是否听证要视不同的情况而定。听证既可以由旅客提请,也可以由黑名单制定机关主动启动。质言之,在听证时,要充分考虑旅客不轨行为所造成的后果或者潜在危害,以及不轨行为再现的概率。

听证后,如果认为确有必要列入黑名单的,应当履行备案和公布程序。从应然角度看,我国民航旅客黑名单应当授权中航协制定,相应的备案应当由民航局审查。民航局在进行实质审查后,如果没有问题,应当交由中航协予以公布执行。黑名单公布的内容是不轨旅客的相关信息,但不应当包括旅客的个人隐私信息,以防旅客信息不当泄露而给旅客带来过重的惩罚和“附带损害”。

三、事后救济程序

实践中,行政相对人被错误列入黑名单并带来极大困扰乃至重大损失的情形并

---

① 王旭:《论旅客黑名单的法律适用》,载《中国民用航空》2008 年第 8 期。

② 王宏:《消费者知情权与消费者保护》,载《山东师范大学学报(人文社会科学版)》2010 年第 5 期。

不少见。为了保护行政相对人的合法权益,也为了纠偏不当行政行为,黑名单救济制度显得尤为重要,即允许行政相对人对黑名单提起行政复议或行政诉讼。

民航旅客如果对自己被列入航空公司黑名单有异议,可以以制定黑名单的航空公司为被告提起民事诉讼;如果对自己被列入中航协或者民航局的行政黑名单,不仅应当享有听证权利,而且应当享有申请行政复议、提起行政诉讼的权利。为保障民航旅客的权益,应当设置民航旅客黑名单的救济机制、撤除机制和监督机制。

就救济机制而言,由于旅客与航空公司是平等的民事主体,二者之间发生的纠纷理应可以通过民事仲裁或者民事诉讼的方式解决,这与普通民事救济途径并无二致。但是,中航协或者民航局制定行政黑名单,属于具体行政行为,具有行政法上的可诉性,即旅客既可以通过行政复议寻求行政救济,也可以通过行政诉讼寻求司法救济。

就撤除机制而言,其作为保障旅客合法权益的重要环节,日益彰显出独特价值。制定主体在公布黑名单后如果发现确有错误,或者经过行政复议、行政诉讼、民事仲裁或诉讼被认定不合法,应当及时撤除黑名单,将相关旅客姓名从黑名单中移除,从而防止旅客合法权益损失扩大化。因此,民航旅客黑名单撤除程序包括主动撤除和依申请撤除两个方面。

就监督机制而言,行政机关自我纠错机制必不可少,但往往是外部监督更为有效。国家公权力有自我扩张的倾向,内部的自我约束效果非常有限。如此一来,就需要加强民航旅客黑名单的外部监督,包括其他国家机关监督、社会监督、舆论监督等,形成完整的监督网络。

四、我国民航旅客黑名单制度程序有待完善

现阶段,我国民航旅客黑名单制度具有存在的现实必要性,实践中也已成为确保民航安全、维护民航秩序、约束不轨旅客的重要手段。但整体而言,我国民航旅客黑名单制度正处于发展阶段,制定主体不统一且享有极大的自由裁量权,容易滋生权力滥用问题,导致民航旅客的权益受到不合理的限制和剥夺。在程序方面,我国民航旅客黑名单制度存在的主要问题如下。

第一,黑名单制度规则存在"秘而不宣"情形。无论是航空公司、中航协,还是民航局,对民航旅客黑名单的规制对象、适用程序、进入标准、救济程序等内容,都未充分告知旅客和社会公众,旅客在订票时不能充分了解黑名单制度规则,这当然既不

利于黑名单制度的宣传、教育和实施，也不利于航空服务业的持续健康发展。实践中，无论是春秋航空“暂无能力提供服务名单”引起的纠纷，还是“厦航范某军案”引发的争议，都反映出我国民航旅客黑名单制定标准的随意性、模糊性和不透明性。

第二，黑名单制定主体未尽到提醒、警示和告知义务。当旅客做出黑名单制定主体所认定的不轨行为时，应当及时提醒和警示该旅客，签发告知警示通知书等，使其认识到不轨行为的潜在后果及被列入黑名单的可能，促使其停止不轨行为，避免造成更为严重的后果。在旅客被列入黑名单后，也应当及时主动告知相关旅客的相关事实、理由、依据以及救济途径、救济方式等内容。然而，实践中，旅客往往在下次购买该航空公司机票或者乘坐该航空公司航班时才得知自己已经被列入了黑名单。至于如何公布旅客黑名单以及公布哪些具体信息，实践做法也不统一，存在侵犯旅客隐私的重大风险。

第三，旅客退出黑名单机制不健全。进入标准和退出机制是整个民航旅客黑名单制度的关键，没有一个相对客观的进入标准和退出机制，旅客无法得知自己在什么情况下会被禁止乘坐飞机，也没有确切的依据去维护自己的权益。在缺乏统一的标准及运行程序、第三方监督机制的情况下，极易损害旅客的合法权益。关于民航旅客黑名单退出机制，我国现有黑名单制度有待完善，除了到期自然移除外，并无其他撤回程序和退出机制。

第四，被列入黑名单的旅客缺乏畅通有效的权利救济途径。正常情况下，旅客被列入黑名单后，制定主体应当及时告知旅客，如果旅客对此有异议，应当有权向制定主体及其主管部门提出申诉，要求制定主体说明理由并提供证据。如果黑名单制定主体不能说明理由或者提供证据证明自己行使权力的合法性，或者旅客有证据和理由证明自己不应当被列入黑名单，则有权要求制定主体从黑名单中移除自己的名字，并有权要求制定主体赔偿损失、恢复名誉、赔礼道歉等。如果旅客的合法权益不能得到维护，有权向司法机关寻求救济。但是，如果旅客不知自己在何时、因何事、被谁列入旅客黑名单，不知维权的方式、途径和期限，其维权也就成了一句空话。实践中，多数旅客直到登机前才获知自己的权利被剥夺或限制，缺乏事前通知程序，就无法通过救济途径维护自己的权利，在一定程度上加大了维权的难度，导致申诉无门的情况出现。此外，我国目前的民航旅客黑名单主要是由航空承运人设置，两个民事主体之间的纠纷只能通过仲裁或者诉讼解决且民航旅客处于弱势地位，难以获取相关的证据。

第五,黑名单共享机制涉嫌严重损害旅客合法权益。在中航协制定的《民航旅客不文明行为记录管理办法(试行)》实施的当天即2016年2月1日,中国国航、东航、南航、海航和春秋航空5家航空公司联合发布《关于共同营造文明乘机大环境的联合声明》,明确表示建立信息共享机制,合力对实施不文明行为的旅客采取限制措施。换言之,黑名单上的旅客在黑名单记录期限内有可能无法享受上述5家航空公司的航空运输服务。旅客黑名单信息共享机制虽然有利于提高黑名单利用效率,打击民航违法行为,降低黑名单制度成本,但并不意味着旅客的个人信息权和隐私权不受法律保护。更何况,这些航空公司一旦达成协议,有可能占有市场大多数份额,形成市场支配地位,涉嫌构成垄断行为,甚至造成境外旅客"被迫流亡"之困境。

程序被称为"看得见的正义",民航旅客黑名单的制定和实施应当遵循合理的程序。我国应借鉴国际惯例和域外的成熟做法,加快有关立法进程,全面规范民航旅客黑名单程序制度。①

第三节　我国民航旅客黑名单程序制度的完善

一、公告程序

前已述及,民航旅客黑名单制定主体应当将黑名单的适用对象、纳入标准、进入条件、法律后果等内容进行公告,事先让旅客知悉。在公告的文字标准方面,应当采用简洁明确、通俗易懂的文字,尽量避免冗长繁杂、晦涩难懂有歧义的文字,应着重陈述旅客不轨行为的表现形式。

民航旅客黑名单制定主体以及民航主管机关应当通过多种方式进行普法宣传,可以充分运用各种新媒介,采用多元化的方式和喜闻乐见的方式,扩大宣传效果。具体而言,可以采取如下措施:其一,在航空运输企业网站主页、网络订票页面,以醒目的颜色、特殊的字体,在显著的位置告知旅客黑名单规则,并通过订票系统技术处理,确保旅客只有在"已阅读"并作出"本人已充分理解上述合同条款和黑名单规则内容并同意和遵守"的承诺后才能完成订票。其二,客票销售代理人、机场值机柜台和售票服务柜台等可以通过公示、音频视频公告、小册子或者其他宣传作品,印制或者播放给旅客,使旅客获悉黑名单内容。其三,在登机后,机组工作人员应当通过告

① 刁伟民:《航空旅客"黑名单"的法律分析》,载《法学杂志》2012年第7期。

示或警示等方式提醒旅客注意言行举止，亦可以通过播放宣传片的方式告知旅客黑名单规则。

当然，为确保旅客黑名单制度宣传内容统一，民航局应当加强对各航空公司旅客、行李运输总条件中黑名单条款的备案审查，也可考虑由中航协负责制定旅客黑名单制度宣传范本，以供各航空运输企业调整适用。

二、警示程序

民航旅客运输具有专业性、复杂性，民航旅客黑名单制度在公告宣传后，旅客仍有可能不知悉或不能完全理解其内容，并做出危害航空安全、影响航空运行秩序的不轨行为。此时，如果立即将其列入黑名单可能过于严苛，而需要履行警示程序。

所谓警示程序，是指在公布民航黑名单适用对象、进入标准、法律后果等规则内容后，航空公司发现旅客仍做出不轨行为，应对其进行警告说明，告知其不轨行为已经或者可能造成的危害后果，以及可能被列入旅客黑名单的不利后果，从而督促旅客立即停止不轨行为、弥补损失的程序。实践中，旅客做出不轨行为，可能并非有意为之，只是由于乘机经验不足、旅行习惯不当所致。在此情况下，如果及时对旅客作出警示，促使其认识自己不轨行为的法律性质和法律后果，从而辨识和控制不当行为，则可以达到矫正之目的。警示程序作为列入黑名单的前置程序，如果民航旅客在受到警告并了解自身行为不当性之后，仍继续进行不轨行为，则可以直接启动列入黑名单程序。

三、通知程序

一般而言，民航旅客黑名单的通知应当采取书面形式，并以旅客签收的回执作为旅客收到该通知的法律依据。但是，在当今信息社会，通信日益便利，能否从节约时间成本、经济成本、社会成本出发，通过电子邮件等其他方式向旅客发送黑名单通知呢？通过电子邮件方式送达黑名单通知虽然快捷方便，但其前提是知晓旅客常用的电子邮箱，且存在该通知被当作垃圾邮件而自动拦截从而导致旅客无法阅读邮件内容之情形。可行的做法是，在旅客购买机票或者收到有可能被列入黑名单警示时，要求其留下电子邮箱并询问其是否同意以电子邮件方式收悉航空承运人的相关通知。如果旅客同意，则可以通过电子邮件方式送达，否则，只能通过书面方式送达。当然，在由于民航旅客自身原因不能接收黑名单通知时，黑名单制定主体可以通过官方网站进行公告送达,但应当注意保护民航旅客的个人隐私信息。

四、听证程序

在黑名单制度中引入听证程序,有利于保障旅客行使抗辩权,充分表达申诉请求;有利于公民充分行使监督权,保障黑名单制度公平公正地实施。广义上的听证制度可以分为国家立法听证、行政决策听证和具体行政行为听证 3 种类型。民航旅客黑名单听证制度属于具体行政行为听证类别,应由黑名单制定主体(中航协)通知相关旅客,听证程序可以由制定主体主动启动,也可以依旅客申请而启动。听证程序的步骤,可设计如下:

一是告知,即民航旅客黑名单制定主体在法定期限内将有关听证事项告知相关旅客,以便使其有充分的时间准备参加听证。二是委托代理,即允许旅客自由选择自己亲自参加听证或者委托律师等代理人;必要时,应为旅客提供法律援助服务。三是公开听证,即民航旅客黑名单制定主体组织航空公司、旅客、其他利益相关人以及行业专家,就旅客是否应当被列入黑名单举行公开听证,以便使旅客和社会公众充分了解旅客黑名单的制定过程。当然,如果听证涉及国家秘密、商业秘密或者个人隐私的,可以选择不公开方式进行。四是对抗辩论。对抗辩论作为听证程序的关键环节,是旅客维护自身权益的重要程序。这一环节,旅客和航空公司就是否应当列入黑名单提出意见、事实、证据及法律依据,并接受对方的质疑和反诘,以便保障旅客和航空公司拥有平等的对话权,保证黑名单制定的公正合理。五是制作笔录,即由专人对听证过程进行记录并封存归档,该笔录将作为旅客黑名单制定的唯一依据。听证中,应当听取相关专家和旅客代表的意见,黑名单制定主体应综合考虑旅客不轨行为的类型性质、持续时间、过错程度、危害后果以及再现概率等因素。

五、备案程序

在我国民航旅客黑名单制度设计中,应当通过立法授权中航协统一行使黑名单制定权,但这并不意味着中航协的制定权力不受约束。相反,笔者建议,应当通过黑名单备案程序加强对旅客黑名单的监督,防止国家公权力滥用。这不仅是确保民航旅客黑名单公平公正的需要,也是权力监督权力的需要。

具体而言,中航协在制定黑名单后,向民航主管部门即民航局进行上报审核,由民航局加强对旅客黑名单制定与适用行为的监督管理,防止随意拒载旅客的情况发生。[①] 民航局作为我国民航事业的主管部门，担负着监管民航飞行安全的职责，有权对黑名单的制定进行监督。黑名单备案程序的作用主要体现为两个方面：一方面，有利于增强黑名单的权威性和严肃性，发挥黑名单制度的法律效力；另一方面，有利于加强对黑名单制定行为的监督制约，预防随意制定黑名单，保障旅客合法权益不受侵害。但是，这一功能的发挥，有赖于该制度的具体设计。笔者认为，民航局对黑名单的备案应采取实质审查而非形式审查的方式。详言之，中航协在向民航局提交备案材料时，应将所有的事实依据、法律依据及相关证据连同黑名单制定审核建议一并提交，民航局根据相关材料谨慎地判断旅客是否应当被列入黑名单。至于备案审核的方式，可以充分利用互联网之优势，采用电脑登记审查形式，实现同步备案，减少备案时间。

六、公布程序

中航协发布的《民航旅客不文明行为记录管理办法(试行)》仅规定，“中航协每月更新民航旅客不文明行为记录，并告知航空公司、中航信和旅客本人”。“398 号文”也只是简单规定，民航局在每月第一个工作日通过民航网站和“信用中国”网站发布限制乘机名单信息。笔者认为，应当从以下 3 个方面完善我国民航旅客黑名单的公布程序：

一是公布的载体问题。行政黑名单公布的载体包括报纸、网络、电视等，公布的方式包括黑名单制定主体自己发布、委托媒体发布等；每种发布的方式方法不同，所产生的影响效果也会有所差异。具体到民航旅客黑名单，中航协或民航局应当根据《政府信息公开条例》及时有效地向公众公开黑名单信息，除了在传统的网站发布外，还可以通过召开新闻发布会方式发布，从而发挥黑名单制度的教育、宣传和引导功能。

二是能否公布黑名单中旅客的个人信息问题。在当今信息社会，旅客个人的信息资料已成为一种重要资源，具有特定的人身属性和财产属性，并且，有些信息诸如姓名、电话、联系方式、工作单位等具有极强的识别性。旅客个人信息一旦泄露，有可能会给旅客的学习、生活和工作带来极大困扰，并有可能导致旅客社会评价和社会声誉的降低，甚至导致社会公众对旅客产生偏见和歧视。因此，不轨旅客所遭受

---

① 刁伟民：《航空旅客“黑名单”的法律分析》，载《法学杂志》2012 年第 7 期。

的惩罚应仅限于被列入黑名单而被拒载,而不应当扩大至旅客的其他方面。因而,应当建立健全旅客个人信息保密机制。换言之,对于旅客的隐私信息应当予以保护,不能公开,只能用于航空公司订票系统中。所以,我国设立民航旅客黑名单制度,首先要建立起被列入黑名单的旅客的内部隐私保护机制,建立健全隐私监管体系,规范公权力的行使,保证民航旅客的个人信息不被泄露、隐私权得到保护。

三是被列入黑名单的旅客信息能否共享问题。在目前普遍存在航空公司制定旅客黑名单的情况下,多家航空公司共享旅客黑名单信息,虽然有利于提高黑名单的利用效率,但其涉嫌垄断,且增大了旅客信息被泄露的可能性。因此,笔者认为,被列入黑名单的旅客信息不应共享。

七、撤销程序

由于黑名单威力巨大,对旅客会产生重大不利影响,因此,应当建立健全旅客黑名单撤销程序。撤销程序主要针对两种情况:一是主动撤销,即当民航旅客黑名单制定主体发现公布的黑名单有误,应及时撤销黑名单,并通过与发布黑名单同样的方式澄清错误事项,并恢复相关旅客的名誉。这种撤销方式是黑名单制定主体自我纠错形式,倒逼黑名单的制定出台更加审慎,减少黑名单被泛化滥用。二是依申请撤销,即旅客被列入黑名单后,确有悔改表现,并通过社会服务、提供保证人等方式保证其不再做出不轨行为,也可以申请撤销黑名单。总之,应当改变当前黑名单制度中只有过期自然撤销的单一方式,采取更加灵活多样的撤销方式,最大化地发挥旅客黑名单的制度效用。

八、救济程序

在被列入黑名单的旅客救济程序方面,可以从以下几个方面入手:首先,对于航空公司制定的旅客黑名单,允许旅客通过民事仲裁或民事诉讼方式寻求救济。进行民事仲裁的前提在于旅客与航空公司达成了仲裁协议,或者在签订运输合同时有明确的仲裁条款。其次,对于中航协制定的旅客黑名单,应当允许旅客通过行政复议或者行政诉讼方式寻求救济,行政复议机关应当是民航局,行政诉讼机关按照行政诉讼管辖原则予以确定。最后,对于民航局制定的旅客黑名单,应当允许旅客通过行政复议和行政诉讼方式寻求救济,行政复议机关应当是交通运输部,行政诉讼的机关亦应按照行政诉讼管辖原则予以确定。另外,可以借鉴刑事诉讼中的保证人制度，并将其引入民航旅客黑名单制度中。详言之，在综合考虑旅客不轨行为的危害程度、旅客的主观过错程度以及不轨行为的再现概率，允许旅客缴纳一定的保证金或者提供有资格保证人为其提供担保，使其临时获得乘机出行的机会。

九、监督程序

国家公权力的运作离不开社会的监督，民航旅客黑名单的制定和实施亦离不开旅客、社会公众、大众媒体、其他部门的全方位监督。当前，要从信用体系高度完善我国民航旅客黑名单的监督程序。尤为重要的是，要加强旅客黑名单的听证、备案、公布等程序，使黑名单从规则公布到制定运行再到撤销救济，都处在“阳光”下，以保障黑名单信息公开透明。

本章小结

民航旅客黑名单自诞生之日起便被认为涉嫌违宪违法，在适用对象、制定主体、限制期限、监督机制等方面存在诸多争议。在我国社会转型期，社会诚信体系尚不成熟完善，构建中的民航旅客黑名单制度存在制定主体不明确、实施程序不规范、进入标准不明确、监督主体缺失、救济途径不健全等不足。完善我国民航黑名单制度，应坚持程序与实体并重原则，完善黑名单进入标准和退出机制等，开拓民航旅客的救济途径，建立职权滥用监督制度。

程序缺失、程序不规范、程序不够细化是我国民航旅客黑名单制度实施中的突出问题，这在很大程度上导致民航旅客黑名单制度异化走样，甚至产生了新的不良法律后果。民航旅客黑名单程序制度的完善可以从规范黑名单制定主体的外部行为和保障旅客合法权益两个角度进行。就规范黑名单制定行为而言，要统一制定机关，规范公布方式，严格公布程序，审慎公布内容，加强公布监督等；就保障旅客合法权益而言，要强化黑名单规则告知程序，建立黑名单听证程序，完善旅客救济程序等。

在我国民航旅客黑名单程序制度创新中：(1)要加大黑名单制度的宣传，创新公告程序，使广大旅客了解和熟悉黑名单制度；(2)当旅客做出不轨行为时，要及时进行提醒和警示，告知其不轨行为后果；(3)如果旅客的不轨行为已经对民航安全造成了严重后果或者旅客拒不改正不轨行为的，则应当通知其有可能被列入旅客黑名单，听取旅客的申辩意见；(4)对于一些影响重大的旅客黑名单，黑名单制定主体应当组织相关各方进行听证，听取相关各方的意见；(5)听证程序后，对于确有必要列入黑名单的，向民航局备案，民航局进行实质审查；(6)经民航局备案后的旅客黑名单，通过法定形式和途径公布，注明时间、地点、不轨行为的表现及“禁飞期”，但应注重保护旅客的个人信息和隐私；(7)如果旅客对黑名单有争议，则可以通过行政复议和行政诉讼寻求救济，请求移除黑名单并赔偿损失、赔礼道歉；旅客亦可以通过社会服务或者提供保证等方式表示悔过，在承诺遵守民航法律法规和黑名单制度规范后，则可以申请退出黑名单。在这过程中，程序正义贯穿始终，既保障了旅客黑名单实施的必要性，维护了公共安全和航空公司的利益，又保障了旅客的知情权、申诉权、抗辩权、救济权及消费者的合法权益，从而促进了旅客黑名单制度实体正义的实现。

第十二章　救济之维:被列入民航旅客黑名单的旅客如何维权

正当程序是法治的基本原则,救济权利属于矫正权利的"第二性权利",具有特殊的法治价值。[①] 自古希腊以来,正义始终是法律制度的重要价值追求,亦是各国法治建设的永恒主题之一。从人类历史的长河来看,早期社会对于公平正义的追求偏重于结果正义而忽视了过程正义,或者说对过程正义关注不够。[②] 随着社会的发展和法治的进步,程序的价值逐渐被人们重视,程序正义对于增进结果正义的重要意义被社会认知,程序正义亦成为一种独立的价值追求而与实体正义相并列。[③] 对于被列入黑名单的旅客而言,其救济权利的重要性不言而喻。民航旅客黑名单的不同定性,决定了其应当具有不同的救济程序和救济制度,遗憾的是,无论是中航协和民航局制定的旅客黑名单(行政黑名单),抑或是航空公司制定的旅客黑名单(企业黑名单),旅客救济机制都有待完善。黑名单救济制度的滞后以及监督制度的阙如,是我国民航黑名单制度在实施中暴露出的重要问题。健全的民航旅客黑名单制度不仅应包括适当的制定主体、科学的选

---

① 陈皓:《侵权法矫正正义论中的个人主义》,载《法制与社会发展》2014 年第 5 期。

② [日]谷口安平:《程序的正义与诉讼》,王亚新、刘荣军译,中国政法大学出版社 2002 年版,第 61 页。

③ 管宇:《程序正义现代进路》,载《政法论坛》2008 年第 5 期。

择标准、正当的实施程序等内容,也需要完善的退出机制、救济机制和监督机制。近年来频发的民航旅客黑名单事件,更是暴露出黑名单民航旅客救济方式的有限、救济途径的不畅、监督机制的不足。因此,被列入黑名单的旅客如何获得救济,值得深入思考和研究。本章以中航协公布的16批共411名民航旅客不文明行为记录和民航局发布的6期共4209名严重失信人为分析对象,对我国民航旅客黑名单实践进行观察反思,进而提出完善我国民航旅客黑名单救济机制的对策建议。

第一节 程序正义与权利救济

黑名单制度不应以惩罚为目的,而应以构建社会诚信体系为旨归。民航旅客黑名单亦不应当以拒载为目标,而应是在拒载规则的指引下,规范旅客行为、确保民航安全、平衡各方利益。保障旅客的申辩权和救济权,以完备的程序正义确保黑名单制度实体正义的实现,是上述民航旅客黑名单制度宗旨的应有之义和必然要求。

一、正当程序的基本要义

程序正义与正当程序原则密切相关,前者属于价值衡量范畴,后者属于制度原则范畴。因此,研究程序正义,应当从正当程序原则入手。

实质性正当程序,是指任何公民不经正当法律程序不得被剥夺生命、自由或财产;程序性正当程序是指通知、听证、救济等法定程序。① 如今,正当程序原则已经从宪法原则发展为行政法的基本原则和其他部门法的基本原则。② 尤其是对国家公权力机关而言,其在作出对公民私权利有影响的行为时,必须遵循法定程序原则,包括事先告知程序,即向相对人说明行为的根据和理由;事中听证程序,即听取相对人的陈述和申辩;事后救济程序,即为相对人提供相应的救济方式和救济途径。③

我国《宪法》第41条规定,"中华人民共和国公民对于任何国家机关和国家工作人员,有提出批评和建议的权利;对于任何国家机关和国家工作人员的违法失职行

① 郭殊:《我国正当程序原则的规范诠释与体系构造——以宪法上的"禁止非法搜查"为中心》,载《浙江学刊》2017年第3期。

② 汤俪瑾:《论行政调查正当程序中的令状主义原则》,载《政法论坛》2012年第1期。

③ 姜明安:《行政法与行政诉讼法》(第6版),北京大学出版社、高等教育出版社2015年版,第238页。

为，有向有关国家机关提出申诉、控告或者检举的权利……”这是从宪法高度对公民救济权利的肯定和确认。我国《行政处罚法》第 31 条规定：“行政机关在作出行政处罚决定之前，应当告知当事人作出行政处罚决定的事实、理由及依据，并告知当事人依法享有的权利。”虽然，正当程序原则已成为一项普遍的法律原则，但从传统来看，其主要是针对国家公权力而言，其目的在于防范国家公权力的滥用以及对公民私权利的侵犯。[1] 因此，法律上的正当程序原则更多是从宪法高度或者行政法角度而言；就本书而言亦将其限定在政府制定的旅客黑名单范围中。

二、民航旅客黑名单制度要符合程序正义

程序正义与否是评价一个制度正当性与否的重要维度，民航旅客黑名单制度作为价值衡量的结果，亦应当遵循程序正义的要求。在民航运输中，存在航空公司、旅客、社会公众、国家等多方主体，每个主体所代表的利益诉求并不完全相同。这些利益诉求有时互为表征，有时彼此冲突，有时又相互交织。其中，最为重要的利益单元是航空公司所代表的企业利益、旅客所代表的个人利益以及国家所代表的公共利益。当这些利益发生冲突时，根据现代利益冲突原则，公共利益具有相对优位性。详言之，当旅客的出行自由与航空安全发生冲突时，可以适当限制或牺牲旅客自由以保障航空安全，这即是旅客黑名单产生之根基。换言之，旅客不轨行为对航空安全造成了潜在威胁，可以通过黑名单的方式免除航空公司强制缔约的法定义务，赋予其一定的选择旅客的权利。

然而，与公共利益优位的相对性一样，黑名单的适用并非没有任何限制，而是要满足相应的条件。自由出行权是旅客作为公民享有的重要的宪法性权利，自由选择权、人格尊严权、个人信息权是旅客作为消费者享有的基本权利。民航旅客黑名单制度在一定限度内剥夺了旅客的上述权利。如何防止旅客黑名单泛化滥用，如何平衡旅客合法权益，是民航旅客黑名单制度设计不得不面对的问题。一方面，要严格旅客黑名单的制定主体、规制对象、实施范围、进入标准等实体规则，将黑名单限定在最小范围内；另一方面，要明确旅客黑名单的制定程序、退出机制、救济渠道、监督机制等程序规则，实现权利制约权力之目的。

从程序正义出发，被列入黑名单的旅客应当获得事前通知、事中听证与事后救

---

① 周佑勇：《行政法的正当程序原则》，载《中国社会科学》2004 年第 4 期。

济的权利。在我国民航旅客黑名单制度实践中，由于程序缺失导致国家公权力乃至航空公司在制定旅客黑名单时侵蚀公民（旅客）权利的现象并不少见，权利救济路径的匮乏更是加剧了旅客合法权益被不当限制甚至剥夺的担忧。公平正义是法治的基本精神，在制定和实施旅客黑名单规则时必须以公平公正的原则为基础，旅客应当获得正当程序原则的保护，即享有事先通知的权利和事中听证的权利以及事后救济的权利。

三、被列入民航旅客黑名单的旅客的救济权利

法谚有云"有权利，就必有救济。"根据矫正正义理论，救济本身也是一种权利，是相对于实体权利的"第二性权利"，属于矫正或补正权利之权利。[①] 矫正正义肇始于亚里士多德正义观，已发展成为现代社会成熟的侵权法理论，其核心思想在于，当事人违反法定义务或者约定义务时，必然导致已有法律关系的破坏，需要赋予受害人特殊权利以填补损害并实现利益平衡。[②]

在矫正正义理论中，救济权利是重要内容。民航旅客黑名单是利益衡量的结果，是以牺牲旅客部分权益为手段达致民航安全之目的。然而，在这一衡量过程中，并非置旅客的合法权益于不顾，尤其是当旅客被错误地列入黑名单时，迫切需要相应的救济机制来纠正由此产生的不良后果。这些不良后果不仅体现为旅客的损失，包括因被列入黑名单导致的直接经济损失、乘机自由的限制、个人信息泄露，而且体现为社会良好秩序的破坏乃至政府公信力的降低。从这个角度讲，救济制度是被列入黑名单的旅客权益保障程度的重要组成部分。

法律层面的救济机制包括私力救济和公力救济，并且主要指公力救济。公力救济又包括仲裁、复议、诉讼等方式，尤以诉讼最为重要。诉讼作为"社会正义的最后一道防线"，分为民事诉讼、行政诉讼、刑事诉讼等多种类型。

在我国，由航空公司制定旅客黑名单引发的争议，属于两个平等民事主体或者消费者与经营者之间的民事纠纷，理应通过民事仲裁或民事诉讼解决。然而，问题在于，我国航空公司是否有权制定旅客黑名单则存在很大疑问，其解决机制亦失去根基。

---

① 陈皓：《侵权法矫正正义论中的个人主义》，载《法制与社会发展》2014 年第 5 期。

② 孙大伟：《探寻一种更具解释力的侵权法理论——对矫正正义与经济分析理论的解析》，载《当代法学》2011 年第 2 期。

第二节　被列入民航旅客黑名单的旅客救济机制有待完善

权利救济路径的匮乏是公众对我国民航旅客黑名单制度质疑的重要原因之一。如果旅客不轨行为对航空安全造成了威胁或者对航空秩序造成了危害，可以通过黑名单方式限制甚至剥夺旅客自由乘坐飞机的权利。正如同权利具有相对性一样，旅客黑名单的实施亦应当符合法定的条件以及遵循正当的程序。为了防止黑名单的泛化滥用，避免国家公权力肆意侵犯公民私权利，应当赋予被列入黑名单的旅客充分的救济权利。换言之，听证作为行政特殊的救济程序，对于规制政府公权力意义重大。

一、听证制度缺失

由于黑名单涉及旅客的重大关切，基于正当程序原则的要求，应赋予旅客听证之权利，允许被列入黑名单的旅客提出质疑、进行申辩并提供证据。然而，《办法》、“385 号文”以及其他民航旅客黑名单规章制度中都没有听证程序的相关规定，我国当前的民航旅客黑名单实践中亦未有听证的相关做法。笔者认为，着眼于我国民航旅客黑名单制度的未来，应当改变当前“政出多门”“实践混乱”的局面，将旅客黑名单制定权统一授权中航协行使，并通过法律制度创新，将黑名单听证程序明确列入其中，使旅客听证权具有明确的法理基础和法律依据。

出行自由是宪法性权利之一，民航旅客黑名单限制了旅客的出行自由，应满足实质性正当程序之标准，符合程序性正当程序之要求。我国现行民航旅客黑名单制度既没有事先通知的详细规定，更没有事后听证的明确规定，亟待完善。

二、复议、诉讼机制不健全

与听证程序不同，行政复议、行政诉讼、民事仲裁或诉讼机制，属于事后救济机制，并且属于外部监督，即行政主体的上级机关或司法部门的监督。尤其是诉讼机制，被称为社会正义的“最后防线”，蕴含着特殊的法治价值。

就行政复议而言，其作为一种行政行为的内部纠偏机制，是旅客黑名单制定主体的上级部门对旅客申诉进行的监督行为。当旅客知道自己被列入了黑名单之后，有权要求黑名单制定主体说明自己被列入黑名单的事实、理由和依据，并有权要求其提供相关证据；当黑名单制定主体不能说明将该旅客列入黑名单的理由或者不能提供充分证据证明自己行使权力正当合法时，旅客有权要求将自己的姓名从黑名单中移除。行政复议的前提在于旅客黑名单是由行政主体（行政机关或者法律授权的其他组织）制定，对于实践中航空公司制定的旅客黑名单，则无法启动行政复议机制。

从应然层面看，旅客黑名单应当由中航协制定，对此类黑名单既可以提起行政复议，也可以提起行政诉讼。即使是从我国民航旅客黑名单的实践看，目前由中航协和民航局制定的黑名单，应当能提起行政复议或行政复议；对由航空公司制定的黑名单，应当能提起民事诉讼或民事仲裁。

就诉讼机制而言，因旅客黑名单性质的不同而有所不同。详言之，对于航空公司制定的企业黑名单，涉及的是能否提起民事仲裁或民事诉讼问题；对于民航主管部门制定的行政黑名单，涉及的是能否提起行政诉讼问题。对于这一问题本不应当成为争议话题，所有的黑名单都应当纳入司法审查的范围。因为，在法治国家，司法权是最为重要的监督权和裁判权，也是社会个体最为重要的救济机制。

虽然《办法》和《声明》都明确，将被列入黑名单的旅客的相关信息通报给旅客本人，但却没有规定旅客的救济权利和救济途径。《声明》仅表明，5 家航空公司对于信息保存期限内的相关当事人要采取一定的限制服务措施，丝毫未提及相关旅客若对相关措施不服应如何寻求救济，这种单方“霸道”的做法非常不利于构建和谐的民航运输关系。《办法》也只是简单规定，旅客如果对不文明行为记录有异议，可以向中航协提出异议申诉，但并未规定旅客的其他救济渠道。这种单一的救济机制不仅违背了回避原则，①而且其维权效果也令人怀疑。

换言之，无论是《办法》和《声明》，还是其他法律法规，均未明确赋予旅客行政复议、行政诉讼、民事诉讼等救济权利。《办法》虽然明确，若旅客对不文明行为记录持有异议，可以向中航协提交异议申诉及有关证明材料进行维权，并规定了中航协的答复期限。② 然而，该申诉渠道过于单一，且不属于行政复议性质，其能否维护旅

① 罗梅、寻锴：《司法规律的理论和现实问题——十八大以来的司法规律研究文献综述》，载《法制与社会发展》2015 年第 3 期。

② 《办法》第 7 条规定，旅客对列入不文明行为记录有异议的，可向中航协提交异议申诉，并提供有关证明材料。中航协自收到旅客异议申诉之日起 15 个工作日内向申请人做出答复。异议处理期间，民航旅客不文明行为记录的管理不受影响。

客的正当权益值得怀疑。同时，由于中航协既是旅客黑名单的制定主体——认定旅客不文明行为，同时也是旅客黑名单的监督主体——受理旅客申诉，属于既当裁判员又当运动员情形，明显违背了回避原则。在《声明》中，5 家航空公司仅明确在信息保存期限内对相关当事人采取一定的限制服务措施，但丝毫未提及有效救济途径。

相比而言，“385 号文”有一定的进步。从权利救济来看，“385 号文”没有明确规定异议部门，亦没有规定明确的行政复议、行政诉讼等程序，这是很大的遗憾，导致该条文形同虚设。从诉讼指导来看，“385 号文”规定了民事诉讼和行政诉讼两种机制，但对于这两种机制的受案范围、审判机制、裁判效力等问题则语焉不详。

从形式上看，“385 号文”规定了“诉讼指导”内容，即“最高人民法院加强对各级人民法院指导，依法处理因执行限制乘机名单而引发的有关民事诉讼和行政诉讼，明确审理标准，公正司法，维护各方合法权益”。同时，“385 号文”在旅客黑名单的发布执行以及权利救济方面也有了明确规定。其一，规定了黑名单的发布程序，即民航局在每个月的第一个工作日通过民航网站和“信用中国”网站发布被列入黑名单的旅客信息。其二，明确应当公布被列入黑名单的旅客异议的处理部门和联系方式，即公示期为黑名单发布之日起 7 个工作日，被列入黑名单的旅客在这期间内可以向“有关部门”提出异议；在公示期满后，如果相关旅客并未提出异议或者提出的异议经审查未得到支持，则开始执行黑名单制度。被列入黑名单的旅客认为自己被错误列入黑名单的，可以向“有关机关、单位”提出复核申请。然而，从实践来看，民航局在其官方网站发布“民航限制乘坐民用航空器严重失信人”时，并未告知旅客异议处理部门、联系方式，亦没有规定明确的行政复议、行政诉讼等程序，导致“385 号文”诉讼指导条文形同虚设。

三、监督机制有待健全

我国民航旅客黑名单缺乏职权滥用监督制度。《办法》和《声明》虽然要求，将“黑名单”人员相关信息通报给行业主管部门、行业协会及旅客本人等相关主体，但是对于信息共享过程中涉及名单内人员的隐私权等权利保护问题则没有进行说明，未明确民航旅客黑名单制度的监督主体。从实践来看，当前我国民航旅客黑名单制度缺乏相应的独立的监督主体，存在规则制定主体、名单确认主体、监督主体混同情况。质言之，我国目前缺乏独立的旅客黑名单第三方监督机制，亦缺乏对民航旅客黑名单制定主体的追责机制,从而导致制定旅客黑名单随意性极强,保护企业利益、行业利益倾向明显,进而加深了旅客与航空承运人之间的误解和矛盾。

为了最大限度地降低民航旅客黑名单制度的负面影响,实现航空承运人与民航旅客之间的利益平衡,健全的监督机制不可或缺。① 因此,将旅客列入黑名单应当遵循严格而合理的程序,②从制度设计和社会实践中规范旅客黑名单,监督国家旅客黑名单公权力的行使。

第三节 民航旅客黑名单的救济机制的完善路径

一、健全民航旅客黑名单听证机制

严格意义上讲,只有国家行政机关才有权制定旅客黑名单。从我国现实出发,通过法律授权中航协制定民航旅客制定黑名单是比较务实可行的选择。然而,无论是由民航局还是由中航协制定民航旅客黑名单,都属于行使国家公权力范畴,亦应当遵循正当法律程序原则,防止公民的权利被侵蚀。听证程序为解决这一问题提供了全新思路。③

从法律性质认定角度看,民航旅客黑名单类似于行政处罚。因此,可以参照行政处罚中的听证程序设置民航旅客黑名单听证程序。《行政处罚法》第 31 条规定:"行政机关在作出行政处罚决定之前,应当告知当事人作出行政处罚决定的事实、理由及依据,并告知当事人依法享有的权利。"所以,要把告知程序作为听证程序的前置程序。然而,我国《政府信息公开条例》第 14 条规定:"行政机关不得公开涉及国家秘密、商业秘密、个人隐私的政府信息。"由于民航旅客黑名单可能会涉及国家安全信息,不适宜在告知阶段通知相关旅客。但是,至少应当告知相关旅客即将被列入黑名单的主要事实,并且告知其依法享有的救济权利,包括听证、行政复议和行政诉讼等,允许相关旅客提出答辩和质疑。

在我国行政法领域,不乏听证程序的明确规定。譬如,《行政处罚法》第 42 条、

---

① [美]彼得·贝罗巴巴、阿梅迪奥·奥多尼、辛西娅·巴恩哈特:《全球航空业》,赵维善译,上海交通大学出版社 2010 年版,第 308 页。

② [荷]I. H. Ph. 迪德里克斯－范思赫:《国际航空法》(第 9 版),黄韬等译,上海交通大学出版社 2014 年版,第 333 页。

③ Leigh A. Kite, *Red Flagged Civil Liberties and Due Process Rights of Airline Passengers; Will a Redesigned CAPPS II System Meet the Constitutional Challenge?*, George Washington Law Review(2004).

《治安管理处罚法》第 98 条、《行政许可法》第 46 条,均规定了相对人享有听证的权利。[①] 从这些行政法中听证程序的相关规定中,不难得出这样一个结论:当某项具体行政行为关涉公民重大利益时,应当赋予利益相关者听证的权利,听取其意见、申诉和抗辩,从而达致良法善治之目的。旅客黑名单对于民航旅客生活和工作的影响无须赘言,应当规定相关听证程序。

因此,要改变目前我国民航旅客黑名单制度中尚未规定听证程序的做法,即通过《民用航空法》的修改或者制定专门的《民航旅客黑名单管理办法》明确赋予旅客听证权利,并对听证范围、听证方式、听证组织、听证程序等内容作出细化规定。至于上文提到的信息安全问题,可以通过旅客委托律师参加听证的方式予以解决。具体制度设计,可以由国家安全机关为相关旅客指派律师或者旅客委托但经国家安全机关审查通过的律师,代为旅客参加行政听证程序。

二、健全民航旅客黑名单行政复议机制

在民航旅客黑名单由中航协或者民航局制定的前提下,被列入黑名单的旅客可以提起行政复议或行政诉讼。那么,主要有以下两个问题需要解决:其一,行政复议程序是行政诉讼程序的前置程序吗?在我国现行行政法框架下,行政复议前置是例外,《行政复议法》只在第 30 条第 1 款规定了几种行政复议情形,即对侵犯自然资源所有权或者使用权的具体行政行为,应当先申请行政复议,对行政复议决定不服的才可以依法向人民法院提起行政诉讼。对于其他具体行政行为,既可以先提起行政复议,也可以径行提起行政诉讼。对于民航旅客黑名单而言,行政复议也并非前置程序,应当允许旅客先复议再诉讼,也可以选择不经复议直接向法院提起行政诉讼。其二,行政复议机关是谁?上级复议是我国行政复议的基本原则。《行政复议法实施条例》第 13 条规定:"下级行政机关依照法律、法规、规章规定,经上级行政机关批准作出具体行政行为的,批准机关为被申请人。"就民航旅客黑名单而言,在中航协

---

① 《行政处罚法》第 42 条规定:"行政机关作出责令停产停业、吊销许可证或者执照、较大数额罚款等行政处罚决定之前,应当告知当事人有要求举行听证的权利;当事人要求听证的,行政机关应当组织听证。……"《行政许可法》第 46 条规定:"法律、法规、规章规定实施行政许可应当听证的事项,或者行政机关认为需要听证的其他涉及公共利益的重大行政许可事项,行政机关应当向社会公告,并举行听证。"《治安管理处罚法》第 98 条规定:"公安机关作出吊销许可证以及处二千元以上罚款的治安管理处罚决定前,应当告知违反治安管理行为人有权要求举行听证;违反治安管理行为人要求听证的,公安机关应当及时依法举行听证。"

出台黑名单时,民航局是中航协的管理机关,因此应当向民航局提起行政复议;在民航局出台黑名单时,民航局是国务院主管民用航空事业的、由交通运输部管理的国家局,因此应当向民航局的上级单位即交通运输部提起行政复议。着眼于未来,应当通过立法授权中航协统一行使旅客黑名单制定权,民航局履行监督职责,包括备案、行政复议等。

三、健全民航旅客黑名单的行政诉讼机制

民航旅客黑名单的制定主体应当是统一的、唯一的,应当赋予中航协旅客黑名单制定权、民航局监督权、航空公司执行权。但是,从我国目前旅客黑名单的实践来看,航空公司可以出台黑名单,中航协和民航局也在制定黑名单。那么,在中航协或民航局制定旅客黑名单的语境下,如何提起行政诉讼?

就行政诉讼主体而言,《行政诉讼法》第 26 条规定,"公民、法人或者其他组织直接向人民法院提起诉讼的,作出行政行为的行政机关是被告。经复议的案件,复议机关决定维持原行政行为的,作出原行政行为的行政机关和复议机关是共同被告;复议机关改变原行政行为的,复议机关是被告。复议机关在法定期限内未作出复议决定,公民、法人或者其他组织起诉原行政行为的,作出原行政行为的行政机关是被告;起诉复议机关不作为的,复议机关是被告"。《最高人民法院关于适用〈中华人民共和国行政诉讼法〉的解释》第 19 条规定:"当事人不服经上级行政机关批准的具体行政行为,向人民法院提起诉讼的,以在对外发生法律效力的文书上署名的机关为被告。"因此,旅客可以根据民航局的复议情况,确定行政复议的被告。当然,旅客对于民航局的复议结果不服的,可以向法院提起行政诉讼,也可以直接针对中航协的黑名单提起行政诉讼。

就管辖法院而言,《行政诉讼法》第 15 条规定:"中级人民法院管辖下列第一审行政案件:"(一)对国务院部门或者县级以上地方人民政府所作的行政行为提起诉讼的案件……"该条规定了行政诉讼的级别管辖,据此,对于民航旅客黑名单的行政诉讼应当由中级人民法院受理。至于地域管辖,《行政诉讼法》第 18 条第 1 款规定:"行政案件由最初作出行政行为的行政机关所在地人民法院管辖。经复议的案件,也可以由复议机关所在地人民法院管辖。"因此,民航旅客黑名单的行政诉讼,应当由中航协或者民航局所在地的法院管辖。综上,被列入黑名单的旅客可以以中航协或民航局为被告,向北京市中级人民法院提起诉讼。

前已述及，基于保护旅客信赖利益的要求，应当公开黑名单进入标准；基于正当程序原则的要求，应当赋予旅客事先通知和事中听证职权；基于矫正正义的要求，应当赋予旅客行政复议和行政诉讼的救济权利。因此，应当完善行政复议和行政诉讼机制，作为行政相对人的权利救济途径。笔者建议，通过立法建立预防性诉讼机制。传统的诉讼机制是以侵权法为基础，具有明显的事后救济特征，并且过于强调损害结果的发生。[①] 黑名单所造成的损害往往事后难以弥补，因此，建议建立民航旅客黑名单预防诉讼机制，突破传统民事请求权之基础，即旅客不必证明损害的客观存在就可以提起诉讼，以有效预防旅客权益之损害。在具体的制度构建中，应注意以下事项：其一，适格的原告主体，即应当明确那些即将进入黑名单的旅客或者其他利益相关人才能提起预防性诉讼，这有赖于民航旅客黑名单告知程序之完善。其二，重大损害发生的可能性，即应当明确那些对旅客利益或者社会公共利益产生重大影响的事项才能提起预防性诉讼。其三，协商前置程序的必要性，即旅客或其他利益相关人提起预防性诉讼的前提必须是，与旅客黑名单的制定主体进行沟通和协商且未果的情形，这是降低旅客维权成本的需要，也是节约司法资源的需要。当然，行政机关仍决定公布后，才可提起预防性行政诉讼。其四，预防性诉讼可以借鉴选民资格诉讼机制，在审理期限、举证方式、开庭形式等方面采取不同于普通诉讼程序的更加灵活的方式，适用一审终局，在旅客黑名单正式公布前审理完毕。

进一步需要讨论的是，如果旅客被错误地列入黑名单，能否提起国家赔偿诉讼主张国家赔偿？从应然层面看，对于所有的行政违法行为，都可以提起国家赔偿诉讼。因为这一制度的立法宗旨就在于消除行政违法行为所造成的负面影响，弥补行政相对人因此而遭受的损失。但从实践来看，国家赔偿诉讼不仅立案门槛高、补偿标准低，而且诉讼成功率较低。以我国“农夫山泉砒霜门事件”为例，由于工商部门的失误将农夫山泉公司列入产品黑名单，给该公司造成的负面影响极大，难以通过国家赔偿诉讼弥补企业所遭受的经济损失，遑论产品声誉和企业信誉损害了。因此，迫切需要完善民航旅客黑名单诉讼救济机制，明确赋予旅客行政诉讼的相关权利，赋予旅客国家赔偿权利，降低诉讼门槛，扩大赔偿范围，提高赔偿标准，切实维护旅客的合法权益。

---

① 吴凯杰：《论预防性环境公益诉讼》，载《理论与改革》2017 年第 3 期。

四、健全民航旅客黑名单的民事仲裁和民事诉讼机制

从民法视角看,旅客与航空公司是平等的民事主体,二者因黑名单引发的争议属于平等主体之间的民事争议,理应可以通过民事仲裁或民事诉讼予以解决,本身并无特殊之处。然而,在我国当下,能否提起民事诉讼或民事仲裁则是民航旅客黑名单救济机制迫切需要解决的一个重点问题。从应然层面讲,民航旅客黑名单应当由中航协制定较为合适,航空公司无权制定黑名单。但是,从实然层面看,目前我国许多航空公司都在制定自己的旅客黑名单。那么,在这一背景下,旅客是可以以航空公司为被告,向法院提起民事诉讼作为自己最后的救济,即如果旅客对其被列入航空公司黑名单不服,可以以航空公司为被告,向法院提起民事诉讼,要求解除禁飞限制、赔偿损失、恢复名誉等。对此,有以下两个问题需要进一步探讨。

一是民事诉讼的管辖问题,包括级别管辖和地域管辖两个方面。就级别管辖而言,要首先确认是否具有涉外因素,如果具有涉外因素,如被列入黑名单的旅客是外国人,那么由中级人民法院管辖,否则,应当由基层人民法院管辖。就地域管辖而言,《民事诉讼法》第 21 条规定,“对法人或者其他组织提起的民事诉讼,由被告住所地人民法院管辖”。同时,《民事诉讼法》第 27 条规定:“因铁路、公路、水上、航空运输和联合运输合同纠纷提起的诉讼,由运输始发地、目的地或者被告住所地人民法院管辖。”据此,航空公司黑名单引发的争议,可以由旅客机票上记载的始发地、目的地或者航空公司的住所地人民法院管辖。

二是仲裁与诉讼的选择问题。根据上述关于民航旅客黑名单民事诉讼的论证,笔者认为,旅客对航空公司旅客黑名单可以以航空公司为被申请人申请仲裁,要求解除航空公司的禁飞限制。仲裁与诉讼不同的是,其需要以约定为前提,即旅客与航空公司在签订运输合同时选择以仲裁的方式解决由此产生的纠纷并对仲裁机构作出了明确约定。通常而言,旅客在购买机票时与航空公司签订的运输合同属于格式合同,并且在格式合同中一般会含有争议解决条款。需要说明的是,在我国“或裁或诉”的纠纷解决模式下,如果选择了仲裁,就不能再向法院提起诉讼;如果选择了诉讼,就不能再提起仲裁。当然,这并不排除旅客与航空公司就争议解决单独达成协议。

五、健全民航旅客黑名单的监督机制

从最广泛意义上讲,我国法定的权利救济方式包括权力机关的救济即人大的法

律监督、工作监督、人事监督等，监察机关的监督即监察委员会作为国家法定监察机关查处国家机关工作人员涉嫌职务犯罪，行政机关救济即行政机关通过行政复议监督。我国《宪法》第 41 条赋予了公民对于国家公权力监督的权利，即对于国家机关和国家工作人员的违法失职行为，公民有向有关国家机关提出申诉、控告、检举的权利。具体到民航旅客黑名单制度，要提升该制度的实施效果，有两点至关重要：一是严格旅客黑名单制定实施中的内部监督；二是加强旅客、媒体、社会等各方对旅客黑名单的外部监督，并在上述两点基础上形成对旅客黑名单的全方位监督机制。因此，健全的监督机制是民航旅客黑名单制度的应有之义。从我国现实出发，健全民航旅客黑名单的监督制度应至少包括以下几方面：

一是备案机制。应当建立民航旅客黑名单上报备案机制，加强民航局对中航协制定的旅客黑名单的监督，并且民航局在进行备案审查时，应当采用实质审查而非形式审查方式。二是申诉机制。应当建立民航旅客黑名单举报机制，给予拟进入黑名单的旅客抗辩、申诉的机会，畅通旅客对黑名单的投诉渠道，以防发生不合理的拒载旅客情形的发生。笔者建议，民航局专门建立旅客权益维护部门和黑名单监督部门，在做到保障航空安全的同时保障旅客合法权益，从而促进民航业可持续健康发展。三是社会监督机制。应当健全民航旅客黑名单社会监督体系，赋予并落实社会各界对旅客黑名单决策的知情权、表达权和参与权，形成民航领域良法善治之局面。

本章小结

一般而言，被列入黑名单的旅客救济权利应至少包括以下内容：首先是知情权，即黑名单制定主体应当通过合适方式告知旅客其被列入了民航旅客黑名单，这是旅客行使救济权利之前提。其次是申诉权或者听证权，即相关旅客有权向黑名单制定主体及其上级主管部门提出申诉，要求其就列入黑名单的事实与证据、理由与依据作出说明和解释，并对列入黑名单的必要性与合法性进行听证，听取旅客的辩解和意见。再次是请求权，即如果黑名单制定主体不能证明其权力行使的合法性与正当性，或者旅客有证据能证明自己被错误地列入了黑名单，旅客可以请求黑名单制定主体将本人的名字从黑名单中移除，并有权因此而遭受的名誉损失、人格尊严损害以及财产损失要求责任主体给予恢复名誉和损失赔偿。最后是诉权，即当旅客合法权益无法通过申诉、协商、调解等方式彰显时，可以通过司法途径解决。

第十三章　冷眼旁观：规制民航旅客不文明行为的其他建议

旅客不文明行为看起来似乎是小事，但实际上不仅有损旅客的自身形象，有悖于文明出行的道德要求，而且直接危及航空运输安全，侵犯了其他旅客和民航企业的合法权益，严重影响了民航运输秩序。在外部表现上，旅客不文明行为是一种违法违规行为；在内在特征上，旅客不文明行为是一种危害公共利益、行业利益、企业利益或个人利益的行为，更严重者甚至损害国家形象、民族形象。然而，对不文明旅客采取何种法律拘束措施，以及采取法律拘束措施的边界在哪里，则需要深入分析。基于此，本章以民航安全管理新常态下不文明旅客的法律拘束机制为中心，分析对不文明民航旅客采取拘束机制的法理基础，探讨妥善解决旅客与运输承运人之间利益矛盾的有效途径，提出不文明民航旅客拘束机制的对策建议。

第一节　加大不文明行为的法律约束力度

法律发挥震慑作用的前提在于处罚措施的得当、强制约束力的增强。犯罪学中的“破窗理论”告诉我们，对旅客不文明行为要“零容忍”，只有让作出不文明行为的旅客付出较大的违法成本，才能给其形成心理强制，实现杜绝不文明行为之效果。国际民航组织针对民航旅客部分非法维权行为的规定明确，且措辞严厉、后果严重。如强占航空器被认定为类似于劫机的严重威胁航空器安全的行为。目前，我国拘束不文明旅客的措施仍存在诸多"短板"，无论是航空公司抑或是旅游机构，对不文明旅客采取"软抵制"的情况较多。因此，完善我国相关法律法规，增强对旅客不文明行为的"硬约束"势在必行。

不文明法律拘束机制，主要是指对不文明旅客采取的限制购票，进行刑事、行政处罚或者追究民事责任等措施。我国对旅客不文明行为的规制适用最多的是《治安管理处罚法》，其第 2 条规定："扰乱公共秩序，妨害公共安全，侵犯人身权利、财产权利，妨害社会管理，具有社会危害性，依照《中华人民共和国刑法》的规定构成犯罪的，依法追究刑事责任；尚不够刑事处罚的，由公安机关依照本法给予治安管理处罚。"这一条规定划分了犯罪和一般违法的界限，二者都具有社会危害性，但程度不同。严重者，达到犯罪的程度，追究其刑事责任。轻微者，则承担行政责任，给予行政处罚。《治安管理处罚法》第 23 条规定："有下列行为之一的，处警告或者二百元以下罚款；情节较重的，处五日以上十日以下拘留，可以并处五百元以下罚款：……（三）扰乱公共汽车、电车、火车、船舶、航空器或者其他公共交通工具上的秩序的；（四）非法拦截或者强登、扒乘机动车、船舶、航空器以及其他交通工具，影响交通工具正常行驶的；……"第 34 条规定："盗窃、损坏、擅自移动使用中的航空设施，或者强行进入航空器驾驶舱的，处十日以上十五日以下拘留。在使用中的航空器上使用可能影响导航系统正常功能的器具、工具，不听劝阻的，处五日以下拘留或者五百元以下罚款。"

我国刑法政策更多体现为法定刑起点较高和死刑罪名太多，对轻微违法行为"无关痛痒"的处罚，无疑会放纵犯罪的发生，因此，我们应追求法网的"严而不厉"而不是"厉而不严"，要"打早打小"，适当加重对旅客不文明行为的刑事处罚力度。首先，要对不文明行为完善刑事处罚措施，机场公安部门应当严格执法，辨别违法与犯罪，不能以行政处罚取代刑事责任，要加大违法者的违法成本，对旅客起到应有的教育指引作用。其次，善于利用我国行政处罚法中规定的行政处罚方式，即警告、罚款、行政拘留等。最后，要善于利用民事责任追究机制，健全民航旅客黑名单制度。

对航空公司而言，拘束民航旅客不文明行为的手段主要是拒载、信息通报、会员资格（冻结积分、限制升舱）等，涉及限制人身自由的，则由公安机关介入处理。这需要我们划清楚法律保留和契约约定之间的界限。关于不文明旅客法律拘束机制，建议民航服务提供者在服务总条件中将不文明行为类型、约束方式、条件等列入，增强拘束效果。对于那些破坏航空承运人财产、损害其民事权益的不文明旅客,航空承运人也要善于运用法律武器,通过诉讼方式追求其民事责任。同时,媒体应要做好报道工作,在全社会树立法责自负、依法维权的良好风气。

另外,要规定降落地国管辖权。我国现行有关干扰性乘客惩罚的法律体系(主要是刑法和行政处罚法)虽然已经规定了属地管辖、属人管辖、保护管辖和航空器登记国管辖等管辖权,但尚未规定降落地国管辖权。对此,我国法律应当适当调整,规定对不轨旅客的降落地国管辖权。其原因有以下两方面:其一,降落地国对于处理不轨旅客具有天然的便利性,降落地国行使管辖权对于及时处理旅客不文明行为以及有效预防不文明行为具有重要意义,能够节约司法资源。其二,近年来,国际民用航空保安公约在管辖权方面呈现出不断扩大的趋势,相应地,我国也应当对此有所回应,即按照国际民用航空组织的建议规定降落地国管辖权。当然,我国法律在确认降落地国管辖权时应当保持必要的弹性。详言之,要通过法律确认当中国是航空器降落地国时,中国对航空器内发生的旅客不文明行为享有管辖权;同时,中国有权在个案中放弃对旅客不文明行为的管辖权,从而将案件移交更合适管辖的国家(地区)处理。①

第二节 民航运输承运人服务提升与加强管理

在民航旅客黑名单第一案"厦航范某军案"中,虽然北京市第二中级人民法院最终驳回了原告的诉讼请求,但同时法院指出,厦门航空在"黑名单"事件中"欠缺及时、主动、有效的沟通及应对"。这说明,旅客不文明行为问题的解决亦需要民航运输人的配合。尤其是对于因民航旅客非法维权引发的不文明行为,要健全服务补救措施,从源头杜绝纠纷发生的可能性;要从民航运行管理方面入手建立完善的预警机制和应急处理方案,以防纠纷扩大升级;要加强民航相关法律规范的惩处力度,提高民航旅客遵法守法的意识。只有上述三个方面综合施策、共同治理,方能切实有效摆脱民航旅客非法维权行为频发的窘境。下面,笔者以航班延误为视角,分析民航运输承运人如何提升民航服务与加强安全管理,从而避免旅客不文明行为的

① 刘浩:《民用航空器上不循规旅客处罚比较研究》,载《北京航空航天大学学报(社会科学版)》2014 年第 3 期。

发生。

一、健全服务补救措施

航班延误不可避免，但如何在服务补救措施方面有所作为则是治理民航旅客非法维权行为的关键步骤。

在我国，健全服务补救措施，首先，要把延误原因透明准确地予以公开。实践中，因为航班延误往往会产生旅客与航空公司的对立情绪，主要原因在于：一方面，航空公司给出的航班延误原因难以令人信服，旅客与航空公司之间缺乏信任，航空公司存在推卸责任、自我掩饰的嫌疑；另一方面，航空公司没有详细的解释说明，造成误解也就在所难免。对延误原因的公开透明准确，不仅能够迅速安抚旅客情绪避免其采取激烈行动，也能为后续服务补救措施提供必要指引。要做到延误原因公开透明准确，必须建立由中立第三方发布的民航信息通报机制，对航空天气、客流、飞行计划等可能影响航班运行的因素进行统计分析，通报预警信息和航班延误情况，必要时可采取新媒体技术提高信息传播的速度和覆盖面。

其次，要确立合理的补偿标准。2004 年 7 月 1 日，民航总局出台《航班延误经济补偿指导意见》，其中有关于航班延误后经济补偿的条款，但大多数只是原则性规定，补偿方式包括现金、购票优惠券和返还里程等，但没有确定的数额标准。2010 年 11 月，中国航空运输协会向各航空公司会员下发了《航空运输服务质量不正常航班承运人服务和补偿规范（试行）》（以下简称《补偿规范》），提出了新的经济补偿标准，如由于承运人原因导致航班延误 4 小时以内的，航空公司须向旅客及时提供餐饮；延误 4 小时以上的，则应安排休息场所；延误 4 ~ 8 小时（含 8 小时）的，旅客可获得价值 300 元的购票折扣、里程的等值补偿，或是人民币 200 元的现金补偿；延误 8 小时以上的，旅客则可获得价值 450 元的购票折扣、里程的等值补偿，或是人民币 300 元的现金补偿。与机票价格相比，加之机场附近的消费水平，补偿金额则显得微不足道。我国各航空公司参照《补偿规范》制定了各自的补偿方案，但由于补偿标准较低，旅客普遍难以接受，这也成为旅客与航空公司矛盾爆发的直接原因。确立合理的补偿标准，一方面，要切实提高补偿金额，考虑交通、食宿、机票价格等多重因素，以法律规定确立一个比较适合的最低标准；另一方面，完善多元化的补偿手段，如购票里程补偿要真正能够方便使用。

再次，要建立补偿监督机制。航空运输承运人只针对由于其自身原因造成的航班延误承担补偿责任，上文所述的民航信息通报机制则能够为延误责任承担提供公正客观的标准。现实中，由于缺乏补偿监督机制，航空公司一般只解释原因而不主动采取补偿措施。当旅客要求补偿时，航空公司往往也是采取走一步算一步的态度，从最低补偿标准开始逐渐加码，逐渐形成“不闹不赔”的现象，给旅客非法维权行为造成很强的心理暗示。补偿监督机制可以设立专门机构主导监督，并辅之以旅客投诉，就能有效督促航空公司及时按照标准补偿旅客。将补偿监督机制以法律形式确定下来，对补偿效率高的航空公司予以奖励，对补偿效率低的航空公司施以惩罚，航空公司自然会积极履行补偿义务，非法维权行为也无权可维了。

最后，需要思考的是，旅客在向民航局消费者中心进行投诉时，如何处理？由谁来处理？后续救济渠道是什么？要做好宣贯工作，谁来做怎么做？以什么形式？我们认为，有必要建立健全引导机制，引导旅客合法维权、理性维权，从而避免不文明行为的发生。

二、加强民航运行管理

民航运输需要多个部门各司其职、相互配合，最终促成民航运输流畅运行。大多数航班延误导致的非法维权行为原因在于民航应急处理时的混乱无序，一旦大规模的航班延误发生，机场、航空公司之间会互相推诿扯皮，旅客则要承受双方争执的恶果，进而产生严重不满并诱发暴力维权事件。当务之急在于，明确航空公司、机场、机场公安等相关各方的职责和义务。

对航空公司而言，航空公司在航班延误发生后应在第一时间公布预计起飞时间，如果航班长时间延误或取消，则应及时告知旅客，为旅客改变行程提供必要帮助。在改退票及补偿时应公开透明，采取适当的排序手段，安排旅客依照顺序接受后续服务，避免出现混乱。航空公司对于长时间等待的旅客，属于需要补偿的情况，应当妥善安排食宿。如不属于需要补偿时，也应联系机场管理部门，帮助旅客解决食宿问题。

对机场而言，治理大面积航班延误是机场的重点工作之一，也是机场运行工作中的重要方面。开展为保障航班正常的专项整治工作很有必要，应当组织相关领域专家学者对机场环境进行研究分析，制定符合机场特点的航班延误预警机制和发生大面积航班延误时的快速处置程序，提高机场管理部门的处置能力和应急管理水平，使航班延误后的善后工作程序化、具体化、标准化。机场管理层应就机场附近基础配套设施提出合理的建设方案，推进机场附近的交通、餐饮、住宿等配套设施升级,为大面积航班延误造成滞留的旅客提供必要的服务,配合航空公司的旅客安置方案,使得旅客在机场附近获得便利的交通出行和舒适的休息。

对机场公安而言,机场公安在维护机场安全方面发挥着重要作用。维护机场的安全秩序是机场公安的首要职责,应当赋予其采取强制措施制止非法维权行为的权力,做到有法必依、执法必严,不能放任违法犯罪行为,更不能"大事化小、小事化了"。民航旅客是一个松散的群体,应对非法维权行为时,机场公安要重点关注一些在旅客中散布激烈言论和不实消息的"关键人物",必要时采取隔离和强制措施,阻止不实言论误导其他旅客。① 实践中,中国国际航空公司与首都机场警方签署了《航班延误联动处置协议》,对在突发群体性事件中双方的工作内容、处置流程、配合要求,有效控制旅客非法维权行为建立起一套应急处理方案,值得其他机场借鉴。

目前,不文明行为产生的主要原因是航班延误导致的旅客非法维权,其背后深层次的原因在于民航企业补救服务欠缺,沟通不及时,补偿不到位。现有很多群体性的旅客不文明行为多发于旅游团,主要是旅行社的人员带头进行,建议在处置时将组织者和参与者区分开。同时,建议完善地面服务保障协议。现有的地面服务保障协议中,一般被代理人不写明代理人,有一定的补偿或赔偿权利,因此在实际操作中,代理方很难处理旅客维权事宜,最终会进一步激化矛盾。机场、航空公司和地面服务代理人各自享有什么样的处置权利,是需要研究和考虑的。笔者建议,在代理协议中给予处理机场或代理人权限,同时建立保险机制。另外,航空公司可以对旅客诚信行为采取奖励机制,如诚信积分的方式。对于那些信用良好、达到一定积分的旅客,可给予一定的优惠政策。这样与黑名单相对应,做到有奖有罚。

第三节　促进旅客文明素质和法律素质的提升

针对旅客不文明行为,要"疏""堵"结合。要促进旅客文明素质和法律素质的提升,引导旅客在遭遇航班延误等影响行程的情况下,保持冷静和理性,合理合法地维护自身权益。对不文明行为要深层次分析,慎重把握尺度。

第一,加强普法宣传和航空知识宣传。引导旅客合法维权是预防和根治旅客非法维权行为的必要措施。为此,要建立畅通的旅客维权申诉渠道,提高旅客遵守民

① 李军:《航空旅客群体性事件的对策及建议》,载《中国民航报》2008年4月29日,第7版。

航运输相关法律法规的意识，劝导旅客要运用合法手段维护自身合法权益。

第二，发挥网络新媒体的监督作用。随着网络新媒体的发展，“两微一端”（微博、微信和新闻客户端）等作为新兴媒介平台，在信息传播方面更快捷、更及时、更广泛，但其既有可能在旅客非法维权、过度维权事件中起到推波助澜的作用，也可能有助于政府工作的开展。因此，政府要善于利用新媒体，加强对旅客的正面引导。

第三，将共治理念引入政府管制改革。现代社会，政府事务纷繁复杂，各种利益矛盾交错盘结，仅依靠传统的行政力量很难有效解决社会难题，迫切需要引入社会力量推动政府治理改革。在新形势下，引入共治理念对于政府的治理改革具有积极意义，要发挥中航协等社会组织的作用。

本章小结

拘束旅客不文明行为对民航安全管理至关重要。旅客不文明行为有广义和狭义之分，有的涉嫌构成刑事犯罪，有的构成行政违法，有的则属于道德范畴。民航旅客不文明现象在我国当下非常突出，主要原因在于旅客民航知识匮乏、良好旅行习惯尚未养成、法律素质有待提高、社会诚信体系尚未完全建立、法治环境有待优化、民航运输服务有待改进等方面。我国民航安全管理面临新常态，应统一界定旅客不文明行为并将其类型化，加大不文明行为的法律约束力度，提升民航运输承运人服务，完善民航旅客黑名单制度。随着大众出行方式的变化，旅客不文明行为的增多，民航安全管理进入新常态，需要更新管理理念、创新管理措施、完善管理体系。民航旅客不文明行为有的属于犯罪范畴，有的属于一般违法范畴，有的则属于道德范畴，且属于特定时代的产物。国内外很多航空公司针对不文明旅客设计了“黑名单”制度。但是，民航旅客黑名单自诞生之日起就伴随着争议，甚至被认为涉嫌违宪违法。尤其是，“黑名单”概念本身具有侮辱、歧视和侵犯名誉权之嫌，名称制定上建议采取比较温和的名字，否则容易引起社会的反感，可以使用法律“失信民航旅客名单”代替。笔者认为，黑名单仅仅是社会诚信体系建设中的一项过渡性措施，其最终目标是向民航旅客征信制度变迁。当然，在这制度变迁过程中，民航旅客黑名单在营造旅客诚信环境、改变旅客出行观念、治理民航运输市场失灵等方面有着重要作用。换言之，在当下，为解决民航旅客日益高发的不文明现象，民航旅客黑名单制度作为一种新型的法律责任方式重要性逐渐凸显。但整体而言，目前我国民航旅客黑名单制度仍处于摸索建立阶段，存在制定主体不明确，实施程序不规范，进入标准不明，监督主体缺失，被误列入被列入黑名单的旅客的救济途径不健全等不足，设立原则、设立标准、权责分工、救济途径等制度尚需建构。

第十四章　结论建议:完善民航旅客黑名单制度的法治进路

近年来,民航旅客黑名单似乎成为保障民航安全、维护航企权益、惩治不轨旅客的一种“利器”,并大有泛化之势。这主要体现在两个方面:其一,从黑名单的制定主体来看,在美国、加拿大等国,反恐黑名单由政府制定,不轨旅客黑名单由航空公司制定,而我国民航旅客黑名单仅针对不轨旅客而言,且制定主体涵盖航空企业、行业协会和民航管理部门三类;其二,从黑名单的旅客数量来看,被列入黑名单的旅客数量曾明显有大增之势。有人对民航旅客黑名单持赞同态度,理由在于:其一,黑名单作为一种行政管制工具,其形式简单、威力巨大,能有效打击旅客的不轨行为;其二,航空运输企业与旅客之间属于平等的民事主体,在旅客自由选择航空公司的同时航空公司也可以自由选择消费者,即可以制定航空公司旅客黑名单,当旅客的不轨行为干扰了民航正常运营秩序时可以将其“拒之门外”。然而,更多学者对民航旅客黑名单持谨慎态度,甚至质疑其合宪合法性问题,认为民航旅客黑名单制度与我国合同法中公共运输承运人强制缔约义务的相关规定相违背,侵犯了旅客乘机自由这一基本权利。我国“航空黑名单第一案”即“厦航范某军案”中所折射出来的承运人对于旅客的人格尊严、隐私权、选择权以及自由出行权利的侵害,拷问着民航旅客黑名单的价值取向及法律理念,引发了社会公众对于民航旅客黑名单泛化滥用的质疑以及旅客合法权益被不当限制甚至剥夺的担忧。本书经过研究得出以下结论并提出相关建议。

第一节　简短结论

随着大众出行方式的变化,旅客不文明行为的增多,民航安全管理进入新常态。需要更新管理理念,创新管理措施,完善管理体系。

民航旅客不文明行为有的属于犯罪范畴,有的属于一般违法范畴,有的则属于道德范畴,且属于特定时代的产物,我国旅客不文明行为广遭诟病,但这一问题在西方发达国家并不突出,这与社会的文明程度、人文素质、法治环境等密切相关。

针对旅客不文明行为,要"疏""堵"结合。对不文明行为要类型化,完善刑事处罚措施和行政处罚措施,善于利用民事责任追究机制,健全民航"黑名单"制度。同时,民航运输承运人要健全服务补救措施,加强民航运行管理,促进旅客文明素质和法律素质的提升。

航空承运人具有公共运输承运人地位,负有强制缔约义务。但当强制缔约义务与保障安全义务发生冲突时,安全因素理应被优先考虑,此时航空公司的强制缔约义务则得豁免。因此,国内外很多航空公司针对不文明旅客设计了黑名单制度。但是,民航旅客黑名单自诞生之日起就伴随着争议,甚至被认为涉嫌违宪违法。

"9·11"事件发生之后,以美国、加拿大为代表的国家采用了预先设立旅客黑名单即"禁飞名单"的做法以防止恐怖活动,同时,旅客黑名单制度在欧美航空公司早已广泛使用且日趋成熟。虽然二者的出发点都是基于保障航空安全的考虑,但它们属于性质截然不同的制度体系。相对而言,外国学者更加关注于民航旅客黑名单制度所涉及的正当程序基本原则,以及该制度是否侵犯公民自由迁徙的宪法权利。因此,国外文献对于民航旅客黑名单的研究主要集中在第一类即"禁飞名单"方面。相反,国内对于民航旅客黑名单的研究则集中在第二类即航空公司旅客黑名单,但在具体制度构建时,又以"禁飞名单"论证民航旅客黑名单的正当性与合法性问题,其得出的结论当然值得商榷。

黑名单与旅客的自主选择权、自由出行权以及隐私权可能会发生冲突。但是,黑名单制度具有一定的理论基础,在实践中也发挥着重要的惩罚作用、警示作用、促使义务人履行义务作用、普法作用等。与其他运输方式相比,安全是民航旅客运输最重要的价值考量,航空安全这一公共利益与旅客个体所享有的消费者权益相比具有相对优位性,当旅客的不文明行为对航空安全造成潜在威胁时航空承运人的强制缔约义务得以免除,即航空公司可以通过黑名单制度拒载不轨旅客。换言之,民航旅客黑名单是价值冲突和价值选择的结果,航空运输秩序与安全代表了公共利益,旅客的乘机自由代表了个人利益,当二者发生冲突时,以黑名单的方式拒绝为相关旅客提供民航运输服务。然而,正如公共利益优位的有限性一样,民航旅客黑名单在限制或者剥夺旅客乘机自由时亦需要必要的约束,其中包括赋予旅客救济的权利。

从现实来看,我国民航旅客黑名单不包括国家安全部门制定的用于规制潜在恐怖分子的黑名单,即欧美国家的"禁飞名单",而仅是指针对不文明行为的旅客黑名单。但其制定主体既包括中国民航局,也包括中航协,还包括航空运输企业。民航局或者中航协设立民航旅客黑名单拒载旅客属于市场管理行为,两者之间形成行政法律关系,可能引发行政复议或行政诉讼。航空公司出台民航旅客黑名单拒载旅客是企业的自主行为,两者之间形成民事法律关系,可能引发民事诉讼或民事仲裁。

航空公司"黑名单"制度的法律本质是:航空公司拒绝对旅客超出民航旅客运输合同(该合同是固定的格式合同,包含各航空公司经审批的旅客、行李运输总条件)内容的邀约进行承诺的行为。

关于民航旅客黑名单的种种争议,归根结底是民航安全与旅客自由、公共利益与个人利益之间的价值衡量问题。安全是民航旅客运输最重要的价值考量,在航空安全和旅客个人权利的平衡上要向安全倾斜,当旅客威胁到航空安全时免除航空承运人的强制缔约义务,允许其具有一定限度的选择消费者的权利。

引入民航旅客民航黑名单制度,应坚持慎用原则、法律保留原则、程序与实体并重原则、安全与权利并重原则、社会共治等原则。

我国民航旅客黑名单制度存在制定主体不明确,实施程序不规范,进入被列入黑名单的旅客的标准不明晰,黑名单制度监督主体缺失,被误列入被列入黑名单的旅客的救济途径不健全等不足。

科学的旅客黑名单制度不应当以简单拒载为目的,而应当在拒载规则的指引下规范旅客行为,避免影响航空运输安全和秩序的行为发生,从而实现公共利益与广大旅客合法权益之平衡。① 保障旅客的申辩权、听证权、救济权，以完备的程序正义确保黑名单制度实体正义和最终目标的实现，是法治建设的必然要求。民航旅客黑名单限制甚至剥夺了旅客自由乘坐飞机的权利，基于利益平衡和权利救济原则，法律应当赋予被列入黑名单的旅客充分的救济权利并保障相应救济途径之完备顺畅。质言之，健全的民航旅客黑名单制度除了需要适当的制定主体、科学的选择标准、正当的实施程序外，也需要完善的退出机制、救济机制和监督机制。

着眼于未来，我国应通过制度创新，明确将民航旅客黑名单制定权统一赋予中航协，同时民航局享有监督权，航空公司享有动议权和执行权。同时，完善旅客投诉处理和权益保护机制，赋予被列入黑名单的旅客行政复议和行政诉讼权。

民航旅客黑名单的进入标准必须公开且细化，让旅客知道什么可为和什么不可为。在这一基础上，应明确黑名单的设定主体、实施对象和判断标准，完善制定进入和退出机制等程序机制，健全完善民航旅客救济途径，建立职权滥用监督制度。

健全的旅客黑名单救济制度至少包括听证制度、诉讼制度和监督制度。我国民航旅客黑名单救济机制亟待解决以下几个问题：一是能否提起行政复议或行政诉讼，二是能否提起民事诉讼或民事仲裁，三是救济的内容是什么。从应然层面看，旅客黑名单应当由中航协制定，对此类黑名单既可以提起行政复议，也可以提起行政诉讼。但是从实然层面看，对我国目前由中航协和民航局制定的黑名单，只能提起行政复议或行政复议；对由航空公司制定的黑名单，只能提起民事诉讼或民事仲裁。无论是《办法》抑或“385 号文”都没有规定旅客的救济途径，即针对中航协和民航局制定的黑名单无法救济。因而，应当尽快建立健全我国民航旅客黑名单听证、复议、诉讼和监督机制。

就航空旅客黑名单而言，救济制度是被列入黑名单的旅客权益保障程度的重要组成部分，诉讼制度作为公民权利的最后救济手段，对于被列入黑名单的旅客尤其具有重要意义，只不过诉讼的形式和性质可能会因旅客黑名单的性质不同而有所不同。在行政黑名单情形下，相关旅客提起的是以作出禁飞决定即制定黑名单的行政主体（民航局或中航协）为被告的行政诉讼；在企业黑名单情形下，相关旅客提起的是以航空公司为被告的民事诉讼。

---

①　刁伟民：《航空旅客“黑名单”的法律分析》，载《法学杂志》2012 年第 7 期。

第二节　主要建议

为了维护航空运营秩序,打击民航旅客的不轨行为,航空公司、中航协、民航局从三个层面引入了"民航旅客黑名单"。然而,该制度在我国法治建设进程中引发了巨大争议。一方面,民航旅客黑名单涉嫌侵犯旅客作为公民的自由出行权、人格尊严权、名誉权等基本权利,尤其是航空公司设定的旅客黑名单免除了合同法中关于航空公司作为公共运输承运人所应当承担的强制缔约义务,其合宪合法性存疑;另一方面,民航旅客黑名单泛化滥用倾向明显,其在实践中能否真正发挥预防旅客不轨行为值得进一步观察,其正当性存疑。针对这些质疑,笔者提出如下建议:

第一,法律不宜使用"不文明旅客""不文明行为"等概念。人不好定性,行为则可以定性。"不文明旅客""不文明行为"等概念属于道德范畴,易引起歧义和被标签化,建议用"不轨旅客"或"行为不端旅客"、"不轨行为"、"滋扰行为"代替。

第二,统一规定不文明行为的表现和类型。《民用航空安全保卫条例》、《公共民航旅客运输飞行中安全保卫工作规则》、《民航旅客不文明行为记录管理办法(试行)》和"385 号文"中规定的不文明行为各不相同。因此,我国关于不文明行为应该统一,建议以效力最高的法律的规定为准。还需要注意的是,即使相对于犯罪而言不文明行为是轻微的非法干扰行为,但不文明行为有轻重之分,可以将其分为四级:第一级是直接危及航空器安全的不文明行为,如未经许可打开机舱门或其他安全设备;第二级是干扰机组人员有效履行职责的行为,如攻击、恐吓机组人员,不服从机组人员的安全指令;第三级是攻击、威胁、骚扰其他乘客的行为;第四级是一般不会对飞行安全产生直接威胁,但是会破坏机上良好秩序和纪律的行为,如大声喧哗、占用他人座位、长期占用厕所等。针对航空器上经常发生的醉酒、吸烟和违反规定使用电子设备等行为可以专门作出规定,并根据严重程度分别并入适当的级别。民航局可以通过发布航空运输行为指导意见或不文明旅客行为指导办法,以列举等形式明确界定不文明行为的范围,以清单形式进行规制。

第三,建议不使用"黑名单"概念。"黑名单"概念本身具有侮辱、歧视和侵犯名誉权之嫌,名称制定上建议采取比较温和的名字,否则容易引起社会的反感,可以用"失信民航旅客名单"代替。

第四,慎用民航旅客黑名单。"黑名单"在给违法、违规行为以威慑的同时,极有可能会侵犯旅客的名誉权、选择权、知情权等权利,不利于市场经济条件下对市场主体的尊重和保护。因此,实践中在运用民航"黑名单"时应把握从严原则,尽量慎用,在运用时力求有据可循,避免泛化,这也是新时期建设法治政府、责任政府的内在要求。

旅客不文明行为大致包括恐怖活动和不轨行为两类。前者由国家安全部门制定黑名单,不予公开;后者由民航管理部门或者其授权的其他组织制定黑名单,予以公开。

第五,应统一民航旅客黑名单立法,不能任意设置条件,且应当对外公布。民航黑名单法律制度由民航局及以上立法部门制订较为合适,民航黑名单的认定和发布由协会作为第三方制定更为合适。航空公司不适宜制定或发布。

第六,建议采用分级管理的方式对严重行为进入"黑名单"。从构建社会诚信体系的高度,建议将情节较轻和情节较重的行为区分开。对于那些因航空知识缺乏、法律意识不强、后果较轻的旅客不文明行为,不宜采用"黑名单"制度,对于那些涉嫌违法犯罪或者受到治安处罚的不文明行为要采用严厉的"黑名单"制度。

第七,民航旅客黑名单不能公布旅客的私人信息,包括工作单位、联系方式、住址、身份证号码等。

第八,注重有关民航旅客黑名单的程序规范。该制度实施中突出的问题是程序不够规范和细化,使得民航旅客黑名单走了样,或者违背了制度设计的初衷,产生新的法律障碍或不良社会后果。

目前不文明行为的主要原因是航班延误导致的旅客非法维权,其背后深层次的原因在于民航企业补救服务欠缺,沟通不及时,补偿不到位。

现有很多群体性的旅客不文明行为多发于旅游团,主要是旅行社的人员带头进行,建议在处置时将组织者和参与者区分开来。

第九,建议完善地面服务保障协议。现有的地面服务保障协议中一般被代理人不写明代理人可以有一定的补偿或赔偿权利,因此在实际操作中,代理方很难处理旅客维权事宜,最终会进一步激化矛盾。拘束机制处理时,对于机场、航空公司和地面服务代理人之间分别享有什么样的处置权利是需要研究和考虑的。建议在代理协议中给予处理机场权限或代理人权限,同时建立保险金机制。

第十,建议航空公司对旅客诚信行为实行奖励机制。比如采用诚信积分的方式,信用良好,达到一定积分的范畴,可否给予一定的优惠政策。这样与黑名单相对应,做到有奖有罚。

第十一,关于拘束机制的手段和尺度,需要划清楚法律保留和契约约定之间的界限。对于不文明旅客法律拘束机制,建议提高法律位阶,由民航局出台。建议民航服务提供者在服务总条件中将不文明行为、不文明行为的约束方式、条件等列入,明确消费者的行为限制。

第十二,法律层面增加对航空不文明行为的规定。按照《立法法》第 8 条的规定,有关犯罪和刑罚,以及限制人身自由的强制措施的事项只能由全国人民代表大会或者全国人民代表大会常务委员会制定法律。鉴于旅客的不文明行为会影响航空运输秩序和安全,对旅客的处罚包括剥夺其人身自由,因此,有必要在法律层面规定不文明行为和处罚措施。可以在《民用航空法》中将现行法规、规章中的不文明行为清单纳入,并规定相应的处罚措施。或者在《行政处罚法》中适当引入现行法规、规章中有关不循规行为清单的内容,并规定相应的处罚措施。

第十三,民航旅客黑名单应当设定事先告知程序。黑名单能直接或间接导致行政相对人权利义务的增减,往往是对权利的剥夺和义务的增设,因此应有相应的告知程序,这是对旅客知情权的尊重,也便于他们通过陈述、申辩进行自我救济。

第十四,民航旅客黑名单应有相应的救济程序。当旅客有不同意见时,应允许其申请复议或诉讼。与陈述、申辩权不同,申请复议和诉讼是行政相对人享有的公力救济,而前者则是一种私力救济。

第十五,民航旅客黑名单应有相应的撤除程序。曝光行为会降低全社会对当事人的综合评价,当事人可能因为一件事而使其方方面面都受到影响,影响甚至可能被无限扩大。鉴于此,应设置相应的退出机制,给当事人改过自新的机会。

参考文献

一、中文著作类

1. [德]康德:《法的形而上学原理——权利的科学》,沈叔平译,商务印书馆1991年版。

2. 刘伟民主编:《航空法教程》,法律出版社1996年版。

3. 王泽鉴:《民法债编总论》(第1册),台北,三民书局1996年版。

4. 张文显:《法理学》,法律出版社1997年版。

5. [美]E. 博登海默:《法理学法律哲学与法律方法》,邓正来译,中国政法大学出版社1999年版。

6. 唐明毅主编:《现代国际航空运输法》,法律出版社1999年版。

7. 赵维田:《国际航空法》,社会科学文献出版社2000年版。

8. 韩世远:《合同法总论》,法律出版社2004年版。

9. 郑玉波:《民事债编总论》(修订2版),中国政法大学出版社2004年版。

10. 孙笑侠:《程序的法理》,商务印书馆2005年版。

11. 杨立新:《人格权法专论》,高等教育出版社2005年版。

12. 董杜骄、顾琳华:《航空法教程》,对外经济贸易大学出版社2007年版。

13. 董念清:《中国航空法:判例与问题研究》,法律出版社2007年版。

14. 吴建端:《现代国际航空法》,中国民航出版社2007年版。

15. 夏勇:《人权概念起源:权利的历史哲学》,中国社会科学出版社2008年版。

16. 徐显明主编:《人权法原理》,中国政法大学出版社2008年版。

17. 贺元骅:《航空安保原理》,中国民航出版社2009年版。

18. 黄卉主编:《航空法律汇编》,法律出版社2009年版。

19. 崔建远:《合同法》(第5版),法律出版社2010年版。

20. 洪海林:《个人信息的民法保护研究》,法律出版社2010年版。

21. 冉克平:《强制缔约制度研究》,中国社会科学出版社2010年版。

22. 杨惠、郝秀辉:《航空法学原理与实例》,法律出版社2011年版。

23. 李昌麒、许明月:《消费者保护法》(第3版),法律出版社2012年版。

24. 王瀚:《国际航空运输责任法研究》,法律出版社2012年版。

25. 张君周:《国际航空安保公约中的非法干扰行为研究》,中国检察出版社2012年版。

26. 中国民用航空局政策法规司、中国民航科学技术研究院政策法规研究所:《恐怖主义行为的国际法律控制——国际航空安保公约体系:现状、问题和前景》,中国政法大学出版社2012年版。

27. 陈芳:《民航安全法规体系》,中国民航出版社2013年版。

28. 王立志、杨惠、聂晶晶:《民航旅客权益保护问题与规制》,法律出版社2013年版。

29. 贺富永:《航空法学基本理论研究》,科学出版社2014年版。

30. 王忠:《大数据时代个人数据隐私规制》,社会科学文献出版社2014年版。

31. 高志宏:《公共利益:界定、实现及其规制》,东南大学出版社2015年版。

32. 姜明安:《行政法与行政诉讼法》(第6版),北京大学出版社、高等教育出版社2015年版。

33. 杨惠、郝秀辉:《航空法学原理与实例》(第2版),法律出版社2017年版。

二、中文期刊类

1. 白峻:《国际航班延误中旅客权益的人性化保障》,载《学术探索》2011年第3期。

2. 蔡峰:《航空承运人可以基于安全事由拒载乘客》,载《人民司法》2012 年第18 期。

3. 陈晓宁:《美"9·11"事件对我国民航业的影响及应对建议》,载《中国民用航空》2001 年第10 期。

4. 刁伟民:《航空旅客"黑名单"的法律分析》,载《法学杂志》2012 年第7 期。

5. 韩冰:《国际航空旅客运输中精神损害赔偿的比较法探讨》,载《中国海洋大学学报(社会科学版)》2012 年第3 期。

6. 黄建武:《试论法律对自由的确认与调整》,载《中山大学学报(社会科学版)》2000 年第1 期。

7. 贾玉平、吕中行:《公共政策视域下的强制缔约》,载《吉林大学社会科学学报》2007 年第5 期。

8. 李晨丹:《航空运输消费者知悉权保护研究》,载《河北法学》2014 年第1 期。

9. 梁慧星:《从近代民法到现代民法——二十世纪民法回顾》,载《中外法学》1997 年第2 期。

10. 刘海安:《航空承运人滥用拒载权的法律规制》,载《法律科学》2015 年第4 期。

11. 刘海安:《航空视域中的侵权法研究与适用——兼论基础法理在应用领域的切入策略》,载《河北法学》2012 年第9 期。

12. 刘浩:《论不循规旅客的处罚和〈东京公约〉现代化》,载《中国社会科学院研究生院学报》2014 年第4 期。

13. 刘平、史莉莉:《行政"黑名单"的法律问题探讨》,载《上海政法学院学报》2006 年第2 期。

14. 马佳悦:《黑名单制度的法律问题探析》,载《公民与法(法学版)》2016 年第5 期。

15. 孙犁:《航空旅客运输中承运人拒载的权利》,载《人民司法》2009 年第1 期。

16. 唐明毅:《论贯穿国际航空运输法发展过程的矛盾与挑战》,载《北京航空航天大学学报(社会科学版)》2008 年第1 期。

17. 汪进元:《人身自由的构成与限制》,载《法学论坛》2011 年第2 期。

18. 王宏:《消费者知情权与消费者保护》,载《山东师范大学学报(人文社会科学版)》2010 年第5 期。

19. 王吉美:《反恐背景下美国国土安全的强化与困境——基于航空安全的视角》,载《国际论坛》2011年第3期。

20. 王立志、杨惠:《论我国航空旅客运输承运人责任的法律冲突及其适用》,载《法律适用》2011年第12期。

21. 王利明:《人格权法中的人格尊严价值及其实现》,载《清华法学》2013年第5期。

22. 王旭:《论旅客黑名单的法律适用》,载《中国民用航空》2008年第8期。

23. 许凌洁:《旅客"黑名单"的合法性研究及制定和实施》,载《中国民用航空》2012年第4期。

24. 杨惠、张可:《航空旅客安检黑名单制度研究》,载《北京交通大学学报(社会科学版)》2018年第1期。

25. 姚新华:《契约自由论》,载《比较法研究》1997年第1期。

26. 易继明:《禁止权利滥用原则在知识产权领域中的适用》,载《中国法学》2013年第4期。

27. 张家宇:《经济法视阈中的黑名单制度研究》,载《延安大学学报(社会科学版)》2013年第5期。

28. 张家宇:《经济法语境下黑名单制度滥用的法律规制——基于案例的整理与研究》,载《中南大学学报(社会科学版)》2016年第4期。

29. 朱岩:《强制缔约制度研究》,载《清华法学》2011年第1期。

30. 邹开亮、彭洁璇:《民航旅客"黑名单"制度的法律思考》,载《淮海工学院学报(人文社会科学版)》2016年第10期。

三、外文类

1. H. Ph. Diederiks-Verschoor, *An Introduction to Air Law*, Wolters Kluwer Law & Business, 2012.

2. Patrick J. Mc Donald, Cerqueira v. *American Airlines: What Are the Appropriate Limits of an Air Carrier's Permissive Refusal Power?*, George Mason University Civil Rights Law Journal, 2009 fall.

3. Soumya Panda, *The Procedural Due Process Requirements for NO-FLY Lists*, Pierce Law Review, December 2005.

4. William Mann, *All the (Air) Rage: Legal Implications Surrounding Airline and Government Bans on Unruly Passengers in the Sky*, Journal of Air Law and Commerce, fall 2000.

5. Ruwantissa Abeyratne, *Safety in the Air: Air Carriers' Rights and Responsibilities at National and International Law*, Common Law World Review, 2003.

6. Stephen R. Ginger, *Violence in the Skies: The Rights and Liabilities of Air Carriers when Dealing with Disruptive Passengers, Air and Space Law*, Air and Space Law, No. 2, 2010.

7. Justin Florence, *Making the No Fly List Fly: A Due Process Model for Terrorist Watchlists*, Yale University Law Review Journal, 2006.

8. United States Government Accountability Office, *Homeland Security: Progress Has Made to Address the Vulnerabilities Exposed by 9/11, but Continued Federal Action Is Needed to Further Mitigate Security Risks*, CAO – 07 – 375, January, 2007.

9. Soumya Pandam, *The Procedural Due Process Requirements for NO-FLY Lists*, Pierce Law Review, December 2005.

10. Jason Howerton, *Stranded Iranian-American Student on No-Fly List Walks Across Border*, The Blaze (Jun., 2012).

附录　民航相关单位实地调研访谈大纲

1. 您认为应当如何定性不文明旅客？

2. 旅客不文明行为的主要类型有哪些？

3. 旅客不文明行为产生的原因有哪些？

4. 航空公司、机场已经或建议采用的拘束手段有哪些？

5. 地方公安机关采取过的拘束手段有哪些？

6. 其他行业是否建立了黑名单制度？

7. 黑名单制度是否涉及侵犯消费者权益？

8. 欧美等国在不文明旅客法律拘束机制方面的制度及背后立法意图？

9. 春秋航空目前的限制乘机制度的具体内容及背后立法研究情况？

10. 黑名单中涉及非公共安全部分的内容？

11. 谁作为黑名单制度的制定主体更合适？

12. 谁作为黑名单的发布主体更合适？

13. 谁作为黑名单的执行主体更为合适？

14. 中航协办法中是否涵盖了所有不文明行为？

15. 机长作为公共安全的代表应当被赋予哪些权力？如何规范这种权力？

16. 精神病人、刚动过手术的病人、高龄老人是否可以被拒载？是否应当由他人进行监护？

17. 黑名单的范围如何界定比较科学合理？

18. 在拘束机制中，机场、航空公司和地面服务代理人分别享有什么样的处置权利？是否需要在代理协议中明确给予代理人一定的处理权限？能否建立保险机制？

19. 目前对旅客不文明行为是如何执法的？当地公安机关如何做？民航如何做？法院如何做？

20. 航空公司和机场除了寻求政府的支持外，自身应当如何做？